❖ *Да будет свет* ❖

ИЗБРАННЫЕ ОТРЫВКИ ИЗ КНИГИ ЗОАР
С КОММЕНТАРИЕМ «СУЛАМ» ЙЕГУДЫ АШЛАГА

УДК 130.122
ББК 87.3(0)

Да будет свет. Избранные отрывки из книги Зоар. – М.: НФ «Институт перспективных исследований», 2012. – 544 с.

**Редакторский коллектив
под руководством Михаэля Лайтмана:**
Г. Каплан, М. Палатник, О. Ицексон, П. Календарев, А. Ицексон.

«Зоар» трогает сердце человека, как будто это письмо, очень личное и интимное, написанное кем-то очень тебе близким и дорогим, и наполняющее твою жизнь.

Постижение духовного мира – это чувственное постижение. Мне рассказывают о происходящем внутри меня, и я хочу ощутить это. Речь идет о том, что находится во мне, но скрыто от меня. А затем появляются более сложные и богатые ощущения.

Чудесное свойство текста просто поразительно! Книга настолько разносторонне, многообразно описывает всю нашу действительность и, вообще, всё мироздание, что каждый раз, читая ее, мы получаем новые и новые впечатления.

Предлагаемая вам книга включает в себя отрывки из книги Зоар с комментарием «Сулам» Йегуды Ашлага, выбранные таким образом, чтобы помочь читателю познакомиться с книгой Зоар, дать ему возможность насладиться ею.

© Laitman Kabbalah Publishers, 2012
© НФ «Институт перспективных исследований», 2012

СОДЕРЖАНИЕ

Предисловие 5
   Как читать книгу Зоар 7
   Не пытайтесь понять разумом 7
   Объясняйте правильно слова 8
   Ищите свет 9
   Все зависит от желания 10
   Соединение – это ключ 11

Введение книги Зоар 13

Книга Берешит 75
   Берешит (часть 1) 75
   Берешит (часть 2) 98
   Ноах 103
   Лех леха 111
   Вайера 126
   Хаей Сара 140
   Толдот 145
   Ваеце 154
   Ваишлах 166
   Ваешев 171
   Микец 177
   Ваигаш 183
   Ваехи 187

Книга Шмот 200
   Шмот 200
   Ваэра 210
   Бо 218
   Бешалах 222
   Итро 235
   Мишпатим 251
   Трума 262
   Тецаве 306
   Ки тиса 313

Ваякель	318
Пкудей	343

Книга Ваикра ... 380
- Ваикра ... 380
- Цав ... 397
- Шмини ... 406
- Тазриа ... 413
- Мецора ... 417
- Ахарей мот ... 422
- Кдошим ... 438
- Эмор ... 452
- Бе-ар ... 460
- Бехукотай ... 465

Книга Бемидбар ... 470
- Бемидбар ... 470
- Насо ... 474
- Беаалотха ... 481
- Шлах леха ... 489
- Корах ... 493
- Хукат ... 498
- Балак ... 502
- Пинхас ... 505
- Матот ... 509

Книга Дварим ... 511
- Веэтханан ... 511
- Экев ... 513
- Шофтим ... 519
- Ки Теце ... 522
- Ваелех ... 525
- Аазину ... 531

Песнь песней ... 532

Приложение ... 540

Предисловие

«Смотрел я на этот вечный мир…»
(Книга Зоар, глава Вайера)

Книга Зоар, написанная еще в середине II века н.э., – одна из самых таинственных и чарующих книг, когда-либо созданных человечеством. Никакое другое произведение не пробуждает вокруг себя такое глубокое ощущение трепета, уважения и понимания ее высокой ценности. В ней заключены все тайны творения, но мудрость этой книги была скрыта до сих пор за тысячью замками. Сегодня книга Зоар раскрывается, чтобы повести за собой все человечество, причем об этом написано в ней самой.

«Когда мир приблизится к дням Машиаха, даже младенцы в мире будут открывать тайны этой мудрости и будут знать с их помощью о наступлении сроков избавления. И в это время раскроется она всем».
(Книга Зоар, глава Вайера)

ИЗБРАННЫЕ ОТРЫВКИ ИЗ КНИГИ ЗОАР

Один из величайших каббалистов в истории человечества, рав Йегуда Ашлаг (1884-1954 гг.), создал для нас ключ к пониманию книги Зоар – комментарий «Сулам».

Предлагаемая вам книга включает в себя отрывки из книги Зоар с комментарием «Сулам» Йегуды Ашлага, выбранные таким образом, чтобы помочь читателю познакомиться с книгой Зоар, дать ему возможность насладиться ею.

В книге Зоар скрыта особая сила, способная привести нас к абсолютному добру. Зоар – это источник энергии, жизненной силы, позволяющий нам соединиться с вечностью. Он захватывает, увлекает и настолько притягивает к себе, что хочется возвращаться к нему вновь и вновь.

«А постигшие будут сиять подобно сиянию (зоар) небосвода… Это те, кто усердствует в этом сиянии, которое называется книгой Зоар».

(Книга Зоар, глава Беаалотха)

Как читать книгу Зоар

Книга Зоар – это особое средство, способное раскрыть перед нами во всей полноте новый мир, полный огромных и удивительных открытий. Зоар – это врата в истинную реальность, скрытую сегодня от наших чувств. Чтобы воспользоваться всей силой раскрытия, заключенной в нем, необходимо знать правила чтения этой книги. Следующие пять правил помогут нам подготовиться к большому путешествию по её страницам.

Правило первое: «Сердце понимает»

Не пытайтесь понять разумом

Книгу Зоар изучают «сердцем», с помощью желания и чувства. Что это означает? В противоположность обычным формам обучения в нашем мире, основанным на умственной обработке фактов и данных, здесь нужно развить совершенно иной подход. Изучение книги Зоар призвано пробудить в нас внутреннее изменение, подготовить нас к восприятию скрытой реальности.

ИЗБРАННЫЕ ОТРЫВКИ ИЗ КНИГИ ЗОАР

Успех в ее изучении зависит только от степени нашего устремления к раскрытию и ощущению этой реальности. Здесь не нужны никакие предварительные знания, способности или особая мудрость! Все, что требуется – это развить простое настоящее желание, распахнуть глаза и открыть свое сердце.

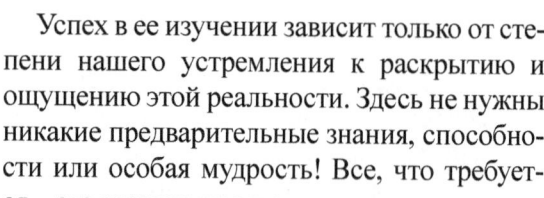

Правило второе:
«Человек – малый мир»

Объясняйте правильно слова

Книга Зоар включает в себя многие описания и понятия, знакомые нам по материальному миру, такие как море, горы, деревья, цветы, животные, люди, прогулки и путешествия. Важно понять, что все элементы, образы и события, упоминаемые в книге, повествуют не о внешнем мире, находящемся вокруг нас, а лишь о том, что происходит внутри нас.

Поэтому во время чтения книги Зоар необходимо интерпретировать слова, написанные в ней, как выражение внутренних действий, происходящих в душе; видеть текст как мостик, ведущий к нашим самым сокровенным желаниям и свойствам.

Правило третье:
«Свет, кроющийся в ней, возвращает к Источнику»

Ищите свет

Зачастую мы слышим, что у книги Зоар есть особое воздействие. Это воздействие является проявлением не какой-то воображаемой мистической силы, а естественного закона развития человеческой природы.

Каббалисты объясняют, что наш материальный мир целиком управляется эгоистическим желанием использовать ближнего, а в духовном мире, напротив, действует только намерение любить и отдавать. Поэтому дано нам особое средство, помогающее связать эти два противоположных мира, или, иными словами, настроить наши природные свойства так, чтобы они соответствовали свойствам любви и отдачи духовного мира, и тогда на них начнет воздействовать «свет, возвращающий к Источнику».

Форма воздействия света во время чтения пока скрыта от нашего понимания, и только поэтому мы называем ее особым воздействием. Но по мнению каббалистов, находящихся в постижении духовного мира, здесь нет ничего особенного, а есть совершенно естественный процесс.

Они подчеркивают: единственное, что нам нужно делать – читать книгу Зоар и желать, чтобы сила, скрытая в ней, воздействовала на нас во время ее изучения. И постепенно мы начнем ощущать внутреннее изменение, происходящее в нас благодаря этому свету. Нам раскроется духовный мир, и благодаря этому всё станет ясным, понятным и закономерным.

Правило четвертое:
«Ничто не устоит перед желанием»

Все зависит от желания

Мы все знаем, какие усилия требуются от маленьких детей, чтобы сделать свои первые шаги в этом мире, с каким восхитительным упорством они это делают, повторяя свои попытки снова и снова до тех пор, пока не добьются успеха. Так же и мы должны продолжать изучение книги Зоар, упорно и постоянно, до тех пор, пока не начнем «идти» собственными силами и не раскроем духовный мир. Вся система, необходимая для нашего продвижения, уже подготовлена для нас заранее. Единственное, что нам нужно сделать – достичь с нашей стороны такого желания расти и продвигаться.

Правило пятое:
«Как один человек с одним сердцем»

Соединение – это ключ

Книга Зоар написана группой из десяти каббалистов, которые все свои желания соединили в единое желание, раскрывшее силы, управляющие всей нашей реальностью. Только внутренняя связь между ними и возникающая при этом любовь позволили им прорваться сквозь границы материального мира и подняться на уровень вечного существования, о котором рассказывается в Зоар. Если мы хотим пойти по их стопам, мы должны выстроить между нами подобную связь и найти ту силу соединения, которая царила между учениками рабби Шимона Бар Йохая. Зоар был написан из состояния взаимной любви, достигнутой ими, и поэтому его обновленное раскрытие в наши дни также возможно только в любви.

«Если бы мы явились в мир, чтобы услышать только это, нам было бы довольно и этого».
(Книга Зоар, глава Тиса)

Введение книги Зоар

Рабби Шимон вышел из пещеры вместе с рабби Эльазаром, сыном своим. Отправился к нему рабби Пинхас и нашел его изменившимся – все тело его покрылось ранами и язвами от длительного пребывания в пещере. Заплакал он при виде его, воскликнув: «Мне горько, что я вижу тебя в таком состоянии». Ответил ему рабби Шимон: «Благословенна доля моя, что ты увидел меня в таком состоянии».

Объяснение. В течение долгих лет пребывания в пещере, он был вынужден сидеть там в песке, чтобы укрыть свою наготу, и заниматься Торой. Из-за этого плоть его покрылась ранами и язвами. Заплакал при виде его рабби Пинхас, воскликнув: «Мне горько, что я вижу тебя в таком состоянии». Ответил ему рабби Шимон: «Благословенна доля моя, что ты увидел меня в таком состоянии. Ведь если бы ты меня не увидел в таком состоянии, я бы не достиг этого» – т.е. не удостоился бы раскрытия тайн Торы. Потому что всей высоты своей великой мудрости он удостоился за те тринадцать лет, в течение которых скрывался в пещере. (188)

Сказано о высшем Царе, что Он вознесен, утаен и скрыт, и создал ворота к Себе, одни над другими.

Будучи Царем вознесенным, утаенным и скрытым, которого не способна объять никакая мысль, создал Он врата многочисленные, одни над другими, благодаря которым предоставил возможность приблизиться к Нему. Как сказано: «Откройте мне врата праведности»[1]. Это ворота, которые Творец создал и дал возможность праведникам предстать перед Ним, пройдя эти ворота.

А в конце всех ворот сделал Он одни ворота со множеством замков. Эти ворота называются Малхут де-Малхут и являются точкой завершения всех высших ворот. И эти последние ворота являются первыми к высшей Хохме. То есть удостоиться высшей Хохмы можно лишь после достижения именно этих последних ворот. Потому что для постижения высшей мудрости (Хохмы) – это первые

---
1 Писания, Псалмы, 118:19.

врата. Поэтому сказано: «Начало мудрости – страх Творца»[2]. Ибо «страхом Творца» называются именно последние ворота, являющиеся первыми к мудрости Творца. (120)

Всё отличие, которое имеется между этим миром до исправления и состоянием окончательного исправления.

До своего окончательного исправления Малхут называется «Древом познания добра и зла», потому что Малхут – это управление Творца в этом мире. А до тех пор, пока получающие не достигли завершения исправления, когда они смогут получить совершенное благо, задуманное для нас Творцом в замысле творения, управление должно осуществляться посредством добра и зла, вознаграждения и наказания. Ведь наши принимающие желания все еще загрязнены получением ради себя, которое помимо того, что очень ограничено по своим свойствам, еще и отделяет нас от Творца.

А полное благо, в безграничной мере, задуманной для нас Творцом, возможно по-

2 Писания, Псалмы, 110:10.

лучить только в отдаче, являющейся наслаждением без всякого ограничения и сокращения. Тогда как получение ради себя очень ограничено и сокращено, потому что пресыщение тотчас гасит наслаждение. Поэтому сказано: «Всё сделал Творец ради Себя»[3] – то есть все действия, происходящие в мире, изначально были сотворены лишь с целью доставить Ему наслаждение. И становится очевидным, что люди в мирских делах выполняют роль, совершенно противоположную той, для которой они были изначально созданы. Творец говорит: «Весь мир создан для Меня».

Но наше отношение полностью противоположно. Мы заявляем, что весь мир создан только для нас. И мы хотим наполнить чрево свое, поглощая все блага мира ради собственного удовольствия и тщеславия. Поэтому не удивительно, что мы еще не достойны получать Его совершенное благо. И поэтому дано нам изведать управление добром и злом, осуществляемое посредством вознаграждения и наказания. Ведь одно за-

---

3 Писания, Притчи, 16:4.

висит от другого, т.е. вознаграждение и наказание определяются добром и злом. Ибо поскольку мы пользуемся получающими келим противоположно их прямому назначению, мы обязательно ощущаем действия управления, как зло относительно нас.

Поскольку существует закон, что творение не может принять от Творца зло в явном виде. Ведь если творение будет воспринимать Его как творящего зло, это нанесет ущерб величию Творца, так как не подобает такое совершенному Действующему. Поэтому, когда человек ощущает зло, в той же мере пребывает над ним отрицание управления Творца, и скрывается от него Действующий свыше. И это самое большое из всех наказаний в мире.

Таким образом, ощущение добра и зла в управлении Творца определяет ощущение вознаграждения и наказания. Ведь прилагающий усилия, чтобы не потерять веру в Творца, хотя и ощущает управление, как недоброе, обретает вознаграждение. А если не желает прилагать усилий, то получает наказание, так как он оставил веру в Творца.

Однако путем этого управления вознаграждением и наказанием, уготованного Творцом, мы в конечном счете удостаиваемся окончательного исправления. Потому что все люди достигнут получающих исправленных келим ради доставления наслаждения своему Создателю, в мере написанного: «Все создал Творец ради Себя»[3]. Подобно тому, как они были сотворены с самого начала. Тогда раскроется большой зивуг парцуфа Атик Йомин, и мы придем к возвращению от любви, когда все злодеяния обращаются в заслуги, а все беды – в великие благодеяния.

И тогда во всем мире раскроется личное управление Творца, чтобы все видели, что только Он один совершал, совершает и будет совершать все эти деяния и действия, предшествующие им. Ибо теперь, после того как зло и наказание уже превратились в благодеяния и заслуги, дается возможность постичь Вершащего их, так как они уже подобают делу рук Его. И теперь они будут восхвалять и благословлять Его за те беды и наказания, которые представлялись им в свое время.

Ведь до этого момента исправления тоже считались делом рук наших, и поэтому мы получали за них вознаграждение и наказание. Однако в большом зивуге конечного исправления раскроется, что всё, и исправления, и наказания, являются только делом Его рук. (138)

Замыслом творения является наслаждение Им сотворенных, но ни одно наслаждение не может быть понято творением в состоянии разделения с Творцом. А кроме того, мы изучаем, что Творец, со своей стороны, страстно желает находиться в нижних.

Чтобы согласовать между собой эти два противоречащих друг другу понятия, необходимо понять, что мир создан в полной противоположности Творцу, от края до края, во всех «ста точках». Ведь этот мир создан в желании получать, полностью противоположном по своим свойствам Творцу, у которого нет даже самой ничтожной меры этого желания. Как сказано: «Подобным дикому ослу рождается человек»[4].

---
4 Писания, Йов, 11:12.

В этом отношении всё, касающееся Его управления этим миром, находится в полном противоречии высокой цели замысла творения – «только лишь наслаждать Свои творения». Поскольку так это представляется желанию получать в нас, лежащему в основе наших ощущений и идеалов.

Именно поэтому небходимы замки, запирающие эти «ворота». И хотя всё множество несовместимых с Его единством противоречий, испытываемых нами в этом мире, в начале своем и отделяют нас от Творца, но когда мы прилагаем усилия в выполнении Торы и заповедей с любовью, всей душой и сутью своей, как заповедано нам, с целью доставить отраду Создавшему нас, то все эти силы разделения не способны даже в малейшей степени уменьшить хоть в чем-то нашу любовь Творца всей душой и сутью нашей, и тогда каждое преодолеваемое нами противоречие становится вратами постижения Его мудрости.

Потому что в каждом противоречии заложена удивительная возможность раскрыть особую ступень постижения Его. И те, кто заслужил удостоиться этого, обращают тьму в свет, а горькое в сладкое – так как все силы разделения, вызывавшие затмение разума и горечь тела, стали для них вратами постижения возвышенных ступеней, и стала тогда тьма большим светом, а горечь стала сладостью.

И в той же мере, в которой до этого проявились у них силы разделения на всех путях высшего управления, преобразовались все они теперь в силу единства. И стали они теперь склоняющими весь мир целиком на чашу заслуг. Ведь любая сила используется ими теперь как «врата праведности», которыми пройдут они, получив от Творца всё, чем Он собирался насладить их в замысле творения. Как сказано: «Вот врата к Творцу, праведники войдут в них»[5].

Однако прежде, чем мы удостаиваемся обратить желание получать в нас с помощью Торы и заповедей на получение ради отдачи, крепкие замки запирают эти ворота к Творцу, потому что тогда выполняют они свою обратную роль – отдалить нас от

---

5 Писания, Псалмы, 118:20.

Творца. Поэтому называются силы разделения «замками», так как запирают ворота к сближению, отдаляя нас от Творца.

Но если мы преодолеваем их так, что они не могут повлиять на нас, охладив любовь в нашем сердце, то тогда преображаются эти замки, становясь входами, и тьма превращается в свет, а горечь обращается сладостью. Поскольку каждый замок позволяет нам достигнуть особой ступени управления Творца, и становятся они входами к ступеням постижения Его. А те ступени, которые мы обретаем, пройдя через входы, образуют чертоги мудрости. (121)

Существуют два вида любви к Творцу.
Есть те, кто любит Его за дарованное богатство, долголетие, за то, что окружен он сыновьями, обладает властью над врагами его и удачливы пути его – за все это любит он Его. Но если всё изменится, и Творец развернет к нему колесо удачи суровым судом, то будет ненавидеть Его, и уж отнюдь не любить. Поэтому такая любовь не имеет основы под собой.

ВВЕДЕНИЕ КНИГИ ЗОАР

Совершенная любовь – это любовь с обеих сторон, как со стороны суда, так и со стороны милосердия и удачи на путях его. То есть, он будет любить Творца, даже если Он заберет душу его. Это называется совершенной любовью, когда она проявляется с двух сторон, как со стороны милосердия, так и со стороны суда. Поэтому свет начала творения прежде вышел, а потом был укрыт. А когда укрылся он, проявился суровый суд. И соединились вместе две стороны, милосердие и суд, чтобы сформировать совершенство, поскольку отведено место для соединения двух противоположностей словно одно целое. Потому что теперь появилась возможность раскрыть совершенство Его любви даже в час, когда Он забирает душу его. И предоставлено место для восполнения любви. Ведь если бы не скрылся свет и не раскрылся суровый суд, недоставало бы праведникам этой безмерной любви, и не было бы никакой возможности когда-либо раскрыть ее. (200-201)

ИЗБРАННЫЕ ОТРЫВКИ ИЗ КНИГИ ЗОАР

«Вначале создал Творец»[6] – это самая первая заповедь из всех. Заповедь эта называется «страх Творца», который зовется началом. Как сказано: «Начало мудрости – страх Творца»[7], а также: «Страх Творца – начало познания»[8]. Поскольку страх называется началом и является воротами, открывающими вход в веру. И на этой заповеди основан весь мир.

Почему говорится, что страх – это «начало мудрости», и он же – «начало познания»? Потому что страх является началом каждой сферы, и невозможно постичь никакую сферу иначе, как постижением страха вначале.

Поэтому говорится, что это «ворота, открывающие вход в веру». Ибо невозможно достичь полной веры иначе, как из страха Творца. Мере страха соответствует мера озарения верой, и поэтому на этой заповеди держится весь мир. Поскольку мир может существовать лишь основываясь на Торе и

---

6 Тора, Берешит, 1:1.

7 Писания, Псалмы, 111:10.

8 Писания, Притчи, 1:7.

заповедях, как сказано: «Если бы не Мой союз днем и ночью, не утвердил бы Я законов неба и земли»⁹.

И поскольку страх, будучи вратами веры, является началом и вратами любой заповеди, на этом страхе держится весь мир. Как сказано: «Вначале создал Творец небо и землю»⁶ – т.е. используя страх, называемый «начало», в который включены все заповеди, «создал Творец небо и землю»⁶. И если бы не страх, Творец не создал бы ничего. (189)

Есть три вида страха Творца, и только один из них считается истинным страхом:

1. Когда испытывает страх перед Творцом и соблюдает заповеди Его для того, чтобы жили сыновья его, и он сам был защищен от телесного и денежного наказания. И это – страх перед наказаниями этого мира.

2. Когда боится также наказаний преисподней.

Эти два вида страха не являются истинным страхом, поскольку человек пребывает

---
9 Пророки, Йермияу, 33:25.

в страхе не во имя заповеди Творца, но радея о собственном благополучии. Таким образом, корнем страха является собственное благополучие, а страх – ветвью, исходящей из него.

3. Страх, являющийся основой, – когда человек испытывает страх перед Господином своим потому, что Он велик и правит всем, и является основой и корнем всех миров, и всё считается словно «ничто» перед Ним. «Он велик», поскольку Он – корень, от которого исходят все миры, и величие Его проявляется над деяниями Его. «Он правит всем» – поскольку все созданные Им миры, как высшие, так и нижние, считаются словно «ничто» перед Ним, т.е. не добавляют ничего к Его сути.

И сказано: «Всё свое стремление необходимо обратить к месту, называемому "страх"» – т.е. человек должен обратить сердце и стремление свое к тому месту, которое называется «страх», чтобы быть прилепленным к страху Творца в желании и стремлении, подобающем и достойном заповеди Царя. (191)

Вторая заповедь – это заповедь, связанная с заповедью страха и никогда не оставляющая ее. И это – заповедь любви, призывающая человека любить Господина своего совершенной любовью.

Что же такое эта «совершенная любовь»? Это большая любовь, о которой сказано: «Ходи предо Мной и будь непорочен»[10]. Быть «непорочным» означает – быть совершенным в любви. Слова речения: «И сказал Творец: "Да будет свет"»[11] говорят о совершенной любви, называемой «большой любовью». А здесь – это заповедь человеку любить Господина своего подобающим образом.

Ибо есть зависимая любовь, приходящая вследствие множества благ, дарованных ему Творцом, и благодаря этому, человек сливается с Ним сердцем и душой. Но, хотя он и слит с Творцом в абсолютном совершенстве, все же такая любовь считается несовершенной. Как сказано: «Лишь с Творцом ходил Ноах»[12] – т.е. Ноах нуждался в под-

---

10 Тора, Берешит, 16:1.

11 Тора, Берешит, 1:3.

12 Тора, Берешит, 6:9.

держке, потому что придавало ему силы то множество благ, которыми наполнял его Творец. Однако Авраам не нуждался в поддержке, как сказано: «Ходи предо Мной и будь непорочен»[10]. Ибо «ходи предо Мной» означает: без поддержки, и только «предо Мною», несмотря на то, что ты не будешь знать, иду ли Я за тобой, чтобы поддержать тебя. Это – совершенная любовь, большая любовь: даже если Я не даю тебе ничего, всё же твоя любовь должна быть совершенна, чтобы слиться со Мной всем сердцем и душой. (198)

Третья заповедь: знать, что есть великий Творец, правящий миром. И каждый день устанавливать подобающим образом единство Его – в шести высших окончаниях, ХАГАТ НЕХИ Зеир Анпина, приводя их к полному единству в шести словах воззвания «Шма Исраэль (слушай, Исраэль)»[13], устремляя вверх вместе с ними и свое желание. Поэтому нужно произносить слово

---

13 Тора, Дварим, 6:4. «Слушай, Исраэль: Творец Всесильный наш, Творец един».

«один» столько времени, сколько занимает произнесение всех шести слов.

Здесь «Зоар» говорит о двух условиях:

а. Необходимо знать, что есть великий Творец, правящий миром.

б. Каждый день подобающим образом устанавливать единство Его.

Ибо сначала надо познать две стороны, раскрывающиеся в любви, – высшие Аба ве-Има и ИШСУТ. «Что есть великий Творец» – это парцуф высшие Аба ве-Има, отличающийся возвышенными и многочисленными хасадим. «Правящий миром» – это ИШСУТ, называемые «правитель», что указывает на исходящие от них суды, когда свет скрывается от них, и проявляется суровый суд. Потому что слова «правящий» и «властвующий» указывают на суды.

И объясняется, что необходимо познать эти две стороны любви, и включить в каждую из них страх, и тогда он приобретет любовь Творца как в милосердии и удаче на путях своих, так и в суде. Поскольку тогда эта любовь считается совершенной.

А затем «необходимо каждый день подобающим образом устанавливать единство в шести высших окончаниях» – т.е. поднимать МАН в ЗОН, а ЗОН в ИШСУТ. И тогда поднимаются ИШСУТ и ЗОН, соединяясь как одно целое с Аба ве-Има, называемыми «шесть высших окончаний», поскольку они облачают ВАК (шесть окончаний) Арих Анпина. И благодаря этому единству поднимаются ИШСУТ на место Аба ве-Има, выше парсы Арих Анпина, где находятся «высшие воды», и свет не укрыт от них. А когда ИШСУТ наполняются светом, они наполняют ЗОН, а ЗОН – все миры, и тогда раскрываются хасадим в мирах. И это – внутренний смысл воззвания «Шма». (204)

Вследствие разбиения келим святости и падения их в миры БЕА разделения, упали вместе с ними в клипот искры святости. И от них попадают под власть клипот удовольствие и любовь всех видов, поскольку эти искры переносят их для получения человеком и для наслаждения его. И тем самым они вызывают все виды преступлений, такие как кража, грабеж и убийство.

Но вместе с тем, Он даровал нам Тору и заповеди. И даже если человек начинает заниматься ими не во имя Торы (ло лишма), а ради самонаслаждения, для наполнения низменных его желаний, поскольку так действуют силы разбиения келим, всё же благодаря им он придет в конце концов к намерению «во имя Торы (лишма)». И тогда он удостоится цели творения – получить всё наслаждение и благо, задуманные в замысле творения с тем, чтобы доставить удовольствие Творцу. (175)

Шестьсот тринадцать (ТАРЬЯГ) заповедей Торы называются «вложениями», а также «советами».

Потому что постижение каждого понятия включает в себя как подготовку, его «обратную сторону (ахор)», так и непосредственное постижение этого понятия, его «лицевую сторону (паним)». Подобно этому, есть в Торе и заповедях понятия «сделаем и услышим»[14]. Когда выполняют Тору и заповеди в свойстве «сделаем» прежде, чем удостаиваются «слышать», называются эти заповеди шестьюстами тринадцатью советами, подготовкой, «обратной стороной». А когда удостаиваются «слышания», становятся шестьсот тринадцать заповедей вложениями (пкудин), от слова «пикадон (вклад)». Ведь вследствие каждой заповеди вкладывается свет ступени, соответствующей одному из шестисот тринадцати органов и связывающих сухожилий души, а так же тела. Таким образом, благодаря выполнению заповеди, он притягивает к органу, соответствующему ей в душе и в теле, свет, относящийся к этому органу и сухожилию. И это называется «лицевой стороной (паним)» этих заповедей. Поэтому «лицевая сторона» заповеди называется «вложениями».

(«Общее выяснение всех четырнадцати заповедей и как они соотносятся с семью днями начала творения», п.1)

---

14 Тора, Шмот, 24:7.

Всегда человек должен заниматься Торой и заповедями, даже «не во имя ее (ло лишма)», ибо из состояния «не во имя ее» он придет к состоянию «ради нее (лишма)».

Поскольку человек, вследствие своей низменности, не может начать сразу же заниматься заповедями с целью доставления удовольствия своему Создателю. Ведь по своей природе он неспособен совершить даже малейшее движение, если оно не ради собственного благополучия. Поэтому он вынужден вначале заниматься заповедями «не во имя ее (Торы)», а на основании личной выгоды. Но, несмотря на это, он притягивает наполнение святости вследствие выполнения заповедей. И благодаря привлекаемому наполнению, он в конце концов достигнет выполнения заповедей «ради нее (Торы)», чтобы доставлять наслаждение своему Создателю. (175)

Благодаря занятиям Торой и соблюдению заповедей в намерении лишма, Исраэль удостаиваются подлинного слияния с Творцом, и Его Шхина облачается в них, пока они не начинают совершать те же действия, которые совершает Творец.

Они оживляют мертвых, посылают дожди, обеспечивают существование небес и земли. И в этом смысле они воистину подобны Ему, как сказано: «Из действий Твоих познаем Тебя». Однако всё это они постигают лишь в совершенной и бесхитростной вере, не позволяя себе даже малейших сомнений, чтобы постичь Его с помощью своей мудрости, как это заведено у мудрецов мира. (163)

Кто из вас превратил тьму в свет, и горькое будет для него сладким еще прежде, чем он явится сюда, пока он еще живет в этом мире? Кто из вас каждый день ждет света, сияющего в тот час, когда Царь вспоминает лань, и тогда восходит слава Царя, и называется он Царем над всеми царями мира? У того, кто не ждет этого каждый день, находясь в этом мире, нет удела здесь. (54)

Необходимо знать, что Элоким-АВАЯ – это одно неделимое целое.

«Творец (АВАЯ) является Властелином (Элоким)»[15]. И когда человек познает, что всё едино, перестав вносить разъединение, тогда даже ситра ахра (иная сторона) исчезнет из мира и не будет притягиваться вниз.

Ведь если укрепится человек в подъеме МАН и подъеме ЗОН для соединения их на месте Аба ве-Има как должно, то не только ситра ахра не будет присасываться к наполнению, но он еще тем самым приведет к уничтожению ситра ахра, чтобы не могла она властвовать в мире. (211)

Те, кто поддерживают Тору, они словно создают ее. Потому что преобразуются все эти силы разделения, становясь «вратами», и каждый «замок» становится «входом», а каждый «вход» – «чертогом» мудрости. И благодаря поддерживающим Тору, раскрываются и постигаются все возвышенные ступени, заключенные в замысле творения «насладить Свои творения».

Таким образом, вся мудрость (хохма) и вся Тора не могут полностью раскрыть-

---
15 Тора, Дварим, 4:35.

ся иначе как с помощью поддерживающих Тору, относящихся к выполнению. Так как есть у них добро и зло, и поэтому они называются поддерживающими Тору, ибо только с их помощью она раскрывается. И Писание называет их «выполняющими», ибо они словно создают Тору. Ведь если бы не все скрытия, которые благодаря их преодолению становятся «воротами», не пришла бы Тора к состоянию раскрытия. (124)

МАН, который поднимают праведники, чтобы доставить наслаждение Создателю, во благо высшему, называется «обновленными словами Торы». Потому что они обновляются с помощью высшего зивуга, и ЗОН получают новые мохин благодаря им, пока не удостаиваются посредством этого «устроить небеса и основать землю». И становятся единомышленниками с Творцом, потому что обновляются «небо и земля» с помощью их слов. (68)

Возносимая нами молитва является исправлением святой Шхины, притягивающим к ней наполнение благом, избавляющим ее от всех недостатков. Именно поэтому все просьбы – во множественном числе. Как, например: «И одари *нас* знанием Твоим», «и верни *нас*, Отец наш, к Торе Твоей».

Потому что молитва возносится за общность Исраэля, и всё, что есть в святой Шхине, есть у всего Исраэля. А недостающее ей – недостает всему Исраэлю. Таким образом, когда мы молимся за весь Исраэль, мы молимся за святую Шхину, поскольку это – одно и то же. И тогда перед молитвой должны смотреть на недостающее Шхине, для того чтобы знать, что необходимо исправить в ней и чем восполнить ее. (183)

Когда обычный человек переполнен милосердием и любовью к своему товарищу, слезы капают из глаз его, ибо это исходит из корня духовных слез.

Любое духовное явление, происходящее в высших (мирах), столкнувшись с материальным, порождает в созданиях свою ветвь. Потому что высший свет сталкивается с экраном, производя удар по нему, чтобы пройти его границу, ведь высший свет всегда исходит только из Бесконечности, находящейся выше мира Сокращения, и там не признаются никакие границы.

И в силу того, что высший свет желает распространиться в нижнем и стремится к этому, как сказано: «Пожелал Творец пребывать в нижних», «воцарение Шхины в нижних – желание высшего», он сталкивается с экраном, производя удар по нему, чтобы пройти его границу, а экран возвращает его назад в виде отраженного света. И тем временем слезы выступают наружу, ведь эти слезы выходят из-за милосердия и любви к ближнему. Поэтому также и в материальной ветви всегда выступают слезы в тот момент, когда все сокровенное в человеке пробуждает в нем милосердие и любовь к товарищу. Но духовные слезы не исчезают, в отличие от материальных.

«И эти слезы, жгучие как огонь, падают в великое море». Как сказано: «Ибо сильна как смерть любовь, тяжка как ад ревность, стрелы ее – стрелы огненного пламени

Творца»[16]. Поскольку эти слезы проявляются из-за милосердия и любви к нижнему, исходящих от высшего света. И точно так же происходит в материальной ветви – в то время, когда человек ощущает, что всё внутри него воспламенилось любовью и милосердием к товарищу, то эти слезы прожигают в меру загоревшейся любви к нему. И так же – те слезы, о которых говорится выше, «жгучие как огонь», ведь «стрелы ее – стрелы огненного пламени Творца». Поэтому сказано: «Эти слезы, жгучие как огонь, падают в великое море». Свойство Малхут со стороны Хохмы называется «великое море», ибо от нее исходят «многочисленные воды вздымающихся волн морских»[17].

«Благодаря силе этих слез стоит и держится правитель, назначенный над этим морем, зовущийся Рахав» – тот правитель моря, который был умерщвлен во время сотворения мира. Как сказано: «И поражает Рахава разумом своим»[18]. То есть в тот мо-

---

16 Писания, Песнь песней, 8:6.

17 Писания, Псалмы, 93:4.

18 Писания, Йов, 26:12.

мент, когда было указано ему: «Да стекутся воды в одно место»[19] – он не захотел вобрать в себя воды начала творения. Но благодаря этим слезам, падающим в великое море, он «стоит и держится» – т.е. благодаря им постоянно возрождается к жизни.

Сказано: «Он благословляет Имя святого Царя, и берет на себя поглотить все воды, созданные в начале творения». Ибо во время создания мира ни одно исправление не достигает Малхут де-Малхут. Потому что Создатель произвел исправление миров АБЕА подъемом МАН от Бины, а не от Малхут, и этого было достаточно только для девяти первых сфирот Малхут, но не для Малхут де-Малхут.

Сказанное: «Ты – народ Мой (ами́)»[20] означает – со Мной (ими́) ты взаимодействуешь. То есть: «Я начал миры, а вы завершаете их» – т.е. всё исправление Малхут де-Малхут возложено только на нижних. Поэтому, когда было сказано правителю моря: «Да стекутся воды в одно место»[19], он

---

19 Тора, Берешит, 1:9.
20 Пророки, Йешаяу, 51:16.

отказался, не пожелав поглотить все воды, созданные в начале творения, – ведь клипот возобладали в нем из-за отсутствия исправления Малхут де-Малхут. И потому был умерщвлен. Однако эти слезы выявляют и исправляют Малхут де-Малхут.

И потому дают жизнь правителю моря, чтобы он мог стоять, освящая Имя святого Царя, и выполнить указание Господина своего – проглотить все воды начала творения. Потому что будут отменены тогда все клипот в мире, и все силы зла, и «стекутся воды в одно место»[19] – в мир Ацилут. Так как мир Ацилут распространится до того же уровня, как и раглаим (досл. ноги) мира Адам Кадмон, до этого мира, и произойдет окончательное исправление, потому что миры БЕА снова станут миром Ацилут. (56)

В час, когда у Творца возникло желание создать человека, Он призвал «станы высших ангелов» и, усадив их перед Собой, сказал: «Я хочу создать человека». Возразили Ему: «Что представляет собой человек, чтобы вспоминать о нем?»[21] – т.е. чем необычен этот человек? Ответил им: «Человек создан по образу Нашему, и мудрость его превзойдет вашу мудрость».

Потому что душа человека включает всех высших ангелов и ступени так же, как тело его включает все создания этого мира. Поэтому во время создания души человека Он созвал всех высших ангелов, чтобы они включили себя в душу человека. Как сказано: «Создадим человека по образу и подобию Нашему»[22] – т.е. Он задействовал всех ангелов, чтобы они были включены в «образ и подобие» человека. И тогда они спросили у Творца: «Чем необычен этот человек?», то есть – что мы выигрываем от того, что будем включены в него?

И ответил им: «Человек создан по образу Нашему, и мудрость его превзойдет вашу мудрость». То есть Он обещал им, что этот человек, который будет заключать в себе Наш образ, возвысится в мудрости своей больше вас. Таким образом, и вы выиграе-

---

21 Писания, Псалмы, 8:5.
22 Тора, Берешит, 1:26.

те то великое постижение, которого вам недостает сейчас. Поскольку в грядущем будущем достоинства Исраэля будут выше достоинств ангелов. И поэтому все они приняли участие в этом и включились в образ человека. (156)

«В чертоге царя Машиаха» уже полностью готовы все исправления, которые должны раскрыться при завершении исправления с приходом царя Машиаха, и нет недостатка даже в самом малом. А те души, которые пребывают в чертоге царя Машиаха, – это все те, кто уже удостоился окончательного исправления согласно корню своей души. (119)

Следует знать, что в вечности нет последовательности времен, как в нашем мире.

И выходит, что когда Творец задумал сотворить мир, у Него уже были сотворены полностью все души со всеми их поступками во всем совершенстве, требуемом с их стороны для получения всего наслаждения и блага, которые Он задумал для них, чтобы их насладить. Ведь для Него будущее – как настоящее, и нет для Него будущего и прошлого. И отсюда пойми слова: «Показал Творец Адаму Ришону каждое поколение и мудрецов его, и показал их также Моше»[23]. Странно на первый взгляд, как показал Он их, если они еще не были сотворены? Однако сказано, что все души и все их поступки до окончательного исправления уже возникли перед Ним в реальности, и все они находятся в высшем раю. А оттуда они спускаются и, облачившись в тела, являются в этот мир, каждая – в свое время. И оттуда Творец показал их Адаму Ришону, Моше и всем, кто этого достоин.

Поэтому в Зоаре сказано: «Так же, как они объединяются в одно целое наверху, так же и она (Малхут) объединяется в одно целое внизу»[24]. Потому что уровень великого зивуга, совершаемого в конце исправления, о котором сказано: «Будет Творец един

---

23 Вавилонский Талмуд, трактат Санедрин, лист 38:2.
24 Зоар, глава Трума, п. 163.

и имя Его – едино»²⁵, уже вышел наверху со стороны всех душ и всех деяний в мире, которые будут произведены до завершения исправления, т.е. в свойстве вечности Его. Ведь все будущее для Него – как настоящее. И получается, что этот световой столп, сияющий от края мира и до края, который будет светить в конце исправления, уже стоит в высшем раю и светит пред Ним так же, как это раскроется нам в конце исправления.

Поэтому сказано: «Одно в точном соответствии другому, потому что Творец един». Поскольку в момент завершения исправления будут светить два уровня, «один в точном соответствии другому», и тогда «будет Творец един и имя Его едино». Сказано, что «все это образует линию, исходящую как от пребывающих наверху, так и от пребывающих внизу», – т.е. линию, которая светит «и от пребывающих наверху и от пребывающих внизу», где одна находится в точном соответствии другой. Ибо тот же уровень светит как от пребывающих наверху, т.е. от душ, которые все пребывают в высшем раю,

---

25 Пророки, Зехария, 14:9.

так и от пребывающих внизу, т.е. от всех душ, после того как они на деле прошли облачение в тело (гуф) в этом мире и пришли к окончательному исправлению. Иначе говоря, два этих уровня в окончательном исправлении светят вместе, и тогда раскрывается Его единство в виде «Творец един, и имя Его едино». (141)

«Рав Пэалим он, Мекабциэль»[26]**. Древо большое и величественное, самое большое из всех.** Откуда оно произошло, от какой ступени нисходит? И поясняет Писание: «Мекабциэль (из Кавциэля)» – т.е. от высшей скрытой ступени, называемой: «Иной глаз не видел Творца, кроме тебя»[27] – ступени, в которой всё. И она вбирает в себя всё, исходящее от высшего света, и от нее исходит всё.

Пояснение сказанного. Нуква называется сейчас именем «Мекабциэль». Ибо «Рав Пэалим он, Мекабциэль» – так как Нуква

---

26 Писания, Диврей Ямим 1, 11:12. «Бенайя, сын Йеояды, сын мужа доблестного, знаменитый подвигами, из Кавциэля».
27 Пророки, Йешаяу, 64:3.

собирает (мекабецет) в себе одновременно все света от Есода, называемого поэтому «Рав Пэалим (многодействующий)». Ступень, выходящая на этот зивуг, называется «Древо большое и величественное», которое выходит от Есода и приходит к Нукве. И говорится, что для того, чтобы показать нам качества этой высокой ступени – откуда она выходит и куда приходит, добавляет ему Писание еще и имя «Мекабциэль», когда высший свет собирает (мекабец) их в Есоде и передает их в Нукве. И оба они вместе называются Мекабциэль.

Это «высшая и скрытая ступень, называемая "иной глаз не видел Творца, кроме тебя"» – т.е. та ступень, которая порождается этим зивугом, носит название «иной глаз не видел Творца, кроме тебя». И говорится, что на этой ступени находится всё исправление во время окончательного совершенства. Поэтому он считается «ступенью, в которой всё» – ибо он собрал в ней те блага и высшие свечения, которые исходят от высшего света за все шесть тысяч лет, все вместе. И возобновил их в высшем свете. Поэтому сказано: «И от нее исходит всё» – ибо вследствие этого выходит и раскрывается сейчас всё желанное совершенство. (92)

В конце дней, когда раскроется великий зивуг парцуфа Атик Йомин, называемый «рав пэалим мекавциэль (досл. многодейственный и собирающий)», во всех мирах раскроется великий свет. И благодаря этому всякая плоть осуществит совершенное возвращение из любви. (126)

Сколько же человек должен прилагать усердия в Торе днем и ночью – ведь Творец внемлет голосу занимающихся Торой.

И с каждым словом, обновляемым в Торе человеком, прилагавшим усердие в Торе, создает Он один небосвод. Зеир Анпин называется «голос», Нуква называется «речь». Когда праведник занимается Торой, он поднимает МАН в ЗОН с помощью «голоса» и «речи» его Торы. «Голос» поднимается к Зеир Анпину, «речь» поднимается к Нукве, и тогда «Творец внемлет голосу занимающихся Торой», ибо голос Торы поднимается в МАН к Зеир Анпину, называемому Творец. «И с каждым словом, обновляемым в Торе человеком, прилагавшим усердие в Торе, создает Он один небосвод».

«Слово» означает «речение». И любое речение, обновляемое в Торе человеком, изучающим Тору, поднимается в МАН к Нукве, называемой «слово» и «речение». И благодаря этому образуется один небосвод. «Небосвод» означает экран, на который происходит зивуг Творца и Шхины Его, и это происходит благодаря МАНу, поднимаемому праведниками во время изучения ими Торы.

Обновление, о котором здесь говорится, происходит в слове Торы, но не говорится об обновлении в «голосе» Торы, и это потому, что Нукве для каждого зивуга нужно выстроить новую «основу», потому что после каждого зивуга она снова становится девственной. И благодаря МАНу праведников обновляется в ней каждый раз ее основа (есод), являющаяся местом получения светов Зеир Анпина. Поэтому говорится: «И с каждым словом, обновляемым в Торе» – так как слово, т.е. Малхут, на самом деле раскрывается заново благодаря речению этого праведника в Торе. Ведь после каждого зивуга снова пропадает место ее получения.

В тот час, когда слово Торы раскрывается заново в устах этого человека, это слово поднимается и предстает перед Творцом, и Творец берет это слово и целует его, и венчает его семьюдесятью украшениями, резными и чеканными. Это раскрытое заново слово мудрости поднимается и располагается над головой праведника, оживляющего миры. И воспарив оттуда, оно пролетает по семидесяти тысячам миров, и поднимается в Атик Йомин, Кетер, а все речения Атик Йомина – это речения мудрости о скрытых высших тайнах. Иными словами, в тот момент, когда человек поднимает МАН в своем речении Торы, высшее слово, Нуква Зеир Анпина, поднимается и предстает перед Творцом для зивуга (соединения) с Ним. (61-62)

ВВЕДЕНИЕ КНИГИ ЗОАР

Когда человек задавался вопросом и изучал, чтобы увидеть.

«Увидеть» означает зивуг де-Аба ве-Има, называемый созерцанием друг друга Абы и Имы благодаря их подъему в рош Арих Анпина, когда Бина вновь начинает получать свечение Хохмы для ЗОН. Ведь даже ИШСУТ, т.е. ЗАТ де-Бина, не нуждаются в свечении Хохмы ради самих себя, поскольку сами по себе ЗАТ де-Бина подобны своим ГАР и не нуждаются в получении Хохмы. Однако в тот момент, когда ЗОН поднимаются в ИШСУТ в качестве МАН, ИШСУТ благодаря им пробуждаются для подъема в рош де-Арих Анпин, чтобы получить Хохму. Однако и ЗОН тоже поднимаются в ИШСУТ в качестве МАН только благодаря подъему МАН в ЗОН от людей, находящихся внизу. Это происходит следующим образом: души людей поднимаются в качестве МАН в ЗОН, и тогда ЗОН поднимаются в качестве МАН в ИШСУТ, и тогда ИШСУТ поднимаются в Арих Анпин и становятся там одним парцуфом с высшими Аба ве-Има, и тогда Аба и Има созерцают друг друга и притягивают Хохму для ЗОН.

И это означает сказанное: «Когда человек задается вопросом» – т.е. поднимает МАН, «и изучает» – изучает свои деяния, чтобы поднять ЗОН для зивуга Аба ве-Има, «чтобы видеть» – чтобы Аба ве-Има созерцали друг друга и притягивали Хохму, «и познавать ступени, одну за другой, до конца всех ступеней» – до Малхут. Потому что свечение Хохмы, которое притягивается благодаря подъему МАН и зивугу, называется познанием, или называется Хохмой (мудростью), переданной через Даат (знание). Ведь ЗОН, которые поднимаются в качестве МАН, считаются там свойством Даат (знание) для Аба ве-Има, ибо они вызывают их зивуг. И этот зивуг называется познанием от выражения: «И Адам познал Хаву, свою жену»[28].

«Знать» означает притягивать мохин в Даат (знание) от ступени к ступени, от Даат ступени Аба ве-Има к мохин ступени Зеир Анпина. «До конца всех ступеней» – от Зеир

---

28 Тора, Берешит, 4:1.

Анпина к Нукве, которая называется «конец всех ступеней». (8)

Слиться с Творцом и выполнять заповеди Его как подобает можно лишь после того, как человек верит в имена Творца, – что Он добрый и несущий добро всем, «милостивый и милосердный»[29]. А над теми, кто еще не удостоился нефеш (оживляющей силы) святости, все еще властвует ситра ахра, и поэтому они всё время мечутся по миру, не находя себе покоя.

И в то время, когда мысли их мечутся по миру, и они видят, что управление Творца над живущими в мире, по их мнению, не очень-то доброе, насколько должно быть в соответствии Его святым именам, они оказываются порочащими Его святые имена и не могут найти себе покоя, чтобы поверить в имена Творца и связаться с Ним. И поэтому погрязают в стороне скверны, т.е. приходят к неверию в Творца. И всё это случается с человеком потому, что он не проник в святость и не включился в нее, поскольку

---
29 Писания, Псалмы, 86:15.

не удостоился нефеш святости и не совершал действий, приводящих к включению в святость.

Однако у занимающихся Торой и привлекающих нефеш (оживляющую силу) святости тело преображается, и они становятся подобными ангелам, удостаиваясь, как и они, предварить действие услышанию. Поэтому сказано о них: «И птица будет летать над землей»[30]. То есть, в будущем мире Творец должен сделать им крылья как у орлов, чтобы летать по всему миру, ибо они летают в мыслях своих по всему миру и наблюдают за управлением Творца.

Вместе с тем, они не только не попадают в силки стороны скверны, но еще и получают силы поднимать МАН и постоянно увеличивать свои силы. Как сказано: «Надеющиеся на Творца воспрянут силой, вознесутся на крыльях, как орлы». Ибо благодаря этому они «возносятся на крыльях, как орлы», чтобы облететь (и обозреть) всё происходящее с живущими в мире. Они всегда обретают силы и поднимают МАН

---

30 Тора, Берешит, 1:20.

благодаря своей вере в единство Творца и всегда привлекают дух святости свыше. (217)

Сотворение мира означает такое его усовершенствование и воплощение, когда мир может существовать и достичь той цели, ради которой создан. Известно, что «одно против другого создал Творец», т.е. против каждой силы, имеющейся в святости, создал Творец силу в ситра ахра в противовес этой святости. И так же, как есть четыре мира АБЕА святости, так же есть четыре мира АБЕА нечистоты в противоположность им.

И поэтому в мире Асия не познается различие «между служащим Творцу и не служащим Ему»[31] – т.е. вообще нет выяснения различия между святостью и нечистотой. И как же тогда произойдет становление мира, если мы не умеем различать между добром и злом, святостью и скверной? Но есть одна очень важная проверка – знать, что «иной бог оскоплен и не принесет плодов». И поэ-

---
31 Пророки, Малахи, 3:18.

тому высыхает источник тех, кто терпит неудачу в выяснении и идет путями нечистых миров АБЕА, и нет у них никаких духовных плодов для благословения. И они слабеют, теряя силы, пока не доходят до полного истощения. И наоборот, те, кто прилепился к святости, удостаиваются благословения дела рук своих, как сказано: «Словно дерево, посаженное при потоках вод, которое дает свой плод в срок и лист его не вянет. И во всем, что делает, он преуспеет»[32].

И это – единственная проверка, существующая в мире Асия, чтобы знать, святость ли это, или наоборот. Как сказано: «Испытайте Меня этим, сказал Творец воинств: не открою ли вам окна небесные и не изолью ли на вас благословения до бескрайности»[33]. А затем сказано: «И снова будете различать между праведником и грешником, между служащим Творцу и не служащим Ему»[31].

И в этом суть всей статьи о буквах. Ведь явились все буквы вместе с целью сотво-

---

32 Писания, Псалмы, 1:3.

33 Пророки, Малахи, 3:10.

рить мир, согласно ступени святости, соответствующей каждой из этих букв. Потому что двадцать две буквы – это совокупность всех рош ступеней, находящихся в четырех мирах АБЕА. И каждая буква превозносила достоинства своей ступени, показывая, что благодаря достижению ее ступени жители мира смогут сделать святость сильнее клипот, чтобы достичь желанного конца исправления. А Творец ответил каждой из них, что есть, в противоположность ей, такая же сила и в клипот, и поэтому с помощью нее жители мира не достигнут никакого выяснения.

И тогда приходит буква «бэт», ступень которой предназначена для благословения, и у нее нет никакой противоположности в клипот, поскольку «иной бог оскоплен и не принесет плодов». И ей Творец говорит: «Конечно же, тобой Я сотворю мир». Потому что только с ее помощью можно выяснить и определить, каково различие «между служащим Творцу и не служащим Ему» – поскольку нет у нее никакой противоположности в ситра ахра. Поэтому ею непременно будет возведен мир – выяснением и усилением святости над строениями (меркавот) скверны, пока не будет «уничтожена смерть навеки»³⁴, и придут они к концу исправления. (23)

Авраам является основателем свойства Хесед, находящегося в душах Исраэля. Ибо он произвел исправление святой Шхины, сделав ее вместилищем света Хесед. И она получила хасадим за все души Исраэля во всей их полноте. Если бы это сохранилось, то весь Исраэль находился бы в непрерывном слиянии с Творцом, а святая Шхина была бы вместилищем Малхут, полным всех благ и наслаждений. И ни один человек даже на мгновение не хотел бы разлучаться с ней.

И на самом деле, всё исправление Авраама заключалось в том, что он сделал вместилище совершенным, без всякой возможности принести ущерб свету хасадим, т.е. поднял ее (Шхину) в свойство отдачи и доставления отрады Создавшему

---
34 Пророки, Йешаяу, 25:8.

нас, не получая ничего ради самонаслаждения. Потому что это является мерой и местом получения света Хесед. Как сказано: «Говорящий "моё – твоё" и "твоё – твоё" – хасид»[35] – т.е. не требующий ради самонаслаждения совершенно ничего.

И поскольку все сокращения и всё удержание ситра ахра происходит только в получении ради себя, то оказывается, что он тем самым окончательно устранил всю нечистоту клипот и ситра ахра. И установилась Шхина в совершенной чистоте. Однако на этом замысел творения еще не пришел к своему завершению, так как в замысле творения главным было насладить творения. А мера наслаждения зависит и измеряется только величиной стремления получать. То есть, соответственно величине стремления получить, измеряется и мера наслаждения от получения.

Поэтому после того, как уже исправлена Шхина лишь посредством желания (кли) отдачи, без всякого получения для себя, что означает полный отказ от получения у

---

35 Мишна, трактат Авот, 5:10.

Творца и лишь только отдача Ему, то в отношении основы замысла творения еще не произошло никакого исправления, наступающего только при большом желании получить.

Это и означает, что Авраам породил Ицхака. Поскольку после того, как Ицхак увидел Шхину в полном совершенстве и в наполнении светом Хесед благодаря исправлениям Авраама, он почувствовал имеющийся в ней недостаток, – что она еще не готова получить всё заключенное в замысле творения. Поэтому он продвинулся дальше и исправил ее в качестве места получения так, чтобы она была готова для получения всего желанного совершенства, включенного в замысел Творения. Иначе говоря, он пробудил стремление получать от Творца, но только в получении ради отдачи, означающем, что он страстно желает получить и стремится к этому по той единственной причине, что таково желание Дающего. И если бы Дающий не желал этого, не было бы у него ни малейшего желания получать от Него.

И нам уже известно, что получение ради отдачи считается истинной отдачей. И тогда нет больше у ситра ахра никакого удержания в этом желании получения. Поэтому установилась благодаря ему святая Шхина во всём величественном окончательном совершенстве. Поскольку теперь она достойна получить всё удовольствие и усладу от всего, чем задумал Творец насладить творения Свои в тот момент, когда возник замысел их создания.

Поэтому называется сейчас святая Шхина вместилищем Его святости, ведь Царь пребывает теперь в ней во всей своей красоте и величии, как Царь в чертоге своем. (184)

Дело в том, что погонщик ослов, понукающий их сзади, – это помощь душам этих праведников, посланная им с высочайшего уровня для того, чтобы поднимать их со ступени на ступень. Ведь без той помощи, которую Творец посылает праведникам, они не могли бы выйти со своей ступени и подняться еще выше. Поэтому согласно величине и ступени каждого праведника посылает ему Творец высокую душу необычайного уровня, помогающую ему в пути.

И вот, вначале праведник вовсе не знаком с этой душой, и кажется ему, что это более низкая душа, которая присоединилась к нему в пути. Это называется зарождением (ибур) души праведника – т.е. эта высшая душа еще не закончила свою помощь, и поэтому совершенно неясно, что она собой представляет. Но после того, как она закончила свою помощь и привела праведника к желаемой ступени, тогда она становится известной ему, и он видит, насколько она возвышенна. И это называется раскрытием души праведника. (85)

Рабби Пинхас обычно встречал рабби Рахумая на берегу моря Кинерет.

Большой человек был рабби Рахумай и пресыщенный днями, и зрение его притупилось. Обратился он к рабби Пинхасу: «Слышал я достоверно, что у друга нашего, Йохая, есть жемчужина, драгоценный камень» – т.е. сын. «Всмотрелся я в сияние этой жемчужины – оно подобно свету солнца, вышедшего из своего укрытия и освещающего весь мир».

Пояснение сказанного. Малхут во всех ее исправлениях называется драгоценным камнем и называется жемчужиной. И говорит: «У друга нашего, Йохая, есть жемчужина, драгоценный камень, сын» – т.е. он уже удостоился Малхут во всех ее исправлениях и украшениях. И всмотрелся он, пребывая в духе святости, в сияние этой жемчужины, и вот, светит она «подобно свету солнца, вышедшего из своего укрытия» – это символизирует будущее исправление Малхут, когда «будет свет луны как свет солнца»[36]. И тогда освещает она абсолютно весь мир.

И вот после того, как свет Малхут превратился в свет солнца, и поднялся до небес в своей высшей точке, засияла она с небес до самой земли в одном световом столбе, светящем абсолютно всему миру. «Он светил, не переставая, пока не достиг рабби Шимон исправления трона Атика Йомина в подоба-

---

36 Пророки, Йешаяу, 30:26.

ющем виде» – имеется в виду, что он уже удостоился двух раскрытий, относящихся к концу исправления. И это шесть отрывков, начиная с отрывка «небеса рассказывают»[37] и до слов «учение Творца совершенно»[38], и шесть записанных имен, начиная с отрывка «ничто не сокрыто от тепла его»[39] и до конца псалма. Поскольку слова «свет стои́т от неба и до земли и озаряет весь мир» указывают на эти шесть отрывков, а слова «пока не явится Атик Йомин и не сядет на троне как подобает» указывают на эти шесть имен. (185)

Рабби Шимон сидел и занимался Торой в ту ночь, когда невеста, т.е. Малхут, соединяется со своим мужем.

И все товарищи, сыны чертога невесты, должны в ту ночь – после которой, в день Шавуота, невесте назначено быть под хупой (свадебным пологом) со своим мужем – находиться с ней всю ночь и вместе радовать-

---

37 Писания, Псалмы, 19:2.

38 Писания, Псалмы, 19:8.

39 Писания, Псалмы, 19:7.

ся ее исправлениям, которые происходят благодаря им. То есть заниматься Торой, а после Торы Пророками, а после Пророков – Писаниями и толкованиями Писания, и тайнами мудрости. Ведь это исправления ее и украшения. И является невеста и подружки ее, поднимаясь над головами их, и исправляется с помощью них, и радуется с ними всю эту ночь.

А на следующий день, в день Шавуота, она идет к хупе только с ними вместе. И товарищи, всю эту ночь занимающиеся Торой, называются участниками хупы. И когда она идет к хупе, Творец спрашивает о них, и благословляет их, и венчает украшениями невесты. Счастлива доля их.

Пояснение сказанного. Существует два толкования, которые дополняют друг друга.

Первое. Дни изгнания называются ночью, поскольку это время скрытия лика Творца от сынов Исраэля. И в это время все силы раздора господствуют над служителями Творца. Но, несмотря ни на что, именно в это время невеста соединяется с мужем своим, благодаря Торе и заповедям праведников, которые в этот момент называются поддерживающими Тору. Все возвышенные ступени, называемые «тайны Торы», раскрываются с их помощью. Ведь они называются создающими их, потому что они словно создают Тору. Таким образом, дни изгнания называются той ночью, в которую невеста соединяется со своим мужем. А все товарищи, т.е. сыновья чертога невесты, называются поддерживающими Тору.

А после окончательного исправления и полного избавления, сказано: «И будет единый день – известен будет он Творцу: не день и не ночь. И при наступлении вечера будет свет»[40]. На следующий день невеста должна быть под хупой со своим мужем. Ведь тогда БОН снова станет парцуфом САГ, а МА – парцуфом АБ. Поэтому он считается завтрашним днем и новой хупой. А праведники в этот момент называются «сыновья хупы», т.е. занимающиеся Торой, и нет у них больше деяния. Ведь об этом времени сказано: «Полна будет земля знанием

---

40 Пророки, Захария, 14:7.

Творца»⁴¹. И поскольку эти праведники своими добрыми делами благодаря притяжению страха от прошлого времени поднимут БОН, чтобы он стал САГ, считается, что они делают эту новую хупу, и поэтому они называются «сыновья хупы».

Второе толкование. «Ночью Шавуот» называется ночь, во время которой невеста соединяется со своим мужем. Поскольку назавтра ей предстоит войти под хупу со своим мужем, – т.е в день Шавуот, день получения Торы. Ведь в день получения Торы уже наступит окончательное исправление, о котором сказано: «Уничтожит Он смерть навеки, и смахнет Творец Всесильный слезы с лица всех людей»⁴². Как объясняют мудрецы сказанное: «Высечено (хару́т) на скрижалях»⁴³, – читай не «высечено (хару́т)», а «свобода (херу́т)», потому что наступит свобода от ангела смерти. (125)

---

41 Пророки, Йешаяу, 11:9. «Не будут делать зла и не будут губить на всей Моей святой горе, ибо полна будет земля знанием Творца, как полно море водами».

42 Пророки, Йешаяу, 25:8.

43 Тора, Шмот, 32:16. «А скрижали, деяние Творца они; и письмо, письмо Творца оно, высечено на скрижалях».

Хупа – это собрание и сосредоточение всего отраженного света, который вышел благодаря МАНу, поднятому праведниками во всех зивугах (соединениях) Творца и Его Шхины, которые раскрылись один за другим во все дни и времена периода шести тысяч лет.

Ведь все они стали сейчас единым большим светом, содержащим в себе весь отраженный свет, поднимающийся и покрывающий Творца и Шхину Его, которые называются теперь женихом и невестой. То есть этот отражнный свет покрывает их сверху подобно хупе (свадебному пологу).

Поэтому праведники называются в этот момент «сыновья хупы». Ибо у каждого есть доля в этой хупе, соответствующая величине МАНа, который он поднял в экран Малхут для вознесения отраженного света. Поэтому сказано, что «"небеса" – это жених, который входит под хупу». Имеется в виду время завершения исправления, когда Творец называется женихом, входящим в этот момент в свою хупу. (128)

ВВЕДЕНИЕ КНИГИ ЗОАР

До окончательного исправления, до того, как мы подготовили наши получающие келим к тому, чтобы получать в них только ради доставления наслаждения Создавшему нас, а не ради собственного блага, Малхут называется Древом познания добра и зла.

Ведь Малхут – это управление миром согласно делам людей. И поскольку мы не подготовлены для получения всего наслаждения и блага, которое задумал для нас Творец в замысле творения, то обязаны принимать от Малхут управление добром и злом. Это управление готовит нас к тому, чтобы в итоге мы свои получающие желания (келим) исправили на получение только ради отдачи и, таким образом, смогли получить всё добро и наслаждение, задуманное Им для нас.

Потому что ощущение нами добра и зла определяет также вознаграждение и наказание. Ибо ощущение зла приводит к отделению от веры Творца. И получается, что если человек прилагает усилия во время своего плохого ощущения, чтобы не испортить из-за этого свою веру и иметь возможность со-

ИЗБРАННЫЕ ОТРЫВКИ ИЗ КНИГИ ЗОАР

блюдать Тору и заповеди в полной мере, он получает вознаграждение. А если случается, что он не выдерживает испытания и отделяется, то наполняется дурными мыслями.

Но известно, что за эти мысли Творец наказывает, как за действия, и об этом написано: «Чтобы понял дом Исраэля сердцем своим»[44]. Также известно, что: «Праведность праведника не спасет его в день преступления его»[45]. Хотя это касается лишь того, кто сомневается в основах. Однако иногда сомнения одолевают человека до такой степени, что он начинает сомневаться во множестве добрых дел, которые он совершил, говоря: «Какая польза, что исполняли мы службу Его, ведь находились мы в унынии пред Владыкой воинств?»[46]. Ибо тогда он становится окончательным грешником, ведь он сомневается в основах. И из-за этой дурной мысли он теряет все добрые дела, которые он совершил. Как написано:

---

44 Пророки, Йехезкель, 14:5. «Чтобы понял дом Исраэля сердцем своим, что сделались они все чужими для Меня чрез идолов своих».
45 Пророки, Йехезкель, 33:12.
46 Пророки, Малахи, 3:14.

«Праведность праведника не спасет его в день преступления его»⁴⁵. И все же раскаяние поможет ему. Однако в этом случае он считается, как начинающий служить Творцу с самого начала, подобно только что родившемуся ребенку, – ведь вся его прошлая праведность исчезла, словно ее и не было.

Таким образом, управление добром и злом вызывает у нас многочисленные подъемы и падения. У каждого – согласно его уровню. И знай, что каждый подъем считается поэтому отдельным днем. Ведь вследствие глубокого падения, которое было у него в то время, когда он сомневался в основах, он подобен во время подъема только что родившемуся ребенку, потому что в каждом подъеме он как будто начинает служить Творцу с самого начала. Поэтому каждый подъем считается отдельным днем. И соответственно, каждое падение считается отдельной ночью.

Поэтому сказано: "День дню передает речение"⁴⁷ – это святой день из тех высших

---

47 Писания, Псалмы, 19:3. «День дню передает речение, ночь ночи открывает знание».

дней Царя». То есть в каждом подъеме, который был у человека, когда он соединялся с высшими днями Творца, «которые несут славу товарищам, и каждый говорит другому то, что он сказал». Ибо благодаря большому зивугу (соединению), происходящему в окончательном исправлении, они удостоятся возвращения от любви, ведь завершат исправление получающих келим, сделав их только доставляющими наслаждение Творцу, и раскроется нам в этом соединении все великое благо и наслаждение замысла творения.

И тогда станет явным, что все те наказания, которым мы подвергались во время падения, настолько, что приходили к мыслям о сомнении в самых основах, очищали нас, ведя напрямую ко всему счастью и благу, приходящим к нам в момент окончательного исправления. Ведь если бы не эти ужасные наказания, мы бы никогда не достигли наслаждения и блага. И тогда эти злодеяния на самом деле превращаются в заслуги.

И «день дню передает речение», т.е. каждый подъем до завершения исправления –

это один день из тех «высших дней Царя», «которые несут славу товарищам». И выходит теперь, что он вновь раскрывается во всем великолепии совершенства, принадлежащего этому дню, и несет славу товарищам, поддерживающим Тору, тем же речением, которое каждый сказал другим, а именно: «Тщетно служить Творцу! Какая польза, что исполняли мы службу Его», приведшем их тогда к великим наказаниям.

Потому что сейчас они превратились в заслуги, ведь все совершенство и счастье того дня не могли бы сейчас раскрыться в таком достоинстве и великолепии, если бы не эти наказания. И поэтому говорящие эти слова стали считаться «боящимися Творца и чтущими имя Его», как будто это настоящие добрые деяния.

И поэтому «день дню передает это речение» и восхваляет его. Ведь все эти ночи, т.е. падения, страдания и наказания, прерывавшие слияние с Творцом настолько, что возникло множество дней, идущих друг за другом, – сейчас, после того как и ночи, и тьма, разделяющие их, тоже стали заслугами и добрыми деяниями, «и ночь как день светить будет, а тьма – как свет», между ними снова нет разделений. И тогда все шесть тысяч лет соединяются в один великий день.

И выходит, что все зивуги (соединения), вышедшие один за другим и раскрывшие подъемы и ступени, отделенные друг от друга, собрались теперь в одной возвышенной и вознесенной ступени зивуга, которая светит от края мира и до края. И написано: «День дню передает речение», – поскольку речение, отделявшее один день от другого, сейчас превратилось в великую похвалу, – «и несет славу ему», – ибо стало оно заслугой. И потому стали все они одним днем для Творца. (140)

Книга Берешит

Берешит
(часть 1)

Прежде, чем были созданы создания и сотворены творения, высший простой свет наполнял всю реальность.

И совсем не было свободного места для существования созданий и творений, и не было там ни начала (рош), ни конца (соф), а всё было только однородным простым светом, и он называется светом Бесконечности. А когда поднялся в простом желании Своём сотворить миры и создать эти создания, вышла твердая искра, т.е. сила суда, которая раскрылась в Малхут, вышедшей из Бесконечности, и создала печать в высшем свете. Тогда сократился свет и вышел из кли Малхут и места вокруг нее. Этот выход света называется печатью в высшем свете, так как образовалось там пустое пространство, где нет света, и в этом пустом пространстве выйдут затем все миры и то, что содержится в них. (1)

«Человек называется малым миром», потому что все элементы мира включены в него. (121)

Сказали ему товарищи: «Если всё объяснение создания человека заключается в том, чтобы он мог совершить возвращение и исправить всё испорченное им, то зачем всё это нужно? Разве не было бы лучше не создавать тьму в Нукве, и тогда человек не был бы вовлечен в грех с самого начала?»

Ответил рабби Шимон товарищам: «Если бы не было так, что Творец создал доброе начало и злое начало, свет и тьму, то не было бы заповедей и нарушений у Адама мира Брия. Однако человек создан из них обоих, из света и тьмы. И поэтому сказано в Торе: "Смотри, предоставил Я тебе сегодня жизнь и добро, и смерть и зло". То есть, поэтому у человека имеются заповеди и нарушения, и подготовлена для него возможность выбора, чтобы выбирать между добром и злом».

Спросили они у него: «Зачем всё это? Разве не было бы лучше не создавать тьму, и тогда не было бы у человека ни наказания, ни награды, вместо того, чтобы в результате создания прегрешить, вызвав своим прегрешением все эти многочисленные испорченности?»

Ответил он: «Выясняется, что необходимо было его создать в свойствах света и тьмы, поскольку Тора создана для человека, и сказано о ней, что она является наказанием для грешников и наградой для праведников, а награда и наказание возможны только лишь для Адама мира Брия, состоящего из света и тьмы, как сказано: "Не пустынной сотворил Он ее, но создал Он ее, чтобы населить". Это значит, что мир создан не для того, чтобы пребывать в пустынности, т.е. быть тьмой для грешников, "но создал Он ее (землю), чтобы населить" – т.е. дать хорошую награду праведникам. И этой наградой является постижение Торы, как сказано: "Ибо наполнится земля знанием Творца", потому что Тора и Творец едины. А если бы человек не был создан в свойствах света и тьмы, благодаря которым имеется возможность выбора между добром и злом, и есть понятия награда и наказание, то не было бы возможности раскрыть добрую награду для праведников, получаемую в виде Торы, созданной для него». Сказали товарищи: «Несомненно, что мы услышали сейчас то, чего не слышали до сего дня, и теперь ясно, что не создает Творец то, в чем не нуждается». (180-181)

«И сказал Всесильный: "Да появится свет!"»

Это свет, который Творец создал вначале, «свет глаз (эйнаим)», свет, который показал Творец Адаму Ришону, и благодаря ему тот видел от края мира до края, свет, который показал Творец Давиду, и тот восхвалил его, сказав: «Как велико благо Твое, которое хранишь Ты для боящихся тебя», и это свет, который показал Творец Моше, и благодаря ему он видел от Гилада до Дана – всю землю Исраэля. (348)

Счастливы те, кто раскрывает желанием своим скрытое в высших тайнах, чтобы идти путем истины, стать достой-

ными в этом мире и излучать свет в мире будущем. О них сказано: «И постигающие воссияют светом». Счастливы они в этом мире и в мире будущем. Тех, кто слит с Творцом истинно, ведет желание их, чтобы продвигались они в работе своей согласно установленному наверху, в высших мирах, как сказано: «И пошел Аврам, как указал ему Творец»[48]. И поэтому, когда они созерцают затем в желании своем, они познают высшие тайны, потому что созерцают они, следуя путям желания своего, и знают, как устанавливаются наверху высшие тайны. (Новый Зоар, 110)

Необходимо вознести молитву в предназначенное место, подобно тому, как при метании камня из пращи по намеченной цели боятся промахнуться, не достигнув цели, – точно так же необходимо вознести мысль и намерение в молитве. (201)

Пробуждение всегда начинается от нижнего к высшему, а затем всё воспол-

---
[48] Тора, Берешит, 12:4.

няется. И точно так же наверху, любая нижняя ступень поднимает МАН к высшей ступени, прилегающей к ней, и также высшая – к находящейся над ней, все они поднимают МАН от начала и до самой высшей из всех ступеней. И тогда наполнение передается из Бесконечности сверху вниз и опускается от ступени к ступени, от каждого высшего – к его нижнему, до полного нисхождения. Таким образом, в отношении МАН получается, что каждый нижний предшествует своему высшему, а в отношении МАД, мохин, передаваемых свыше, получается, что каждый высший предшествует своему нижнему. И если бы Кнесет Исраэль, Нуква, не начала пробуждаться первой, не пробудился бы по отношению к ней Зеир Анпин свыше. И в соответствии стремлению снизу приходит восполнение свыше. (424)

Так же, как поступил Он с Адамом Ришоном в состоянии гадлут, подняв его из миров БЕА разделения в Эденский сад мира Ацилут, так же поступит Творец с

совершающим возвращение и занимающимся Торой. (260)

Тора называется «водами», как сказали мудрецы: «Нет иных вод, кроме Торы»[49]. А источник Торы – это две скрижали свидетельства, Бина и Малхут. И называются они двумя каменными скрижалями потому, что от них исходят воды, называемые Торой. Первые скрижали Исраэль получили в совершенстве, какими они будут в конце исправления. Как сказано: «Высечено на скрижалях» – читай не «высечено (харýт)», а «свобода (херýт)», поскольку они были свободой от ангела смерти так же, как это будет в конце исправления. Однако грехом золотого тельца они испортили это исправление, и опять ангел смерти стал властен над ними, и разбились скрижали. И были даны им вторые скрижали, со стороны жизни и смерти.

Всё исправление заключается лишь в притяжении света Торы. Ведь с помощью МАН, который Исраэль поднимают благо-

---

[49] Вавилонский Талмуд, трактат Бава Кама, лист 17:1.

даря выполнению заповедей и добрых деяний, они вызывают высшие зивуги (соединения), постепенно раскрывающие свет Торы Исраэлю, пока не удостаиваются вследствие этого конца исправления. (255)

Счастливы праведники, называемые жизнью будущего мира.

Неужели из-за того, что душа продолжает существовать, считаются праведники живыми, ведь тело разлагается в земле, несмотря на совершенство и праведность человека? Душа пребывает в своем существовании вечно, и не властны над ней смерть и жизнь. И только над телом властны смерть и жизнь. (Новый Зоар, 771)

В будущем Творец исправит мир, и исправит дух жизни в людях так, что их дни будут продолжаться вечно, как сказано: «Уничтожит Он смерть навеки». (482)

Заплакал рабби Акива. Спросил у него рабби Элиэзер: «Почему ты плачешь?» Ответил рабби Акива: «Горе поколению, которое останется сиротами без тебя!» Поправил его рабби Элиэзер: «Надо сказать не так, а – горе поколению, которое останется сиротами, без отца, без мудрого учителя, и нет в нем внимательного ученика. А придут дни, когда все поколение будет отличаться нахальством и грубостью, и будет забыта Тора, и не найдется ни разъясняющего, ни просящего ее. А тот, чье сердце пробудится к Торе, будет считаться самым жалким и ничтожным среди людей. Горе этому поколению, когда придет его время!» (Новый Зоар, 327)

В конце исправления, когда будет искоренен Самаэль, раскроется всем, что Самаэль никогда и не жил, но всегда правило только единство, как сказано: «Нет никого кроме Него». (255)

Сыновья, жизнь и питание нисходят к нижним только со стороны среднего столба. И он называется «сын Мой, первенец Мой – Исраэль»[50] и называется

---
50 Тора, Шмот, 4:22.

Древом жизни.

Этот средний столп, Исраэль, дает наполнение Шхине ради нижних. И говорится, что наполнение Шхины жизнью зависит от сыновей Исраэля, находящихся внизу и притягивающих жизнь свою от Шхины. Наполнение тайнами Торы ради нижних считается «питанием» Шхины. А молитва приводит ее к зивугу с Зеир Анпином и приносит «сыновей», т.е. души для нижних, и о ней говорится в отрывке: «И сказала Яакову: "Дай мне детей"». (198)

Сказано: «Да соберутся воды под небесами в одно место». «Да соберутся воды» – это Тора, называемая водами, «в одно место» – это Исраэль, поскольку души Исраэля исходят от этого места. И сказано о нем: «Благословенно величие Творца с места Его». «Величие Творца» означает – нижняя Шхина, Малхут. «С места Его» означает – высшая Шхина, Бина. Таким образом, Бина называется «место». И поскольку души Исраэля исходят от Бины, называемой местом, то, конечно же, пребывает над ними имя АВАЯ, и сказано о них: «Ибо удел Творца – народ Его». И об этом сказано в отрывке: «Да соберутся воды под небесами в одно место», где «воды» – это Тора, «одно место» – это Исраэль, получающие Тору. И отличаются от них «народы мира», которые не хотели получать Тору, и потому земля осталась иссушенной и безводной. (218)

Известно, что Создатель начал творение и устроил его таким образом, чтобы сыновья Исраэля смогли закончить его. Как сказали мудрецы: «С кем вы в сотрудничестве? Я начал творение, а вы довершаете его».

Объяснение. Создатель исправил Малхут только в девяти ее первых сфирот, а исправление Малхут де-Малхут передал Исраэлю, чтобы они исправили ее посредством работы и хранения девяти первых сфирот. И поэтому вся работа Исраэля до завершения исправления относится только к девяти первым сфирот Малхут и определяется как выяснение двухсот восьмидесяти восьми (РАПАХ) искр, которые были исправлены Создателем.

ИЗБРАННЫЕ ОТРЫВКИ ИЗ КНИГИ ЗОАР

И с этой стороны были отстроены два Храма наверху, обозначаемые как первая «хэй» и нижняя «хэй», и так же внизу. И поэтому считается, что они выстроены людьми, посредством работы людей, на которых возложено завершение творения. И поскольку тридцать две (ламэд-бэт) последние искры, относящиеся к Малхут де-Малхут, еще не исправлены, от них происходят ситра ахра и великий сброд, вводящие в грех Исраэль. И поэтому были разрушены два Храма.

Однако после того, как сыновья Исраэля выявят все двести восемьдесят восемь (РАПАХ) искр, имеющихся вследствие разбиения келим, тогда Творец сам выявит тридцать две (ламэд-бэт) последние искры, относящиеся к Малхут де-Малхут и называемые «каменным сердцем (лев[51] а-эвен)». Как сказано: «И удалю Я из плоти вашей сердце каменное». И тогда осуществится исправление Малхут де-Малхут, называемое «последним Храмом». Как сказа-

---

[51] Слово «лев (сердце)» состоит из букв «ламэд-бэт» и имеет численное значение тридцать два.

но: «Если Творец не отстроит Храм», т.е. до конца исправления, когда работа передана людям и их трудом были отстроены два Храма, «напрасен труд строивших его», поскольку они были разрушены. Однако после того, как завершат люди возложенное на них исправление, тогда Творец опустит сверху отстроенный Йерушалаим – Малхут де-Малхут, и отстроенный Храм – внутреннее наполнение Малхут де-Малхут. И тогда это станет строением на веки вечные. (280)

Всё то время, когда Нуква не поднимает МАН к Зеир Анпину, у Зеир Анпина нет необходимости привлекать мохин. Однако после подъема МАН со стороны Нуквы, он привлекает мохин свечения Хохмы от Арих Анпина ради нее, и они постигают мохин состояния «паним бе-паним (лицом к лицу)». (424)

После того как люди поднимают МАН с помощью заповедей и добрых деяний, они притягивают новое свечение свыше, опускающее Малхут и место зивуга вновь на свое место, под Тиферет. И выходит полная ступень светов нефеш-руах-нешама-хая-йехида (НАРАНХАЙ), принимаемых в сфирот Бина и Тиферет, которые включились до этого в Малхут и способны принимать высший свет. И тогда души праведников тоже получают высшие мохин от ЗОН Ацилута, поскольку они включились в высшую Малхут.

Таким образом, все мохин выходят только благодаря Малхут, которая поднялась в Бину и образовала там новое окончание, называемое «небосвод». И если бы не этот «небосвод», ЗОН не могли бы ничего получить от высшего света. Поэтому эти мохин называются в приведенном отрывке «сиянием небосвода»[52], и это свет, раскрывающийся в момент окончания взаимодействия милосердия с судом. Как сказано: «И разумные»[52] – ЗОН и души праведников, «воссияют, словно сияние небосвода»[52] – получат мохин, которые светят, как «сияние небосвода»[52], ибо все их мохин исходят от сияния этого небосвода. (3)

---

52 Писания, Даниэль, 12:3. «Разумные воссияют, как сияние небосвода».

Слова: «Создадим человека», конечно же, указывают на двоих, поскольку каждый нижний сказал высшему, стоящему над ним: «Создадим человека». И нижний не делает ничего без получения разрешения и указания этого вышестоящего парцуфа. И также высший его не делает ничего без получения совета от своего вышестоящего парцуфа. Таким образом, каждый парцуф из парцуфов мира Ацилут сказал: «Создадим человека» своему высшему, а этот высший – еще более высшему. Поскольку любое обновление и создание исходит от Бесконечности и проходит через ступени, пока не достигнет своего места. И действие нисхождения определяется здесь как обращение нижнего к своему высшему: «Создадим человека» в то время, когда получает от него душу Адама, чтобы передать ее нижестоящим. (169)

Опустили книгу Адаму Ришону, и благодаря ей он узнавал и постигал высшую мудрость.

И о ней сказано: «Вот книга порождений Адама»[53]. И эта книга приходит к «сыновьям божественных» – к мудрецам этого поколения. И каждый, кто удостоился изучать ее, узнаёт с помощью нее высшую мудрость. И они изучают ее и постигают ее. И эту книгу ангел Разиэль, ведающий тайнами, опустил Адаму Ришону в Эденском саду. И приставлены к ней три ангела, охраняющие эту книгу, чтобы не захватили ее посторонние.

В час, когда Адам вышел из Эденского сада, он еще держал эту книгу, а когда вышел наружу, книга выпорхнула у него. Умолял он и плакал перед Господином своим, и Он вернул ему книгу, как и вначале, чтобы не была забыта мудрость людьми, и они занимались постижением Господина своего. (472-473)

В отрывке: «И сказал Всесильный (Элоким): "Создадим человека"» заключена тайна, которая не раскрывается никому, кроме боящихся Его.

---

53 Тора, Берешит, 5:1.

Заговорил старейший из старцев, сказав: «Шимон, Шимон! Кто это говорит: "Создадим человека"? Написано о нем: "И сказал Всесильный (Элоким)". Кто здесь под именем Всесильный (Элоким)?» И как только услышал рабби Шимон, что назвал Он его Шимон, а не рабби Шимон, сказал друзьям своим: «Конечно же, это Творец, о котором сказано: "И старец в годах (Атик Йомин) сидит". Ведь настал уже час раскрыть эту тайну, потому что скрыта здесь тайна, которую не позволено раскрывать, а теперь, значит, позволено раскрыть ее».

Объяснение. Известно, что тайны раскрывались мудрецам Зоара благодаря постижению светов высших ступеней путем озарения. И есть в них «паним (лицевая сторона) и ахораим (обратная сторона)», что означает «скрытие и раскрытие». И в соответствии с величиной уровня «паним» ступени, такова же и величина уровня ее «ахораим». А озарение «ахораим» является воззванием и призывом к озарению «паним». И поэтому они знали, в зависимости от меры скрытия «ахораим», которую постигали, ту меру раскрытия, которую им предстоит постигнуть. Поэтому сказано: «Как только услышал рабби Шимон, что назвал Он его Шимон, а не рабби Шимон» – т.е. озарение «ахораим», являющееся воззванием, было настолько сильным, что он лишился всех ступеней и стал простым человеком, Шимоном с рынка. И узнал благодаря этому, что это воззвание и призыв к очень возвышенному постижению «паним». Поэтому сразу же сказал друзьям своим: «Конечно же, это Творец, о котором сказано: "И старец в годах (Атик Йомин) сидит"» – т.е. нет ступени более высокой, чем Он. И добавил: «А теперь, значит, позволено раскрытие» – т.е. теперь, видно, он достиг права раскрыть эту возвышенную тайну. (159)

Провозгласил рабби Шимон, сказав: «Внимайте, высшие, соберитесь, нижние, члены высшего и нижнего собрания. Элияу, я заклинаю тебя – спроси согласия Творца и спускайся сюда, ибо большая битва предстоит тебе. Ханох Матат, спускайся сюда, ты и все люди собрания, подчиняющиеся тебе, потому что не ради себя я совершаю все это, а ради Шхины».

Объяснение. Мысли и речи этих праведников, авторов Зоара, и тем более рабби Шимона, относились к самой стадии действия, т.е. в соответствии со свойством обновления Торы, которое они раскрывали, именно так сразу же устанавливались вслед за ними все высшие ступени на самом деле. Иными словами, праведники строят миры согласно их обновлениям в Торе. Ввиду этого, рабби Шимон подготовил себя здесь к тому, чтобы воевать с первородным змеем и победить его свойством единства пращевого камня, с целью проторить путь для являющихся в мир, чтобы они тоже знали, как подчинить первородного змея.

Известно, что человек не может произвести исправление в месте, в котором он не находится. И рабби Шимон должен был находиться в этот момент в месте пребывания этого змея, для того, чтобы он смог подчинить его. Но чтобы быть уверенным, что не подвергнется опасности во время пребывания в этом низменном месте, он попросил помощи у Элияу, у Матата и у членов высшего и нижнего собрания. (200)

Адам (человек) – это свойства «захар» и «некева», и без них он бы не назывался Адам. Малхут сама по себе, когда она не находится в зивуге с Зеир Анпином, не называется по имени Адам, потому что ей недостает свойства «захар». Но только в то время, когда она производит зивуг с Зеир Анпином, оба они зовутся именем Адам. Сказано: «Мужчиной (захар) и женщиной (некева) сотворил Он их, и благословил Он их и нарек им имя Адам (человек) в день сотворения их»[54]. Таким образом, оба они вместе были названы Адам. Однако каждый сам по себе – словно половина тела, и не называется Адам. (82)

Нуква получает питание от захара, поскольку у самой нуквы нет ничего. Поэтому как питание, т.е. наполнение для своего существования, так и возможность порождения душ она получает от захара. (309)

---
54 Тора, Берешит, 5:2.

До создания Творцом мира было имя Его скрыто в Нем, и был Он и имя Его, скрытое внутри Него, едины.

«Имя Его» – это Малхут, которая до действия творения была включена в Бесконечность и скрыта в ней без всякого раскрытия и проявления, и был тогда Он и имя Его, скрытое в Нем, едины. И не раскрывалось ничего до тех пор, пока не взошел Он в желании Своем создать мир. И Он записывал и строил миры, и не было у них становления, и они были разрушены. То есть, те миры, которые вышли из Малхут во время первого сокращения, называемые «мирами пустынности», в которых произошло разбиение келим, принесших разрушение этим мирам, о которых сказали мудрецы, что вначале мир был создан в свойстве суда – в Малхут первого сокращения, называемой свойством суда. Увидел Он, что не может мир существовать, т.е. что они пришли к разрушению, присоединил к нему свойство милосердия. И тогда облекся Творец, Бина, в одно из облачений света, т.е. поднял в нее Малхут, и вследствие этого свет Бины сократился до ВАК и называется облачающим светом, и тогда соединилось свойство суда, Малхут, со свойством милосердия, Биной, и благодаря этому смог существовать мир.

И извлек Он из этого облачающего света высшие огромные кедры, из этого высшего сияния. А затем снова притянул ГАР к упомянутому свету облачения, и установил Свое строение (мерκава) на двадцати двух записанных буквах, т.е. ЗОН. Потому что буквы ЭЛЕ Бины, которые опускаются из нее в ЗОН во время катнута, а во время гадлута Бина возвращает их себе, считаются словно «колесница (мерκава)», перемещающаяся из одного места в другое. «И установил свое строение (мерκава) на двадцати двух буквах» – на ЗОН в катнуте. А затем, в гадлуте, ЗОН получили свои очертания благодаря десяти речениям, представляющим собой мохин де-ГАР. И тогда они установились – т.е. пришли к желаемому исправлению. (294-295)

Отрывок: «Смотрите же ныне, что Я – это Я (досл. Я Он)» указывает на Творца и

Шхину, Зеир Анпина и его Нукву. «Я» – это Шхина, «Он» – это Творец. И в будущем, в конце исправления, скажет Нуква: «Смотрите же, что Я и Он – это одно целое». Как сказано: «И будет свет луны, как свет солнца» – т.е. Нуква будет равна Зеир Анпину. «И нет Всесильного, кроме Меня» – имеются в виду «иные божества», Сам и змей. Потому что раскроется тогда, что Сам и змей никогда не разъединяли Творца и Шхину. Как сказано: «По слову двух свидетелей будет предан смерти мертвый» – это Сам, который с первых дней своих является мертвым, и был он всего лишь рабом, ускоряющим искупление нашей души.

Поскольку раскроется тогда, что «Я умерщвляю» с помощью Моей Шхины того, кто виновен, и «Я оживляю» с помощью Моей Шхины того, кто достоин. То есть, откроется управление Творца, с самого его начала, сразу во всем мире. Тогда сказано: «Исчезнут грешники со всей земли, и нечестивых не будет больше» – т.е. в сравнении с тем, что представляется нам на протяжении шести тысяч лет, что есть управление, противостоящее святости, и это – Сам и змей. Как сказано: «Когда властвовал человек над человеком во зло ему». Однако в это время раскроется воочию всем, что «Я умерщвляю», с помощью Моей Шхины, «и оживляю» с помощью Моей Шхины, «и нет никого кроме Него». (175)

Берешит
(часть 2)

Так же, как создал Творец мир во взаимодействии с мерой милосердия Бины, так же создал Творец и душу Адама Ришона. То есть и душа Адама Ришона была создана при участии меры милосердия, благодаря которой был создан мир, называемый Малхут. Поэтому и Адам Ришон достиг всех высших светов, имеющихся в Бине, так же, как Малхут. (2)

Затем Творец ввел Адама Ришона в Эденский сад, чтобы он мог отведать там от высших наслаждений. И его окружали высшие ангелы, служа ему и сообщая ему тайны своего Господина. Когда ввел его

Творец в Эденский сад, он видел и изучал все высшие тайны и всю мудрость, чтобы познать и изучить величие Господина своего. И все это было у Адама Ришона благодаря тому, что создан он был по высшему образу Бины. (3)

Человек не должен идти за другими божествами, называемыми «жена прелюбодейная», и поэтому сказано: «Чтобы уберечь тебя от женщины чужой, иноплеменной, чьи речи льстивы». И человек удостаивается всего этого лишь через Малхут. Поэтому очень велико достоинство тех праведников, которые постигают ее. Об этом сказано: «Праведники получают питание от силы ее». Однако остальные люди не могут постичь ее, так как нуждаются в мере милосердия. И поэтому свойство ее укрыто во внутренней сущности и не проявляется, и только точка меры милосердия раскрыта в ней. (7)

**В нижнем Эденском саду облачается душа в одеяния, подобные одеянию ее в

этом мире, т.е. телу. И она наслаждается там всё то время, которое должна наслаждаться от этих светов для того, чтобы окончательно очиститься от скверны тела, пока не наступит время, когда эта душа сможет подняться в высшее место, как необходимо ей. И когда исчезнет у нее впечатление, полученное от тела, в которое облачалась она в этом мире, она может подняться на свое место – в высший Эденский сад. (9)

Человеку, беспокоящемуся о том, чтобы исправить себя перед Творцом, свойственно видеть себя полным недостатков, и поэтому молитва его всегда направлена на восполнение его недостатков. Однако он не может благодарить и восхвалять Творца, так как ему кажется, что не за что благодарить и восхвалять. И если укрепляется в том, чтобы благодарить и восхвалять Творца за меру блага Его, увеличивающуюся по отношению к нему непрестанно, с каждым днем, то несомненно, что он чувствует удовлетворение в своем состоянии и не может больше настолько молиться и негодовать перед Господином своим за свои недостатки. (14)

И каждого жжет внутри свет хупы товарища, как внизу, так и наверху, т.е. как в нижних чертогах, так и в верхних, достоинства праведников не равны между собой, и у каждого есть своя хупа. И никто не может прикоснуться к хупе товарища своего, находящейся выше него, потому что обжигается об нее, словно касается огня. (22)

Ступень Хесед считается правой линией, и постичь ее не может никто, кроме святых приверженцев и тех, кто любит Господина своего огромной любовью. На входе этого чертога стоят все те, кто каждый день приводили к единству Господина их, т.е. каждый день притягивали единство Его из мира Бесконечности ко всем сфирот и во все миры. И они первыми поднимаются оттуда к более возвышенным чертогам, то есть они поднимаются раньше приверженцев этого чертога. (24)

И когда в Исраэле настает час бедствия, поднимаются три праотца и пробуждают Шхину, чтобы защитила Исраэль. И тогда поднимается Шхина и украшается венцами наверху, т.е. получает ГАР, называемые «венцы (атарот)», и защищает Исраэль. (26)

«Эден» – это высшая Шхина, «сад» – это нижняя Шхина. И когда они соединяются вместе, то называются Эденским садом.

Объяснение. Во всех поколениях Творец дает Исраэлю мохин (разум) от свойства «Эденский сад», но они не устанавливаются в постоянстве, поскольку сами Исраэль находятся вне пределов Эденского сада. А в конце дней поднимет Творец Исраэль в Эденский сад, как и Адама Ришона до прегрешения. И тогда мохин установятся в постоянстве навеки. (243)

Ноах

Как глухи люди, которые не знают и не соблюдают законов Торы, а следуют лишь законам мира, – и тогда дух мудрости забывается ими. (138)

Счастливы праведники, славы которых пожелал Творец и раскрыл им высшие таинства мудрости.

«Творец, Создатель мой, превознесу Тебя, восхвалю имя Твое, ибо Ты совершил чудо!»[55]. Сколько нужно им, людям, смотреть на славу Творца и восхвалять во славу Его. Потому что Творец выполняет желание каждого, кто умеет восхвалять Владыку своего как до́лжно, и более того, преумножает ему благословения наверху и внизу.

Поэтому тот, кто умеет восхвалять Владыку своего и освящать имя Его, дорог наверху и мил внизу, и Творец прославляется в нем. О нем написано: «И сказал мне: "Ты – раб Мой, Исраэль, и в тебе прославлюсь"»[56]. (304-306)

---

55 Пророки, Йешаяу, 25:1.

56 Пророки, Йешаяу, 49:3.

Сказано о человеке: «Нехорошо быть человеку одному; сделаю ему подмогу под стать ему»[57]. Это душа, которая является помощью, чтобы вести его по пути Создателя его. То есть, приходящему очиститься помогают – душа его помогает ему, ангелы-служители помогают ему, Шхина Творца помогает ему. Все они возглашают перед ним, говоря: «Когда пойдешь, не будет стеснен шаг твой, и когда побежишь, не споткнешься»[58]. И души праведников помогают ему. (Новый Зоар, 24)

Если человек собирается очиститься, помогают ему святой душой, очищают и освящают его. И называется он святым. А если не удостоился и не собирается очищаться, только две ступени открыты ему – нефеш и руах. А святой души (нешама) нет у него. И не только это, но если он собирается оскверниться, то оскверняют его и лишают его высшей помощи. Отсюда и далее каждый следует согласно пути своему, то

---

57 Тора, Берешит, 2:18.
58 Писания, Притчи, 4:12.

есть, если он раскаивается и приходит очиститься, снова помогают ему. (63)

Притча о царе, который пригласил того, кто его любит, на трапезу, проводимую им в определенный день, дабы любящий царя узнал, что царь желает его. Сказал царь: «Сейчас я хочу радоваться только с любящим меня. Но боюсь я, что когда буду на трапезе с любящим меня, придут вместе с любящим меня все эти назначенные управители и сядут с нами за стол, чтобы насладиться трапезой, несущей радость».

Что же сделал любящий? Он приготовил сперва блюда из овощей и говядины, и поднес этим назначенным управителям. А потом сел царь с любящим его за высшую трапезу из всех самых лучших яств. И пока они с царем находятся наедине, он просит у него всё необходимое, и царь дает ему и радуется, находясь наедине с любящим его, и чужие не помешают им. Так и Исраэль с Творцом. (110)

Благословенна участь Исраэля, поскольку они были желанны Творцу, и дал

Он им святую Тору, предупредил их и дал совет остерегаться обвинителей наверху и вредителей внизу, чтобы властвовал в них только один Творец. И они знают, как оттолкнуть от себя всех обвинителей и губителей, чтобы быть уделом Его и наследием Его. Как сказано: «Ибо удел Творца – народ Его, Яаков – доля наследия Его»[59]. (Новый Зоар, 1)

Сказал Творец: «Вот единый народ»[60]**, и поскольку все они как один пребывают в единстве, то будут совершать действия и добьются успеха в действиях своих.** (368)

Поскольку сердце и желание их были едины и говорили они на святом языке, сказано: «Не будет для них невозможного во всем, что задумают сделать»[60]**, и высший суд не сможет властвовать над ними.**

---

59 Тора, Дварим, 32:9.
60 Тора, Берешит, 11:6. «И сказал Творец: "Вот единый народ, и один язык у всех, и вот что начали делать. И теперь не будет для них невозможного во всем, что задумают сделать"».

Тем более, для нас или для товарищей, занимающихся Торой, – ведь все мы в одном сердце и в одном желании – не будет невозможного во всем, что мы пожелаем сделать.

Отсюда становится ясным, что любым зачинщикам раздора нет существования. Ведь всё то время, пока сердца и желания жителей мира находятся в единстве между собой, хотя и восстают против Творца, не будет властен над ними высший суд, как это случилось в поколении раздора. Но после того, как разделились, сразу же сказано о них: «И рассеял Творец их оттуда»[61]. Потому-то зачинщикам раздора нет существования.

Таким образом, всё зависит от произносимого устами. Ведь как только смешался их язык – сразу же «рассеял Творец их оттуда»[56]. Однако на будущее сказано: «И тогда Я сделаю этот язык понятным для всех народов, чтобы все призывали имя Творца и служили Ему вместе»[62]. И будет Творец царем над всеми. (386-388)

---

61 Тора, Берешит, 11:9. «И рассеял Творец их оттуда по всей земле, и перестали они строить город».
62 Пророки, Цефания, 3:9.

Сказал рабби Шимон: «Если бы я находился в мире в то время, когда Творец дал миру книгу Ханоха и книгу Адама, я бы сделал все возможное, чтобы они не попали в руки людей». Потому что все мудрецы не остерегались тогда при изучении их и ошибались, подменяя прямое толкование слов иным толкованием, выводя их из предела высшей святости в предел иной, не обладающий святостью. Но теперь мудрецы мира знают сказанное и скрывают его, не раскрывая тайн, и укрепляются в работе Господина своего. Поэтому сейчас разрешено заниматься тайным. (295)

Обратился Михаэль: «Владыка мира, Тебе подобает смилостивиться над ними, ведь Ты милосерден и зовешься именно так?!» Ответил ему: «В тот день, когда был предоставлен Мне вынесенный приговор, поклялся Я не вызволять их до тех пор, пока они не раскаются. И как только собравшиеся в Кнесет Исраэль откроются в раскаянии на величину игольного ушка, открою Я для них врата широкие». (Новый Зоар, 152)

Во всех изгнаниях, в которые отправлялась Кнесет Исраэль, Творец отводил ей время и срок завершения, и она всегда пробуждалась к возвращению. А у последнего изгнания нет времени и срока завершения, но всё зависит от возвращения. Сказано: «И возвратишься ты к Творцу, Всесильному твоему, и услышишь голос Его»[63]. **И сказано: «Даже если будут изгнанники твои на краю неба, то и оттуда соберет тебя Творец, Всесильный твой, и оттуда возьмет тебя»**[64].

Как же, в таком случае, пробудятся к возвращению все вместе? Как соединятся вместе находящиеся на краю неба и на краю земли, чтобы совершить возвращение?

Если совершат возвращение главы дома собрания или один дом собрания, то соберутся благодаря их заслугам все изгнанники. Потому что Творец всегда ждет – когда они совершат возвращение и Он сможет доставить им благо. Как сказано: «И потому

---

63 Тора, Дварим, 30:2.
64 Тора, Дварим, 30:4.

ждет Творец, чтобы помиловать вас»[65] – т.е. ждет всегда, когда же они совершат возвращение. (Новый Зоар, 143-145)

Когда Творец украшается Своими венцами, он украшается сверху и снизу. Сверху – от места, глубочайшего из всех, парцуфа Аба ве-Има, а снизу – от душ праведников. Тогда прибавляется жизнь сверху и снизу, охватывая место Храма со всех сторон. Наполняется водоем, и восполняется море и дает тогда жизнь всем. (21)

Подобно тому, как дают душе облачение, называемое телом, чтобы существовать в этом мире, так же дают душе облачение высшего свечения, чтобы существовать в нем в будущем мире и смотреться в светящее зеркало, т.е. Зеир Анпин, находясь в земле жизни – Нукве Зеир Анпина. (143)

---

65 Пророки, Йешаяу, 30:18.

«И породил Ноах троих сыновей»[66]**. Это три вида управления, имеющиеся в человеке.** Управление души, чтобы быть ему помощью в работе Создателя, называемое Шем. Управление страсти и злого начала, называемое Хам, оно направляет тело на совершение нарушений и сотрясает его. И управление доброго начала, руководящее человеком во всём хорошем и улучшающее его деяния в Торе и страхе Творца, называемое Йефет. И это управление будет вести человека по пути жизни. (Новый Зоар, 46)

Лех леха

Как велики деяния Творца. Ведь созидание и формирование человека подобно созиданию и формированию мира. Иными словами, человек содержит в себе всё деяние мира и называется малым миром. Каждый день Творец создаёт мир, подбирая сочетания сообразно каждому, что и называется созданием миров. И Он создал

---

66 Тора, Берешит, 6:10.

образы каждого из людей, прежде чем все они явились в мир. (330)

Горе тем грешникам в мире, которые не знают и не пытаются понять, что всё случающееся в мире исходит от Творца. Только Он один совершал, совершает и будет совершать все деяния в мире. Он с самого начала знает, что будет в конце, как сказано: «Предвещаю от начала конец»[67]. И Он предусматривает и вершит деяния от начала творения так, чтобы вернуться к ним и выполнить их в совершенстве, когда наступит время. (116)

Сколь внимательны должны быть люди к работе Творца. Ведь никто из людей не знает и не пытается понять, что является основой мира и что является основой их самих. (4)

Насколько же человек должен совершенствовать свои деяния перед Творцом, занимаясь Торой днем и ночью, пото-

---
67 Пророки, Йешаяу, 46:10.

му что нет ничего важнее Торы. (Новый Зоар, 1)

«Тора Творца совершенна»[68], потому что всё заключено в ней.

Благословенна участь того, кто занимается Торой и не расстается с ней. Потому что всякий, кто даже на час расстается с Торой, – словно расстается с жизнью в этом мире. Сказано: «Ибо это – жизнь твоя и долгоденствие твое»[69]. И сказано: «Долгоденствие, и годы жизни, и мир прибавят они тебе»[70]. (356)

Сколь желанна Тора Творцу, ведь благодаря ей человек становится достойным будущего мира, а всякий обучающий Торе других – еще больше всех остальных. (Новый Зоар, 61)

Те, кто обучает Торе остальных людей и детей, получают двойную награду.

---
68 Писания, Псалмы, 19:8.
69 Тора, Дварим, 30:20.
70 Писания, Притчи, 3:2.

Обучающий Торе детей пребывает в месте Шхины. Когда рабби Шимон шел смотреть на подростков, занимающихся изучением Торы, он говорил: «Я отправляюсь смотреть на лик Шхины!» (Новый Зоар, 61-62)

Призвание всех душ праведников, находящихся ниже престола величия – направлять тело, как отец направляет сына. Потому что без души не сможет тело ни действовать, ни познавать, ни выполнять желание своего Создателя. Душа направляет, обучает и воспитывает человека во всем, чтобы он мог идти путем истины.

В час, когда отсылает ее Творец из святого места, Он дает ей семь благословений. «И сказал Творец Авраму» – т.е. душе, называемой Ав-рам (досл. отец возвышенный), поскольку она является отцом, обучающим тело и возвышающимся над ним, потому что исходит она от места возвышенного и вознесенного. (Новый Зоар, 5-6)

Пробуждение высшего происходит только вследствие пробуждения нижне-

го, потому что пробуждение высшего зависит от **стремления нижнего**. (231)

«Каждому, кто приходит очиститься, помогают», ибо когда он сам приходит к пробуждению снизу, помогают ему свыше. Но без пробуждения снизу не дается пробуждения свыше.

Ничто не пробуждается свыше прежде, чем произойдет сначала пробуждение снизу, и над ним уже может пребывать высшее свойство. И это означает «черный свет свечи» – т.е. Нуква, которая не включается в белый свет свечи, Зеир Анпин, прежде, чем она сама пробудится вначале. И поскольку она пробудилась первой, тотчас нисходит к ней белый свет, поскольку нижний обязан пробудиться первым. (18-19)

Сказано: «Я – возлюбленному моему, и ко мне – стремление его». Вначале «я – возлюбленному моему», а затем «ко мне – стремление его». «Я – возлюбленному моему» – чтобы сначала исправить место для него посредством пробуждения снизу, а затем «ко мне – стремление его».

Шхина не находится с грешниками. Если же человек приходит очиститься и приблизить себя к Творцу, то нисходит к нему Шхина. Поэтому сказано: «Я – возлюбленному моему» – вначале, а затем уже: «Ко мне – стремление его». Ибо после того, как человек приходит очиститься, его очищают. (268-269)

Высший мир нуждается в пробуждении со стороны нижнего мира. Когда души праведников выходят из этого мира и поднимаются наверх в Эденский сад, все они облачаются в высший свет, в образ величия. С ними Творец радуется и стремится к ним, ибо они – плод Его деяний. Поэтому Исраэль зовутся сыновьями Творцу, так как души их святы. Сказано об этом: «Сыновья вы Творцу вашему»[71], ведь души – это сыновья, плоды деяний Творца. (131)

Творец сотворил мир на следующем условии: если придут Исраэль и примут Тору, вы сможете существовать, а если нет, то Я

---
71 Тора, Дварим, 14:1.

возвращаю вас в бездну и хаос. И мир не смог существовать, пока не встали Исраэль у горы Синай и не получили Тору – и тогда смог существовать мир.

С этого дня и далее Творец творит миры. Что они представляют собой? Соединения людей. (278-279)

Сказал рабби Аба о рабби Шимоне и его учениках: «Счастливы вы в этом мире и в будущем мире. Все вы пребываете в святости. Все вы – сыны святого Творца. Каждый из вас соединен и связан с высшим святым Царем». (445)

Подошли все товарищи и поцеловали руки рабби Шимону, заплакали: «О горе! Когда ты уйдешь из мира, кто будет светить светом Торы?! Благословенна участь товарищей, которые слышали слова Торы из уст твоих!» (163)

Царь Давид сказал: «Кто всемогущ, кроме Творца, и кто твердыня, кроме Всесильного нашего?»[72]

---
72 Писания, Псалмы, 18:32.

«Кто всемогущ, кроме Творца» – кто из всех правителей или повелителей способен что-то сделать, кроме Творца? Наоборот, они делают все лишь по указанию Творца, поскольку не вольны решать сами и не могут что-либо сделать. «Кто твердыня» – кто обладает такой силой, чтобы сам мог явить влияние и могущество, «кроме Всесильного нашего»? Напротив, все в руках Творца и не могут они сделать что-либо, иначе как находясь в Его власти.

Другое объяснение. «Кто всемогущ, кроме Творца?» – потому что всё находится во власти Творца, а не так, как это представляется в отображении звезд и созвездий. Они показывают что-либо, а Творец переиначивает это по-другому. «Кто твердыня (цур – צור), кроме Всесильного нашего?» Нет живописца (цаЯр – צייר), подобного Творцу. Он совершенный живописец, создающий и вырисовывающий одну форму внутри другой, форму плода в чреве матери, и завершающий эту форму во всех ее исправлениях, и вносящий в нее высшую душу (нефеш), подобную высшему исправлению. (327-328)

Все существование людей основано на средней линии, нисходящей благодаря занятиям Торой. И если бы не средняя линия, они не могли бы существовать. (9)

«Река выходит из Эдена, чтобы орошать сад»[73].

«Река» – это Есод Зеир Анпина, выходящий из Бины, которая вернулась в Хохму и называется Эденом. И это тот столп, на котором стоит мир, и он орошает сад, Нукву, и сад орошается от него и производит от него плоды – души людей. Все плоды расцветают в мире, Нукве, и они – воплощение мира и воплощение Торы. Эти плоды – ду́ши праведников, плоды деяний Творца. (129)

Когда пожелал Творец, Бина, сотворить мир, ЗОН, называемые небом и землей, Он углубился в мысль, Хохму, Тору, произвел записи и привлек свет Хохмы к ЗОН, т.е. к небу и земле. Но мир не смог устоять, т.е. они не смогли получить свет из-за силы сокращения и суда, которая была в Малхут.

---

73 Тора, Берешит, 2:10.

Пока Он не создал возвращение – внутренний высший скрытый чертог. «Пока Он не создал возвращение» – то есть, пока не поднял Малхут в Бину. Тогда Бина называется возвращением, так как она уменьшилась до свойства «точка в чертоге». Тем самым подсластилось в Бине свойство суда Малхут, и она стала достойна получить свет Хохма. (310)

В полночь, когда петухи не спят, северная сторона пробуждается ветром (руах). Это – левая линия в свечении шурук, т.е. свечение Хохмы, лишенное хасадим, ГАР де-руах. Поднимается скипетр южной стороны, т.е. правая линия, хасадим, и совершает зивуг со свойством руах левой линии, и они включаются друг в друга. Тогда утихают суды левой линии, и она подслащается свойством хасадим. И тогда пробуждается Творец по своему обычаю, чтобы радоваться вместе с праведниками в Эденском саду.

В тот час счастлив удел человека, встающего, чтобы забавляться с Торой, ибо Творец и все праведники в Эденском саду слушают его голос, как сказано: «Обитающая в садах, товарищи внемлют голосу твоему! Дай и мне услышать его!»[74].

Более того, Творец протягивает над ним нить милости, дабы он оберегался в мире, – чтобы высшие и нижние оберегали его. Сказано об этом: «Днем явит Творец милость Свою, а ночью – песнь Его со мною»[75].

«У каждого, кто занимается в тот час Торой, конечно же, есть постоянный удел в будущем мире».

Что значит постоянный? Ведь эти мохин происходят от ИШСУТ, зивуг которых прерывист и непостоянен. Однако каждую полночь, когда Творец пробуждается в Эденском саду, все насаждения, т.е. сфирот, в Эденском саду, в Нукве, максимально орошаются от того потока, который зовется потоком древних[76], потоком услад[77], от высших Аба ве-Има. Во́ды его не иссякают никогда, так как зивуг Аба ве-Има не

---

74 Писания, Песнь песней, 8:13.

75 Писания, Псалмы, 42:9.

76 Пророки, Шофтим, 5:21.

77 Писания, Псалмы, 36:9.

ИЗБРАННЫЕ ОТРЫВКИ ИЗ КНИГИ ЗОАР

прерывается. Если человек встал и занимается Торой, этот поток как будто изливается на его голову и орошает его среди насаждений в Эденском саду. И потому есть у него постоянный удел также и в мохин будущего мира, т.е. в ИШСУТ, так как мохин Аба ве-Има включают в себя и мохин ИШСУТ.

Более того, поскольку все праведники в Эденском саду слушают его, ему выделяют долю в нектаре этого потока – в мохин высших Аба ве-Има, и тогда у него есть постоянный удел в будущем мире, так как они включены в мохин Аба ве-Има. (363-367)

«Благословите Творца, ангелы Его, сильные воины, исполняющие реченное Им, чтобы услышать голос речения Его»[78].

Счастливы Исраэль более всех остальных народов мира, ибо Творец избрал их из всех остальных народов, сделав их Своей долей и уделом. И потому дал Он им святую Тору, ибо все они пребывали в едином желании на горе Синай и предварили делом

---

78 Писания, Псалмы, 103:20.

то, что услышали, сказав «сделаем» прежде, чем «услышим».

После того, как они предварили действие услышанию, Творец призвал ангелов и сказал им: «До сих пор вы были предо Мною единственными в мире. Отныне и далее, вот, Мои сыновья на земле – товарищи вам во всем. Нет у вас права освящать Мое имя, пока Исраэль не соединятся с вами на земле. И тогда все вы вместе станете товарищами, чтобы освящать Мое имя». Потому что они предварили действие услышанию, подобно тому, как высшие ангелы делают на небосводе. Поэтому сказано вначале: «Благословите Творца, ангелы Его, исполняющие речённое Им», а затем: «чтобы услышать голос речения Его».

«Благословите Творца, ангелы Его» – это праведники на земле, которые так же важны Творцу, как и высшие ангелы на небосводе, потому что они «сильные воины», т.е. пересиливают свое начало, подобно воину, одолевающему врагов своих. «Чтобы услышать голос речения Его» – они каждый день удостаиваются услышать голос из высей и в любое время, когда они нуждаются в этом. (315-317)

Когда создал Творец мир, не мог мир устоять, и только разрушался то в одном, то в другом.

Сказал Творец миру: «В чем причина того, что ты рушишься?» Ответил Ему: «Владыка мира, я не могу устоять, поскольку нет у меня основы, на которой я мог бы стоять».

Сказал ему Творец: «Но ведь в будущем я поставлю в тебе одного праведника, Авраама, который будет любить Меня». И тогда смог выстоять мир в своем существовании. Сказано: «Вот происхождение неба и земли, при сотворении их»[79]. Читай не: «При сотворении (бе-ибарам בהבראם)», а: «При Аврааме (бе-Авраам באברהם)». Ибо при Аврааме смог существовать мир.

Обратился мир к Творцу: «Но потомки Авраама в будущем разрушат Храм и сожгут Тору?!». Сказал ему Творец: «Один человек родится от него в будущем – Яаков. И

---
79 Тора, Берешит, 2:2.

выйдут из него двенадцать колен – все праведники». Сразу же смог существовать мир ради него. (225-227)

Если бы Аврам не сошел в Египет и не очистился там сначала – не стал бы уделом, избранным Творцом. Подобное происходило с его потомками, когда Творец захотел сделать их единым народом, неделимым народом, и приблизить к Себе. Если бы они сначала не сошли в Египет и не очистились там, то не стали бы Его единым народом. Подобно этому, если бы святая земля не была отдана кнаанеям, и они не правили бы ею, то эта земля не стала бы уделом, предназначенным Творцу. И всё это – одно целое. (144-145)

Творец сказал Кнесет Исраэль, Шхине: «От Меня произойдут плоды твои»[80]. Не сказано «произойдут плоды Мои», а «плоды твои» – это указывает на стремление некевы, приводящее к тому, что некева (женская часть) души включается в силу захара (муж-

---

80 Пророки, Ошеа, 14:9.

ской части), и тогда соединяются некева души с захаром, становясь одним целым, когда одно включено в другое. А затем обе они разделяются в мире. Разумеется, что благодаря силе захара есть плод некевы в мире. «Плоды твои» – это плоды некевы, т.е. душа, восходящая в стремлении своем. Это речение дает понять, что даже душа некевы не является ее собственным свойством, но следствием ее включения в душу захара. И поэтому сказано: «От Меня произойдут плоды твои». (209)

Вайера

«Ростки показались на земле, время воспевания пришло и голос горлицы слышен в земле нашей»[81].

«Ростки показались на земле». Когда Творец создал мир, Он дал земле всю надлежащую ей силу, но она не произвела плодов в мире, пока не появился человек. После того, как появился человек, всё появилось в

---

81 Писания, Песнь песней, 2:12.

мире – то есть земля раскрыла зачатки и силы, находящиеся в ней, и об этом сказано: «Ростки показались на земле».

И так же небеса не давали силы земле, пока не появился человек. Как сказано: «Никакая трава полевая еще не росла на земле, ибо дождя не посылал Творец»[82] – были скрыты в ней все эти порождения и не раскрывались, а небеса были замкнуты и не поливали дождем землю, потому что «человека не было» – не появился и не создан еще, и всё задерживается в своем развитии из-за него. После того, как появился человек, тотчас «ростки показались на земле», и все силы, которые были скрыты, раскрылись и отданы ей.

«Время воспевания пришло»[81] – было произведено исправление песнопений и восхвалений для воспевания перед Творцом, чего не было до создания человека. «И голос горлицы слышен в земле на-

---

82 Тора, Берешит, 2:5. «Никакого же кустарника полевого еще не было на земле, и никакая трава полевая еще не росла: ибо дождя не посылал Творец на землю, и человека не было для возделывания земли».

шей»⁸¹ – это речь Творца, которой не было в мире прежде, чем был создан человек, а с появлением человека появляется всё. (1-3)

Творец вызывает причины и поступки в мире, чтобы вершить всё как подобает. И всё это выходит от сути и корня наверху и нисходит вниз, в мир. (304)

«Кто взойдет на гору Всесильного, и кто встанет в месте святости Его?»⁸³

Все живущие в мире не видят, ради чего они находятся в мире, то есть не пытаются узнать, ради какой цели они живут в мире, и дни уходят безвозвратно. И все эти дни, которые проживают люди в этом мире, возносятся и предстают пред Творцом, поскольку все они созданы, и есть у них реальная действительность.

Если человек в этом мире не проверяет и не интересуется, ради какой цели он живет, и каждый его день лишь бессмысленно проходит впустую, то душа его, уходя из этого мира, не знает, каким путем поднима-

---
83 Писания, Псалмы, 24:3.

ют ее. Потому что путь подъема наверх – в то место, где происходит свечение высших душ, в Эденский сад – не дается всем душам. Поскольку именно к тому, что он притягивает к себе в этом мире, стремится его душа и после того, как уходит из него. (76-78)

Если человек тянется к Творцу и стремится найти Его в этом мире, то и затем, когда он оставляет этот мир, он так же тянется к Творцу, и открывают ему путь восхождения наверх, в то место, где светят души, т.е. следуя тому, к чему было направлено желание его каждый день в этом мире. (79)

Наколько люди должны всматриваться в деяния Творца и заниматься Торой днем и ночью. Ведь благодаря каждому, кто занимается Торой, Творец славится наверху и внизу. Потому что Тора – это древо жизни для всех, кто занимается ею, чтобы наполнять их жизнью в этом мире и в мире будущем. (230)

Всё время, когда занимаются Торой, Шхина является и присоединяется. И тем более, когда идут по дороге, Шхина сама спешит явиться и идет перед людьми, которые удостоились веры Творца. (430)

«Известен во вратах муж ее»[84]. **Творец превознесен в величии Своем, ибо Он скрыт и недоступен в великом возвышении.**

Нет и не было в мире со дня его сотворения никого, кто мог бы опираться на мудрость Его. И потому не сможет никто опираться на мудрость Его.

Потому что Он скрыт и недоступен, и вознесен высоко-высоко. И все высшие и нижние не в силах постичь Его, пока все они не скажут: «Благословенно величие Творца с места Его»[85].

Нижние говорят, что Шхина – наверху, как сказано: «Над небесами величие Его»[86]. А высшие говорят, что Шхина – внизу, как сказано: «Над всей землей величие

---

84 Писания, Притчи, 31:23.

85 Пророки, Йехезкель, 3:12.

86 Писания, Псалмы, 113:4.

Твое»[87]. Пока все высшие и нижние не скажут: «Благословенно величие Творца с места Его» – потому что оно неизвестно, и не было никого, кто мог бы стоять на этом месте. Как же говорится: «Известен во вратах муж ее»?

«Известен во вратах муж ее» – это Творец, который познается и постигается в соответствии с тем, сколько места отводит каждый в сердце своем по мере того, как может постигать в духе мудрости. Сколько он отводит места в сердце своем, столько и познает в нем. Поэтому сказано: «Известен во вратах (шаарим)» – в тех пределах (шиурим), которые каждый отводит в сердце. Однако нет никого, кто смог бы постичь и познать Его так, чтобы Он стал известен как подобает.

«Известен во вратах муж ее». Что это за врата? Сказано: «Вознесите к вратам главы ваши»[88]. Силою этих «врат», т.е. высших ступеней, познается Творец. И если бы не было этих «врат», то невозможно было бы постигать Его. (151-154)

---

87 Писания, Псалмы, 57:6.

88 Писания, Псалмы, 24:7.

В высших мирах любое раскрытие дается миру только с помощью скрытых свойств. И мера скрытия, имеющаяся на ступени, определяет меру раскрытия в ней, которую она передает миру. А если нет в ней скрытия, не сможет она передать ничего. (453)

Есть вход для входа, ступень для ступени – и от них познается величие Творца.

Вход в шатер – это вход в справедливость, то есть в Малхут, как сказано: «Откройте мне врата справедливости»[89]. Это первый вход – дабы войти в него в постижении. И в этом входе видны все остальные высшие входы. Кто удостоился этого входа, тот удостоился постичь его и все остальные входы вместе с ним, так как все они пребывают над ним.

А теперь, когда и нижний вход, называющийся входом в шатер, и вход справедливости неведомы, поскольку Исраэль находятся в изгнании, – все входы ушли от него, и не могут они познавать и постигать. Но когда выйдут Исраэль из изгнания, будут все выс-

---
89 Писания, Псалмы, 118:19.

шие ступени пребывать над входом справедливости, как подобает.

Тогда познает мир драгоценную высшую мудрость, которой не знал ранее. Сказано: «И снизойдет на него дух Творца, дух мудрости и понимания»[90]. Все они будут пребывать над этим нижним входом – входом в шатер, в Малхут. И все они будут пребывать над царем Машиахом, чтобы судить мир, как сказано: «Будет он судить бедных по справедливости»[91]. (156-158)

Подобно тому, как настроен человек в желании своем в этом мире, так же нисходит к нему дух свыше, подобно тому желанию, к которому он прилепился. Если направил свое желание на высшую духовную сущность, то он притягивает эту же сущность сверху вниз к себе.

А если его желание – прилепиться к другой стороне (ситра ахра), и направлял себя к ней, ту же сущность он притягивает сверху вниз к себе.

---

90 Пророки, Йешаяу, 11:2.
91 Пророки, Йешаяу, 11:4.

И сказано, что в притяжении чего-либо свыше всё в основном зависит от речи, и от действия, и от желания прилепиться, и тем самым притягивается сверху вниз та сторона, к которой он прилепился. (81-82)

Если человек хочет прилепиться к высшему духу святости, то от его действия, речи и направленности на это в намерении сердца зависит результат, – чтобы он смог притянуть его к себе сверху вниз и прилепиться к нему.

То, к чему тянется человек в этом мире, тем же привлекают его, когда он уходит из этого мира. И к чему прилепился и чем увлечен в этом мире, к тому же прилепляется он в истинном мире: если увлечен святостью, то и прилепляется к святости, если скверной, то – к скверне.

Если святостью, то влекут его в сторону святости, и прилепляется к ней наверху и становится служителем, назначаемым для служения Творцу среди всех ангелов. И так же он прилепляется (к находящимся) наверху, и стоит среди тех праведников, о которых сказано: «И открою Я тебе законы пребывания среди тех, кто стоит здесь»[92].

И подобно этому, если к скверне прилепился в этом мире, тянут его в сторону скверны, и становится наряду с ними, прилепляясь к ним. И называются они «вредящие людям». (84-87)

Смотрел я на этот вечный мир: мир держится лишь на тех праведниках, которые властвуют над желанием своего сердца. Сказано: «Свидетельством для Йосефа поставил Он его»[93]. Почему удостоился Йосеф этой ступени и этого царства? Потому что покорил свое начало. А каждого, кто покоряет свое начало, ждет небесное царство, как мы изучали. (239)

Человек был создан во всем зле и низости. Как сказано: «Подобным дикому ослу рождается человек»[94]. И все органы те-

---

92 Пророки, Захария, 3:7.

93 Писания, Псалмы, 81:6.

94 Писания, Йов, 11:12. «И пустому человеку дано сердце, но подобным дикому ослу рождается человек».

ла, чувства и свойства, и тем более мысль, служат ему только для зла и ничтожества в течение всего дня. А тому, кто удостоился слиться с Творцом, Творец не создает вместо этих новые келим, которые были бы пригодны и достойны для получения предназначенного ему вечного духовного блага, а те же самые низкие келим, использование которых до сих пор было злым и гнусным, переворачиваются и становятся для него сосудами получения вечной приятности и нежности.

И мало того, те келим, которые обладали самыми большими недостатками, становятся теперь самыми важными. То есть мера раскрытия в них больше всего. До такой степени, что если у человека был в теле какой-либо орган (кли) без всякого недостатка, становится он для него теперь как лишний, не нужный ему ни для чего. И это подобно деревянному или глиняному сосуду – чем больше созданная в нем полость, тем больше его вместимость и важность. (453)

Кто удостаивается оказывать благодеяние людям, когда суд царит в мире, тому Творец помнит оказанное им благодеяние, ибо каждый раз, когда человек удостаивается, это записывается ему наверху. И потому даже когда суд царит в мире, Творец помнит о том благодеянии, которое он удостоился оказать людям, как сказано: «Благодеяние избавляет от смерти»[95]. (169)

Прегрешение Адама Ришона состояло в нарушении запрета есть с Древа познания добра и зла. И он отведал от него, принеся смерть всему миру. Сказано: «А теперь как бы не простер он руки своей, и не взял также от Древа жизни, и не поел, и не стал жить вечно»[96]. Когда же пришел Авраам, он исправил мир с помощью другого древа – Древа жизни, и сообщил о вере всем жителям мира. (114)

---

95 Писания, Притчи, 10:2.
96 Тора, Берешит, 3:22.

«Ведь Авраам должен стать»[97]. Слово **«стать (ийе́ יהיה)»** – в гематрии тридцать.

Однажды вышел рабби Шимон, и увидел, что мир пребывает во тьме и мгле, и скрылся свет его. Сказал он рабби Эльазару: «Пойдем посмотрим, что желает Творец». Отправились они и обнаружили одного ангела, подобного большой горе, и он изверг тридцать языков пламени огня из уст своих. Спросил его рабби Шимон: «Что ты хочешь сделать?» Ответил ему: «Я хочу уничтожить мир, потому что нет тридцати праведников в этом поколении! Потому что так решил Творец с Авраамом: "Ведь Авраам должен стать". "Стать (ийе́ יהיה)" – в гематрии тридцать». Сказал ему рабби Шимон: «Я призываю тебя отправиться к Творцу и сказать Ему: "Рабби Шимон находится в мире, и заслуга его так же велика, как заслуга тридцати праведников"».

Отправился этот ангел к Творцу и обратился к Нему: «Владыка мира, Тебе ведь известно, что сказал рабби Шимон!?» Сказал

---

[97] Тора, Берешит, 18:18. «Ведь Авраам должен стать народом великим и могучим»

ему Творец: «Иди и уничтожь мир и не обращай внимания на рабби Шимона».

Когда тот появился, увидел рабби Шимон этого ангела. Сказал ему: «Если ты не пойдешь к Творцу от моего имени, я приму решение о тебе, чтобы не взошел ты на небо, и тогда будешь на месте Азы и Азаэля, которых поверг Творец с небес на землю. И когда предстанешь перед Творцом, скажи Ему: "А если не найдется тридцать праведников в мире, а только двадцать?" Поскольку так сказано: "Не сделаю этого и ради двадцати". А если не найдется двадцать, а только десять? Поскольку затем сказано: "Не уничтожу и ради десяти". А если нет десяти, а только двое – я и сын мой? Ведь написано: "По показанию двух свидетелей утвердится речение". И нет иного речения, чем мир, как сказано: "Речением Творца созданы небеса". А если не найдется двух, то ведь есть один. И это – я, как сказано: "Праведник – основа (есод) мира"». Тотчас раздался голос с небес и произнес: «Благословенна участь твоя, рабби Шимон! Ибо Творец выносит решение наверху, а ты отменяешь его внизу. О тебе сказано: "Волю боящихся Его выполняет"!» (Новый Зоар, 1-4)

Хаей Сара

Образ Адама и красота его были как сияние небосвода, высящегося над всеми небосводами, как тот свет, который укрыл Творец для праведников в будущем мире. (40)

Сколько исправленных мест есть у Творца в том мире. И во всех них есть жилища для праведников, для каждого – согласно его ступени, как подобает ему. (123)

Счастливы праведники, для которых сокрыто много блага в том мире. Но у всех этих праведников место не столь сокровенное, как у тех, кто знает тайну своего Владыки и умеет сливаться с Ним каждый день.

Желающими постичь мудрость и ждущими ее, чтобы понять суть вещей и познать своего Господина, прославляется Господин их каждый день. Именно они вступают в окружение высших праведников, они входят во все высшие врата, и никто не может помешать им. Благословен их удел в этом мире и в мире будущем. (136-137)

«Открой глаза мои, чтобы увидеть мне чудесное в Торе Твоей»[98].

Насколько неразумны люди, не знающие Торы и не пытающиеся изучить ее. Ведь Тора – это вся жизнь, вся свобода и всё благо в этом мире и в мире будущем. «Жизнь она в этом мире» – чтобы люди удостоились совершенных дней в этом мире, и удостоились долголетия в мире будущем, потому что это – совершенная жизнь, жизнь в радости, жизнь без печали, настоящая жизнь, свобода в этом мире, свобода во всем. Потому что над тем, кто занимается Торой, не властны народы мира. (219)

Счастливы совершающие возвращение, которые в одночасье, за один день, в

---

98 Писания, Псалмы, 119:18.

одно мгновение приближаются к Творцу. Такого не было даже у завершенных праведников, которые годами сближались с Творцом. Авраам достиг этих высших дней только к старости. О Давиде тоже сказано: «И царь Давид состарился, достиг преклонных дней»[99]. Однако совершающий возвращение сразу же входит и сливается с Творцом.

В месте, где стоя́т совершающие возвращение в том мире, не вправе стоять завершенные праведники. Поскольку они ближе всех к Царю и привлекают высшее изобилие с бо́льшим намерением сердца и с самой большой силой, чтобы сблизиться с Царем. (121-122)

В то время, когда истинные мудрецы выясняют тайны написанного, те ступени, о которых говорится в этих отрывках, сами являются к мудрецам и содействуют тому, чтобы те привели к их раскрытию. И если бы не их помощь, мудрецы не смогли раскрыть никакой тайны. (188)

---

99 Пророки, Мелахим 1, 1:1.

Благословен удел праведников в будущем мире, поскольку Тора в их сердце подобна сильному источнику – хотя и перекрывают его, все же благодаря множеству вод, прорвутся и откроются источники, изливающиеся во все стороны. (94)

Авраам приблизился к Творцу. Все дни свои он стремился приблизиться к Нему. Не за один день и не за один раз приблизился Авраам, однако добрые дела приближали его день за днем, от ступени к ступени, пока не поднялся он на свою ступень.

К старости он взошел на высшие ступени как подобает. Сказано: «Авраам состарился», и тогда «достиг преклонных дней»[100] – высших дней, тех дней, которые известны постигшим веру. «И Творец благословил Авраама во всем». Есод высших Аба ве-Има называется «всё», и оттуда выходят все благословения и всё благо, потому что изобилие его не прекращается никогда. (119-120)

---

100 Тора, Берешит, 24:1.

В тот час, когда Творец будет исчислять народ Свой, чтобы вывести из изгнания, Кнесет Исраэль, Шхина, вернется первой из изгнания и направится к Храму, потому что Храм будет отстроен вначале как собрание изгнаний, в котором пребывает Шхина. Поэтому Шхина тоже спешит выйти из изгнания. И скажет ей Творец: «Встань из праха». И, отозвавшись, спросит Шхина: «В какое место пойду я – ведь Храм мой разрушен, святилище сгорело в огне?!» Но лишь когда Творец сначала отстроит Храм и установит святилище и отстроит город Йерушалаим, после этого Он восстановит Шхину из праха. (270)

В час, когда Творец будет оживлять мертвых, все те души, которые пробудятся перед Ним, предстанут перед Ним по видам своим – каждая в том виде, в каком была в этом мире. И Творец низведет их к телам своим, и назовет их поименно, как сказано: «Всех их по имени назовет Он»[101]. И каждая душа войдет на свое место в тело, и вос-

---
101 Пророки, Йешаяу, 40:26.

станут к жизни в мире как подобает. И тогда мир обретет совершенство. (212)

Толдот

Когда пожелал Творец создать мир и это проявилось в желании перед Ним, Он смотрел в Тору и создавал его. И в каждом действии, производимом Творцом в мире, Он смотрел в Тору и создавал. Сказано: «И была я у Него питомицей, и была радостью каждый день»[102]. Читай не питомица (амо́н – אמון), а мастер (ома́н – אומן), так как была она орудием Его мастерства.

Когда пожелал Он сотворить человека, обратилась к Нему Тора: «Если будет сотворен человек, а потом согрешит, и Ты осудишь его – зачем деяниям рук Твоих быть напрасными? Ведь он не сможет вынести Твой суд». Сказал ей Творец: «Сотворил Я раскаяние, прежде чем сотворил мир. Если согрешит он, то сможет раскаяться, и Я прощу ему».

---

102 Писания, Притчи, 8:30.

ИЗБРАННЫЕ ОТРЫВКИ ИЗ КНИГИ ЗОАР

Сказал Творец миру, когда сотворил его и сотворил человека: «Мир, ты и твоя природа основаны только на Торе, и потому сотворил Я в тебе человека, чтобы он занимался Торой. Если же он не будет заниматься Торой, то Я верну тебя в бездну и хаос. И всё это – ради человека». И Тора сто́ит и призывает людей заниматься Торой и прилагать старания в изучении ее, но никто не внимает. (1-2)

Каждый, кто занимается Торой, поддерживает существование мира и поддерживает каждое действие в мире в надлежащем исправленном виде. И нет органа в человеке, которому не соответствовало бы что-либо из созданного в мире.

Ибо так же, как человеческое тело делится на органы, созданные в постепенном возвышении друг над другом и расположенные один над другим и составляющие вместе одно тело, так же и мир: все создания в мире – это органы, находящиеся друг над другом. И когда все они исправятся, то на самом деле станут единым организмом. И всё подобно Торе, как человек, так и мир, потому что вся Тора – это элементы и части, находящиеся друг над другом. И когда все они исправятся, то образуют единый организм.

В Торе содержатся все высшие запечатанные тайны, которые невозможно постичь. В Торе – все высшие явления, раскрытые и нераскрытые. Иными словами, вследствие заключенной в них огромной глубины, они раскрываются тому, кто их рассматривает, и тотчас исчезают. Снова раскрываются на мгновение – и опять исчезают. И это неизменно повторяется у того, кто рассматривает их. В Торе – все происходящее наверху, в высших мирах, и внизу. Всё, происходящее в этом мире, и всё, происходящее в будущем мире, содержится в Торе. (3-4)

Всё, что Творец вершит на земле, вершится мудростью. И всё для того, чтобы преподнести высшую мудрость людям, дабы учились они на этих деяниях тайнам мудрости. И всё так, как должно быть. Все деяния Его – это пути Торы, потому что пути Торы – это пути Творца. И

нет ничего малого, в чем не содержалось бы множество путей, троп и тайн высшей мудрости. (189)

Сколько скрытой мудрости Торы кроется в каждом деянии, описанном в Торе. В каждом слове заложена мудрость и истинное учение. И потому слова Торы – это святые слова, дабы являть в них чудеса, как сказано: «Открой глаза мои, чтобы увидеть мне чудесное в Торе Твоей»[103]. (190)

Человек не должен надеяться, говоря: «Творец спасет меня или Творец сделает мне так-то и так-то». Но пусть возложит надежду свою на то, что Творец поможет ему как должно, если он будет старательно выполнять заповеди Торы и пытаться идти путем истины. Когда человек приходит очиститься, конечно же, помогают ему. В этом он должен уповать на Творца, чтобы помог Он ему, и не полагаться ни на кого, кроме Него.

---

103 Писания, Псалмы, 119:18.

Пусть как следует подготовит сердце свое, чтобы не возникла в нем посторонняя мысль. Как проторенный путь, по которому можно пройти в любое необходимое место, как направо, так и налево, – таким пусть будет сердце его. То есть, окажет ли ему Творец благо или наоборот, сердце его должно быть готово и исправлено, чтобы не думать плохо о Творце никогда, ни при каких обстоятельствах. (124)

«Благословляйте Творца, все служители Творца»[104]. Кто же они, достойные благословлять Творца? «Все служители Творца». Несмотря на то, что любой человек в мире из среды Исраэля достоин благословлять Творца, есть благословения, благодаря которым благословятся высшие и нижние. Кто же они, благословляющие Его? «Служители Творца». А кто те, чье благословение истинно? «Стоящие в доме Творца по ночам» – те, кто встает в полночь и пробуждается, чтобы читать Тору. Они – «стоящие в доме Творца

---

104 Писания, Псалмы, 134:1. «Благословляйте Творца, все служители Творца, стоящие в доме Творца по ночам».

ИЗБРАННЫЕ ОТРЫВКИ ИЗ КНИГИ ЗОАР

по ночам». И те, и другие должны быть служителями Творца и вставать в полночь. Ибо в это время Творец приходит радоваться с праведниками в Эденском саду. (14)

Творец не судит человека по дурным делам, которые тот совершает всегда. Ведь если бы Он это делал, мир не смог бы существовать. Но Творец сдерживает Свой гнев по отношению к праведникам и к грешникам. Причем по отношению к грешникам Он сдерживает гнев еще больше, чем к праведникам, чтобы вернулись они к полному раскаянию и существовали в этом мире и в мире будущем. «Лишь возвращения нечестивого с пути его (желаю) – и будет жить»[105] в этом мире и в мире будущем. Поэтому Творец всегда сдерживает гнев на них. Или же потому, что произойдет от них в мире доброе потомство, как произошел Авраам от Тераха, который пустил побег и прочный корень в мире.

Однако Творец всегда требователен к праведникам во всех деяниях, которые они

---

105 Пророки, Йехезкель, 33:11.

совершают, – так как знает, что не отклонятся они вправо или влево, и потому испытывает их. Не ради Себя Творец испытывает их, поскольку знает их природу и силу их веры, и не нужно Ему испытывать их, но дает им испытания, чтобы вознести голову их благодаря этим испытаниям. (86-87)

Злое начало нужно миру, подобно тому, как миру нужен дождь. Ведь если бы не злое начало, не было бы радости от учебы в мире. (57)

«Если Творец благоволит к путям человека, то и врагов его примирит с ним»[106].

Два ангела посылаются свыше человеку, чтобы соединиться с ним – один справа, другой слева. Они свидетельствуют о человеке и присутствуют во всем, что он делает. И зовутся они «доброе начало» и «злое начало».

Когда человек желает очиститься и прилагать старания в соблюдении заповедей Торы, то соединившееся с ним доброе на-

---
106 Писания, Притчи, 16:7.

чало сразу поднимается над злым началом и достигает согласия с ним, и злое начало становится рабом доброго начала. Но если человек желает осквернить себя, то злое начало усиливается и одолевает доброе начало.

Когда же этот человек желает очиститься, сколько трудностей ему нужно преодолеть. И когда берет верх доброе начало, «то и врагов его примирит с ним» – потому что злое начало, называемое «враги его», преклоняется перед добрым началом. Если человек следует заповедям Торы, тогда «врагов его примирит с ним». То есть злое начало и все, кто исходят с его стороны, примирятся с ним. (170-171)

Двадцать лет ждал Ицхак с женой своей, но она не рожала, пока не вознес он молитву. Это потому, что Творец желает молитвы праведников, когда наступит час, и они обратятся к Нему с молитвой о том, в чем нуждаются. В чем смысл этого? В том, чтобы возрастал и прибавлялся удел святости посредством молитвы праведников для каждого, кто нуждается. Потому что праведники своими молитвами открывают высший источник, и тогда даже те, кто не заслужил ответа, получают ответ. (21)

Известно, что по причине разбиения келим, упали триста двадцать искр из святости в клипот, а затем исправил Создатель часть из них. Но из-за греха Древа познания они снова упали в клипот. И вся наша работа в Торе и заповедях заключается в том, чтобы извлечь эти триста двадцать искр из клипот и вернуть их к святости. И это те МАН, которые мы поднимаем, притягивая все мохин на протяжении шести тысяч лет существования мира. И когда выявятся все триста двадцать искр благодаря мохин, притягиваемым ими, то наступит окончательное исправление. (147)

Трапеза праведников в грядущем будущем будет состоять из левиафана и буйвола.

Мудрецы сообщили многим в мире, что они приглашены на эту трапезу. Им предстоит вкушать и радоваться на великой трапезе, которую устроит для них Творец. И потому многие в мире терпят изгнание ради этой трапезы. (44-45)

В день, когда возрадуется Творец Своим деяниям, праведникам предстоит постичь Творца в сердце своем. И преумножится тогда мудрость в сердце их, как будто они видят Его воочию. (40)

Ваеце

Зоар говорит вовсе не о материальных событиях, а о высших мирах, где порядок времен не таков, как в материальном мире. И времена в духовном выявляются посредством изменения форм и ступеней, находящихся выше места и времени. (139)

Всё преходяще, кроме Торы. Ничто так не мило Творцу, как Тора и изучающие ее. Тому, кто ежедневно занимается Торой, будут заново раскрываться высшие тайны. (Новый Зоар, 40)

Счастливы сыны Исраэля, ведь Творец дал им истинную Тору, чтобы заниматься ею днем и ночью, ибо каждый, занимающийся Торой, обретает свободу от всего – свободу от смерти, которая больше не властна над ним. Потому что каждый, кто занимается Торой, связывая себя с ней, связан с Древом жизни. Но если ослабляет свою связь с Древом жизни, то Древо смерти воцаряется над ним, и он связан с ним. (109)

Горе грешникам мира, которые не знают и не изучают сказанное в Торе. А когда они изучают ее, то поскольку нет у них разума, слова Торы кажутся им пустыми речами, в которых нет никакой пользы. И всё это потому, что лишены они знания и разума, ведь все слова в Торе – возвышены и бесценны.

И когда все эти глупцы с непроницаемым сердцем видят слова Торы, то мало им незнания, но они еще говорят, что слова эти извращены и нет в них проку. Горе им, когда Творец спросит с них за позор Торы, и будут они преданы наказанию, которое заслужили восстающие против Господина своего.

Сказано о Торе: «Это вам не слово пустое»[107]. А если оно пустое – только для вас пустое оно. Ведь вся Тора наполнена всевозможными сокровищами и всем благом, которое только есть в мире. (341-343)

Когда человек держится путей Торы, он любим наверху и любим внизу, и он становится любимцем Творца – то есть он любим Творцом и любит Его. А когда человек уклоняется с путей Торы, то скудна сила КО (каф-хэй), Шхины, которая стала притеснителем и врагом его, а он стал ее ненавистником. И это зло, злое начало, властвует над ним настолько, что начинает обвинять его в этом мире и в мире будущем. (111)

Даже если двое сидят и занимаются Торой, они воздают славу, мощь и великолепие Торы Творцу. (276)

---

107 Тора, Дварим, 32:47. «Ибо это вам не слово пустое, но это жизнь ваша, и этим продлите вы дни на земле».

Тайны Торы даны мудрецам – тем, кто постоянно занимается Торой.

Душу каждого, кто занимается Торой как должно, поднимают наверх, когда он находится во сне, и обучают его проникать в глубины Торы, и ее произносят и шепчут уста его днем, как сказано: «Делает разговорчивыми уста спящих»[108].

Душа каждого занимающегося Торой во имя нее (лишма) поднимается наверх в то время, когда он спит, и показывают ей то, что должно произойти в мире. (Новый Зоар, 42-43)

«Прилепилась к Тебе душа моя»[109].

Всегда царь Давид прилеплялся к Творцу всем своим существом, и он не заботился в мире ни о чем другом, как прилепиться к Нему своей душой и желанием. И когда он прилеплялся к Творцу, Творец поддерживал его и не покидал, как сказано: «Поддерживает меня десница Твоя»[107].

---

108 Писания, Песнь песней, 7:10.

109 Писания, Псалмы, 63:9. «Прилепилась к Тебе душа моя, поддерживает меня десница Твоя».

ИЗБРАННЫЕ ОТРЫВКИ ИЗ КНИГИ ЗОАР

Отсюда следует, что когда человек хочет прилепиться к Творцу, Творец поддерживает его и не покидает.

«Прилепилась к Тебе душа моя»[107], – чтобы украсилась его ступень наверху. Ведь когда ступень его прилепляется к высшим ступеням, чтобы подняться за ними, то «десница», т.е. свойство хасадим, поддерживает его, чтобы вознести его и соединить с правой линией в полном единстве, как подобает. Как сказано: «И держать меня будет десница Твоя»[110], и также: «А правая – обнимает меня»[111]. И поэтому: «Поддерживает меня десница Твоя»[107].

Когда он держится за Творца, сказано: «Левая рука Его у меня под головою, а правая – обнимает меня»[109]. Это называется неразрывным единством и неразрывной связью с Творцом. И когда связь с Ним становится неразрывной, его ступень наполняется и благословляется. (350-352)

---

110 Писания, Псалмы, 139:10. «И там рука Твоя поведет меня, и держать меня будет десница Твоя».

111 Писания, Песнь песней, 2:6. «Левая рука его у меня под головою, а правая – обнимает меня».

«Благодарить буду Творца всем сердцем»[112].

Давид хотел возблагодарить Творца в высшем свойстве святого имени АВАЯ. «Благодарить буду Творца всем сердцем (досл. сердцами)» – добрым началом и злым началом, т.е. двумя сердцами, двумя желаниями, пребывающими в сердце. И это – две стороны, правая и левая. (167)

В каком бы состоянии человек не возносил свою молитву, он должен включиться в остальных, быть внутри всего общества.

Как в случае с шунамитянкой, которой сказал Элиша: «Не нужно ли поговорить о тебе с царем или с военачальником?»[113] «Не нужно ли поговорить о тебе с царем?» – поскольку это был праздничный день, Начало года (рош а-шана), в этот день Малхут небес властвует, чтобы судить мир, и Творец

---

112 Писания, Псалмы, 111:1.

113 Пророки, Мелахим 2, 4:13. «"Не нужно ли поговорить о тебе с царем или с военачальником?" И сказала она: "Среди народа своего я нахожусь"».

зовется в это время Царем правосудия. Потому сказал ей Элиша: «Не нужно ли поговорить о тебе с царем?» – т.е. он назвал Творца царем.

«И сказала она: "Среди народа своего я нахожусь"»[111]. Иными словами, она сказала: «Я не хочу выделяться наверху, а хочу преклонить голову, находиться со всем обществом, и не быть исключением». И так же человек должен влиться в общество и не считать себя чем-то особенным, чтобы обвинители не усмотрели повода напомнить ему о его грехах. (284-285)

«Поступающий праведно во всякое время»[114]. Разве человек может во всякое время поступать праведно?

Тот, кто следует путям Торы и поступает праведно с теми, кто нуждается в праведности, называется «поступающим праведно во всякое время», ибо всякий, кто поступает праведно с бедными, усиливает Нукву, называемую праведностью, наверху и внизу, т.е. способствует зивугу (соединению)

---
114 Писания, Псалмы, 106:3.

ЗОН наверху и обилию благословений внизу. (119)

Шхина соединяется с находящимися в пути, чтобы оберегать их.

«Каждый, кто занимается речениями Торы, стараясь постичь ее, удостаивается привлечь ее» – т.е. Зеир Анпин, называемый Торой. И тогда соединяется благодаря им Зеир Анпин с Нуквой, т.е. Шхиной, в полном единстве. (361)

Сказал царь Шломо: «Если ты мудр, то мудр для себя»[115], – ибо, когда человек становится мудрым в Торе, то вся выгода относится к нему, а не к Торе, ведь к Торе он не может добавить ни одной буквы. «А если кощунствуешь, ты один пострадаешь»[113]. Потому что слава Торы никак не пострадает от этого, а кощунство принадлежит лишь ему одному, и остается с ним, чтобы искоренить его из этого мира и из мира будущего. (344)

---

115 Писания, Притчи, 9:12. «Если ты мудр, то мудр для себя, а если кощунствуешь, ты один пострадаешь».

Счастливы Исраэль, потому что Творец вручил им Тору, чтобы раскрыть высшие тайны.

Того, кто придерживается Торы, Тора поддерживает и держит его на коленях своих, сфирот Нецах и Ход, чтобы не уклонился ни вправо, ни влево, а находился в средней линии, называемой Тора. Счастливы Исраэль, потому что Творец вручил им Тору, чтобы раскрыть высшие тайны. О вас сказано: «А вы, держащиеся Творца Всесильного вашего, живы все вы сегодня»[116]. (Новый Зоар, 25)

«Счастливы те, кто хранит правосудие»[117], хранящие веру Творца, ибо Творец зовется правосудием, и человек должен беречь себя, чтобы не сойти на другой путь, и быть только хранящим правосудие. Потому что Творец – это правосудие, «ведь все пути Его – правосудие»[118].

Объяснение. Слово «правосудие» указывает на принятие решения, выносимое после

---

116 Тора, Дварим, 4:4.
117 Писания, Псалмы, 106:3.
118 Тора, Дварим, 32:4.

выслушивания двух противоположных друг другу сторон. Так же, как судья выносит свое решение после внимательного выслушивания претензий двух тяжущихся сторон и сообщает, что одна из них оправдана, а другая – виновна. Это решение называется правосудием. И таково действие средней линии, которая разрешает противоречие между двумя линиями, правой и левой, противоположными друг другу, таким образом, чтобы обе они светили стороне святости. И вследствие этого действия по разрешению противоречия, она называется правосудием. (118)

Добрые мысли, которые поднимаются наверх, связываются с Древом жизни, т.е. со средней линией, и держатся за его ветви и вкушают от его плодов. От него исходит вся святость и все благословения. Оно дарует жизнь душе человека и исцеление ему самому. О нем сказано: «И будет он, как дерево, посаженное при потоках вод»[119].

---

119 Писания, Псалмы, 1:3. «И будет он, как дерево, посаженное при потоках вод, которое плод свой дает во время свое и чей лист не вянет; и во всем, что ни сделает он, преуспеет».

Все вещи в мире следуют за мыслями и раздумьем. Как сказано: «Освятите себя, и будете святы»[120]. Ведь вся святость в мире рождается и следует за добрыми мыслями. (181-182)

«Если человек обратит к Нему сердце свое, дыханье и душу (руах и нешама) его заберет Он к Себе»[121]. Ибо желание и мысли способствуют продвижению и производят действие во всём необходимом. И поэтому для молитвы необходимы желание и мысли, чтобы направить ее. И так же во всякой работе Творца, мысли и раздумья производят действие и способствуют продвижению ко всему необходимому. (189)

И об этой Нукве сказано: «И раскаялся Творец… и опечалился»[122] – поскольку с этим местом связаны суды и печаль. Однако всё, находящееся наверху, в Бине, наполнено

---

120 Тора, Ваикра, 11:44.

121 Писания, Йов, 34:14.

122 Тора, Берешит, 6:6.

светом и жизнью во всех сторонах. Не может быть печали перед местом, указывающим на внутреннюю сущность, Бину, и только в ней нет печали. Но во внешней сущности, Нукве, есть печаль. Поэтому сказано: «Служите Творцу в радости, предстаньте пред Ним с пением»[123]. «Служите Творцу в радости» – соответствует высшему миру. «Предстаньте пред Ним с пением» – соответствует нижнему миру. (340)

Рабби Аба и рабби Йоси сидели и занимались Торой до полуночи.

Заснул рабби Аба, а рабби Йоси продолжал сидеть. Увидел он, что лицо рабби Абы покраснело и он смеется, и увидел большой свет в доме. Сказал рабби Йоси: «Это значит, что здесь присутствует Шхина». Потупил он глаза и сидел так, пока не взошла утренняя заря, и свет не наполнил дом. Но когда поднял глаза, увидел зарю, и дом покрылся мраком.

Проснулся рабби Аба, лицо его светилось, а в глазах был смех. Поддержал его рабби Йоси. Сказал рабби Аба: «Я знаю,

---

[123] Писания, Псалмы, 100:2.

ИЗБРАННЫЕ ОТРЫВКИ ИЗ КНИГИ ЗОАР

что ты хочешь. Клянусь тебе, что видел я высшие тайны. И в час, когда Матат, ответственный за внутреннее управление, взял мою душу, он поднял ее в высшие просторные палаты. Увидел я души остальных праведников, поднимающихся туда. И ответственный за внутреннее управление обратился к ним: "Благословенны вы, праведники, благодаря вам я отстроюсь в святом здании величественного имени, к которому нисходят света этого святого имени, дающие ответ" – т.е. наполнение, "воинствам высшего Царя". И видел я Тору мою, которую изучал, и была она сложена там в великом множестве, словно высокая башня. Поэтому возрадовался я своей участи, и в глазах был смех». (Новый Зоар, 44-47)

Ваишлах

Все вещи в этом мире зависят от высшего управления. Когда сначала приходят к согласию наверху, то приходят к согласию также и внизу. И нет, соответственно, власти внизу, пока не будет дана эта власть свыше. И так всё зависит одно от другого – всё, что делается в этом мире, зависит от того, что делается выше. (126)

Есть в словах Торы высшие тайны, которые отличаются друг от друга, но всё это – одно целое. (121)

Счастливы Исраэль, которых пожелал Творец и дал им Тору истинную, дабы удостоиться с ее помощью жизни вечной. Ведь каждому, кто занимается Торой, Творец посылает высшую жизнь и ведет его к жизни в будущем мире, как сказано: «Ибо Он – жизнь твоя и долголетие твое»[124]. (46)

Как до́роги Исраэль Творцу. Нет ни одного народа и наречия среди всех народов мира, служащих идолам, у кого были бы боги, принимающие их молитву. И так же в будущем будет принимать Творец молитву и просьбу Исраэля каждый раз, когда они будут нуждать-

---

124 Тора, Дварим, 30:20.

ся в том, чтобы их молитва была принята, ведь молятся они лишь о своей ступени, Шхине. Иными словами, каждый раз, когда молитва их направлена на исправление Шхины. (164)

Человек должен сначала превознести славу Господина своего, а затем обратиться со своей молитвой. (69)

Молитва каждого человека – это молитва. Однако молитва бедняка – это молитва, которая предстает пред Творцом, ибо она сокрушает врата и двери, и входит, чтобы быть принятой Им. «И пред Творцом изливает душу»[125]. (65)

Как только человек приходит в мир, с ним вместе приходит злое начало и всегда его обвиняет. Сказано: «У входа лежит грех»[126]. «Лежит грех» – это злое начало. «У входа» – у «входа» в чрево, то есть, сразу с рождением человека.

---

125 Писания, Псалмы, 102:1.
126 Тора, Берешит, 4:7.

Давид называл злое начало грехом, как сказано: «Грех мой постоянно предо мною»[127], потому что оно каждый день подталкивает человека согрешить перед Творцом. И это злое начало уже со дня рождения человека не отстает от него никогда. А доброе начало является человеку в день, когда он приходит очиститься. (1-2)

У того, кто не следует злому началу, ни в коем случае не заносясь в гордыне, и принижая дух, сердце и желание свои перед Творцом, злое начало обращается в его раба, и оно уже не властно над ним. И наоборот, этот человек сам властвует над ним. (17)

Исраэль – это Древо жизни, Зеир Анпин. И поскольку сыны Исраэля прилепились к Древу жизни – обретут они жизнь, и восстанут из праха и смогут существовать в мире, и станут единым народом в служении Творцу. (254)

---

127 Писания, Псалмы, 51:5.

ИЗБРАННЫЕ ОТРЫВКИ ИЗ КНИГИ ЗОАР

Когда Творец возродит сыновей Исраэля и выведет их из изгнания, тогда откроется им очень узкий и малый проход к свету. А затем откроется им другой проход, чуть больше этого. И так, пока Творец не откроет им высшие врата, раскрывающиеся в четырех сторонах мира. Избавление их раскроется не сразу, а подобно заре, «светящей всё сильнее до полного дня»[128].

И всё, что делает Творец сыновьям Исраэля и праведникам, находящимся среди них, – Он избавляет их постепенно, а не сразу. Подобно человеку, находящемуся во тьме и всегда жившему во тьме: когда хотят посветить ему, нужно приоткрыть ему сначала маленький просвет, размером с игольное ушко, а затем – немного больше. И всё больше с каждым разом, пока не озарят его всем светом, как следует. (90-91)

---

128 Писания, Притчи, 4:18. «Путь праведных – как светило лучезарное, светящее все сильнее, до полного дня».

Ваешев

Творец создал человека по высшему подобию, всё – с помощью мудрости. У человека нет ни одного органа, который бы не был установлен с помощью высшей мудрости. И каждый орган указывает на особую ступень. Ибо после того как всё тело со своими органами исправится подобающим образом, Творец принимает участие в нем и вселяет в него святую душу, желая научить человека идти путями Торы и исполнять Его заповеди – чтобы исправился человек должным образом, как сказано: «Душа человека будет обучать его». (156)

Каждая душа из душ мира, существовавших в этом мире и старавшихся познать Господина своего с помощью высшей мудрости, поднимается и существует на высшей ступени, выше всех тех душ, которые не постигли и не познали. И они первыми встанут к возрождению. (60)

Человек должен умножать образ высшего Царя в мире. И в этом смысл слов:

ИЗБРАННЫЕ ОТРЫВКИ ИЗ КНИГИ ЗОАР

«Ибо у реки, берущей начало и вытекающей из Эдена» – т.е. у высшего Есода, «воды не прекращаются никогда». Поэтому и человек должен следить за тем, чтобы не прекратились река и источник его в этом мире. (157)

Как неразумны люди, которые не знают путей Творца и не уделяют внимание познанию их. Ведь все они спят, и не выйдет сон из пустоты их глазниц. (155)

«**Тора Творца совершенна, оживляет душу**»[129].

Сколь старательно должны люди изучать Тору – ведь каждый, кто старательно изучает Тору, обретает жизнь в этом мире и в будущем мире и удостаивается двух миров. И даже тот, кто старается изучать Тору, но не в такой степени, как полагается, удостаивается хорошей награды в этом мире, и не судят его в мире истины. (120)

Если суд вершится над человеком праведным, то причина его – любовь Творца к нему.

---

129 Писания, Псалмы, 19:8.

Когда Творец в любви своей проявляет милосердие к человеку, желая приблизить его к Себе, Он разбивает тело, для того чтобы предоставить власть душе. И тогда человек приближается к Нему в любви, и в человеке правит душа, а тело ослабевает.

Человеку нужно слабое тело и сильная душа для преодоления трудностей, и тогда он любим Творцом. Творец посылает беды праведнику в этом мире, для того чтобы стал он достоин будущего мира.

Когда же душа слаба, а тело сильно, он – ненавистник Творца, и Творец не желает его и не посылает ему страданий в этом мире. Напротив, пути его прямы, и он пребывает в полном совершенстве. Поскольку, если он поступает праведно или совершает добрые деяния, то Творец дает ему награду в этом мире, и не получит он доли в будущем мире. Поэтому праведник, всегда находящийся в разбитом состоянии, любим Творцом. И это верно только в том случае, если он проверил и не обнаружил у себя никакого греха, заслуживающего наказания. (26-28)

Шхина не пребывает в месте печали, но лишь там, где есть радость. И если нет в нем радости, Шхина не будет находиться в этом месте. (29)

Тот, кто прилагает старания в изучении Торы и в добрых деяниях, помогает Кнесет Исраэль, Шхине, поднять голову в изгнании. Благословен удел тех, кто прилагает старания в изучении Торы днем и ночью. (252)

Когда видит человек, что дурные мысли приходят к нему, пусть занимается Торой, и тогда они отступят от него. Если сторона зла приходит соблазнить человека, то нужно привлечь ее к Торе, и она отстранится от него.

Когда эта сторона зла предстает пред Творцом, чтобы обвинить мир за совершенные дурные дела, Творец проявляет милосердие к миру и дает людям совет, как спастись от нее, дабы не могла она властвовать над ними и над делами их. Что же это за совет? Прилагать старания в Торе, и тогда они будут спасены от зла. Ведь сказано: «Заповедь – свеча, и Тора – свет, и назидательные речения – путь жизни»[130]. (223-224)

Сколько обвинителей есть у человека с того дня, как дал ему Творец душу в этом мире.

Поскольку, когда появился человек на свет, было послано тотчас злое начало, чтобы соединиться с ним. Как сказано: «У входа грех лежит»[131] – потому что в это время соединяется с ним злое начало.

Все животные уже с рождения берегутся и избегают огня и всего, несущего зло. А человек, родившись, может тут же броситься в огонь, потому что пребывает в нем злое начало и сразу же уводит его на путь зла. (1-2)

Праведник – это тот, кто не стал верить этому хитрому нечестивцу, злому началу, потому что оно выдвинуло свои аргументы прежде, чем явился его противник – доброе

---

130 Писания, Притчи, 6:23.

131 Тора, Берешит, 4:7.

начало, выполняющее второй принцип: «Явится другой, и тогда пусть рассмотрит дело его»[132]. И это является тем препятствием, из-за которого люди не могут удостоиться будущего мира.

Однако праведник, который страшится своего Господина, сколько же он терпит бед в этом мире для того, чтобы не верить злому началу и не быть заодно с ним. И Творец спасает его от всех них. Сказано об этом: «Многочисленны беды праведника, и от всех их спасает его Творец»[133]. Не сказано: «Многочисленны беды у праведника», а сказано: «Многочисленны беды праведника». Терпящий многочисленные беды является праведником, так как Творец нуждается в нем. Потому что беды, которые он терпит, отдаляют его от злого начала, и потому Творец желает этого человека и спасает его от всех в этом мире и в мире будущем. Благословен удел его. (10-11)

---

132 Писания, Притчи, 18:17. «Прав первый в тяжбе своей, но явится другой, и тогда пусть рассмотрит дело его».
133 Писания, Псалмы, 34:20.

Микец

Когда сотворил Творец высший мир, Бину, Он всё установил как подобает и породил высшие света, которые светят со всех сторон, т.е. в трех линиях, и всё это является одним целым. И тогда Он создал высшие небеса, Зеир Анпин, и высшую землю, Нукву, чтобы исправились они все вместе, Бина и ЗОН, для пользы нижних. (10)

Все дела мира зависят от нескольких правителей, потому что «нет ни одной травинки внизу, у которой не было бы правителя наверху, который бьет ее и говорит ей: "Расти!"» А все жители мира не знают и не изучают по своим корням зачем они находятся в мире. (51)

Весь мир и все дела мира соединяются со святостью лишь в желании сердца, когда возникает желание у человека. Об этом сказано: «Знай же сегодня и возложи на серд-

ИЗБРАННЫЕ ОТРЫВКИ ИЗ КНИГИ ЗОАР

це твое»[134]. Благословенны праведники, которые притягивают желанием сердца своего добрые дела, неся добро себе и всему миру. И они умеют прилепиться ко времени согласия, к тому времени, когда есть высший зивуг, называемый «согласие». (53)

Счастливы занимающиеся Торой и знающие пути и тропы Торы высшего Царя, чтобы идти с ней по дороге истины. (56)

Насколько внимательны должны быть люди к работе Творца, усердствуя в Торе днем и ночью, чтобы познать и увидеть работу Его. Поскольку Тора каждый день возглашает перед человеком, говоря: «Кто неразумен, пусть завернет сюда»[135].

Если человек занимается Торой и прилепляется к ней, он удостаивается укрепиться в Древе жизни – Зеир Анпине. И когда чело-

---

134 Тора, Дварим, 4:39.

135 Писания, Притчи, 9:1-6. «Премудрость построила себе дом... и возглашает: "Кто неразумен, пусть завернет сюда... Оставьте неразумье и живите, и ходите путем разума!"»

век укрепляется в Древе жизни в этом мире, он укрепляется в нем для будущего мира, а когда души выйдут из этого мира, они установят для себя ступени в будущий мир.

Древо жизни разделяется на множество ступеней, и все они – одно целое. Потому что в Древе жизни одни ступени находятся над другими – ветви, листья, кора, ствол, корни, и все они относятся к дереву. Подобно этому каждый, кто прилагает усилия в Торе, исправляется и укрепляется в Древе жизни, в стволе его.

И все сыны Исраэля укрепляются в Древе жизни, все они включаются в само дерево. Только часть из них – в его ствол, часть из них включается в ветви, часть – в листья, часть – в корни. Выходит, что все они включены в Древе жизни. И все те, кто занимается Торой, включены в ствол дерева. Поэтому тот, кто занимается Торой, включен во всё дерево, потому что ствол дерева включает в себя всё дерево. (3-6)

Творец сотворил правую и левую стороны, чтобы управлять миром. Одна, правая, называется «добро», а другая, левая, называется «зло». И в обе эти стороны включается человек и во всем приближается к Творцу, как сказано: «В двух началах твоих – в добром начале и в злом начале»[136]. (266)

Нет ни одного сло́ва в Торе, не содержащего в себе высшие праведные тайны и пути, в которых люди должны укрепляться.

Творец сделал так человеку, чтобы он укрепился в Торе, и мог идти путем истины, держась правой стороны, и не уходил в левую сторону. И поскольку люди должны держаться правой стороны, они обязаны умножать любовь друг к другу, потому что любовь – это свойство правой стороны, и тогда не будет у них ненависти друг к другу, которая является свойством левой, чтобы не ослаблять правую сторону, являющуюся местом, к которому прилепляется Исраэль. (177-178)

---

136 Мишна, трактат Брахот, 9:5.

Счастливы те, кто занимается Торой и умеют видеть духом мудрости. «Все создал Он прекрасным в свое время»[137].

Это означает, что абсолютно в каждом действии из всех, совершенных Творцом в мире, существует ступень, отвечающая за это действие в мире, будь оно во благо или во зло. (52)

Почему он должен радоваться плохому? Потому что если действие, которое совершил, причинило ему зло, из-за ступени, которая отвечает за это действие и находится в левой стороне, он должен радоваться и благодарить за это зло, которое пришло к нему, ведь он сам привел себя к этому, поскольку шел в неведении, как птица, которая попала в силок. А теперь, после того, как постиг знание вследствие наказания, он уже будет уметь «делать добро в своей жизни». Поэтому он должен радоваться и благодарить за наказание. (55)

---

137 Писания, Коэлет, 3:11. «Все создал Он прекрасным в свое время, даже вечность вложил в их сердца, но так, чтобы дела, творимые Творцом, не мог постичь человек от начала и до конца».

Есть доброе начало и злое начало. И Исраэль должны усиливать доброе начало по отношению к злому началу с помощью добрых дел.

Если же человек отклоняется влево, то усиливается злое начало по отношению к доброму началу. И тот, кто был ущербен, восполняет злое начало грехом своим. Потому что этот злодей не может стать законченным, иначе как посредством человеческих грехов.

И потому, должен человек остерегаться, чтобы не стало законченным злое начало вследствие его грехов. И он постоянно должен быть настороже, поскольку совершенством нужно всегда восполнять доброе начало, а не злое. Поэтому «не говори: я отплачу за зло»[138], потому что из-за ненависти усилится левая сторона и довершит злое начало, но лишь «надейся на Творца, и Он поможет тебе». (179-180)

Постоянно должен человек раздражать доброе начало против злого начала

---

138 Писания, Притчи, 20:22. «Не говори: "Я отплачу за зло"; надейся на Творца, и Он поможет тебе».

и неустанно преследовать его. Если ушло оно от него – хорошо. А если нет, то должен заниматься Торой. Потому что нет ничего, что могло бы сломить злое начало, кроме Торы. (195)

Человек никогда не должен открывать уста свои для зла, поскольку не знает он, кто примет это слово, а когда человек не знает, он оступается на нем. А когда праведники открывают уста свои, то все слова их – напутствие. (57)

Не должен человек проверять, наступило его спасение или нет в ответ на его молитву к Творцу, ибо когда он судит о нем, являются многочисленные обвинители, чтобы судить о делах его. (209)

Ваигаш

«Творец мудростью основал землю»[139].
Когда Творец создал мир, Он увидел, что мир не может существовать. Ведь мир был

---

139 Писания, Притчи, 3:19.

создан во власти левой линии, т.е. Хо́хмы без хасадим, а Хохма́ без хасадим не светит, и поэтому мир не может существовать. Пока не создал Он Тору, т.е. среднюю линию, называемую «Зеир Анпин» или «Тора», которая включила две линии, правую и левую, друг в друга. И тогда Хохма́ включилась в хасадим и начала светить. И от Торы, т.е. средней линии, исходит всё управление, как высшее, так и нижнее, и благодаря ей существуют высшие и нижние. Поэтому сказано: «Творец (АВАЯ), – т.е. Зеир Анпин, или средняя линия, – мудростью (хохмо́й) основал землю». Именно «основал» землю Хохмо́й, поскольку Он облачил Хохму́ в хасадим, и свечение Хо́хмы смогло существовать в мире. И этой Хохмо́й (мудростью) осуществляется всё становление мира, и всё исходит от нее. Как сказано: «Всё мудростью сотворил Ты»[140]. (41)

Целью всего мира и совершенством его является человек. (11)

---

140 Писания, Псалмы, 104:24.

Счастливы праведники, сближение которых друг с другом приносит мир в мире. Потому что они умеют строить единство и создавать близость, чтобы умножать мир в мире. До тех пор, пока Йосеф и Йегуда не сблизились друг с другом, мира не было. Когда же они смогли достичь взаимного сближения, усилился мир в мире. И момент сближения Йосефа и Йегуды вызвал прилив радости как наверху, так и внизу. (61)

Ваехи

«Всякого, названного именем Моим и во славу Мою» – т.е. для того, чтобы он воздавал Мне хвалу, «сотворил Я его» – чтобы устанавливать Мое единство, «создал Я его» – чтобы совершать для Меня добрые дела, «и сделал Я его»[142] – чтобы содействовать пробуждению высшей силы. (212)

Все души, которые были со дня сотворения мира, прежде чем нисходят в мир,

---

142 Пророки, Йешаяу, 43:7. «Всякого, названного именем Моим и во славу Мою, сотворил Я его, создал Я его и сделал Я его».

предстают перед Творцом точно в том же виде, в каком они потом являются в мир. В том облике, в каком тело человека находится в этом мире, в таком же оно находится наверху.

В час, когда душа готова сойти в мир, – точно в таком же виде, в каком она предстанет в этом мире, – она предстает и перед Творцом, и Творец берет с нее клятву, что она будет выполнять заповеди Торы и не нарушит законы Торы. (497-498)

Насколько важны деяния святого Царя – ведь делами, совершаемыми внизу, люди связывают себя с высшими действиями, производимыми наверху, в корнях, потому что у всякой вещи внизу в этом мире есть корень наверху в высших мирах. И когда берут их внизу и совершают с ними действие, соответственно им пробуждается действие наверху, в их корнях в высших мирах. (210)

Люди не интересуются, не ведают и не замечают, что когда Творец создал человека и наградил его высшими мохин, Он просил человека прилепиться к Нему, чтобы Он был Единственным для него и Единство вошло в его сердце, и чтобы человек был слит с местом слияния Единственного, которое не изменяется, – т.е. с Зеир Анпином, о котором сказано: «Я, АВАЯ, не меняюсь»[143], и не буду меняться никогда. Всё Единство посредством этой связи соединяется с ним. (237)

С того дня, как вышел рабби Шимон из пещеры, ничто не укрывалось от товарищей. Они смотрели на высшие тайны, и те раскрывались в них, как будто были вручены в тот час на горе Синай. После того как умер рабби Шимон, «закрылись источники бездны и окна небесные»[144] – т.е. преградились источники мудрости. И задумывались товарищи над сутью вещей, но были не в силах постичь их тайну. (120)

---

143 Пророки, Малахи, 3:6. «Ибо Я, Творец, не изменился, и вы, сыновья Яакова, не исчезли».

144 Тора, Берешит, 8:2.

«Глухие, слушайте, и слепые, смотрите, чтобы видеть»[145].

«Глухие, слушайте» – это те сыновья Адама, которые не слушают речения Торы и не пытаются открыть уши свои, чтобы услышать заповеди Господина своего. «И слепые» – это те, кто не вглядывается, чтобы знать, ради чего они живут, ибо изо дня в день раздается призывный голос, и нет того, кто внял бы ему. (295)

Счастливы пребывающие в мире, занимающиеся Торой, ибо каждый, кто занимается Торой, любим он наверху и любим внизу, и обретает каждый день наследие мира будущего. Как сказано: «Чтобы в наследие возлюбленным Моим дать сущее»[146]. «Сущее» – это будущий мир, Бина, воды которого, то есть наполнение его, не прекратятся никогда. Потому что занимающийся Торой получает достойную высшую награду, которой другой человек не удостаивается, – «сущее», Бину. (688)

---

145 Пророки, Йешаяу, 42:18.
146 Писания, Притчи, 8:21.

Шхина пребывает лишь в совершенном месте – не в месте недостатка, не в месте изъяна, не в месте печали, а в правильном месте, в месте радости. Сказано: «Служите Творцу в радости, предстаньте пред Ним с пением»[147]. Это значит, что служить Творцу можно лишь находясь в радости. (116-117)

Когда человек выходит в путь, пускай выстроит молитву перед своим Владыкой, чтобы привлечь на себя Шхину. А затем пускай выходит в путь. Тогда имеется зивуг Шхины, чтобы избавлять его в пути и спасать его при любой необходимости. (426)

«Всегда должен человек сначала воздать хвалу Господину своему, и лишь затем – обратиться с молитвой»[148]. Но тот, чье сердце отдалено, а он желает обратиться в молитве, или же он находится в беде и не способен воздать хвалу Господину его – что ему делать?

---

147 Писания, Псалмы, 100:2.
148 Вавилонский Талмуд, трактат Брахот, лист 32:1.

ИЗБРАННЫЕ ОТРЫВКИ ИЗ КНИГИ ЗОАР

Хотя он и не может направить на это свое сердце и желание, почему он должен отменить порядок восхваления Господина своего? Пусть сначала выполнит порядок восхваления Господина своего, хотя и не может настроиться на это, а затем обращается с молитвой. Как сказано: «Молитва Давида. Услышь, Творец, в справедливости, внемли призыву моему, выслушай молитву мою»[149]. «Услышь, Творец, в справедливости» – вначале, поскольку выстроил порядок восхваления Господина своего, а затем: «Внемли призыву моему, выслушай молитву мою». Тот, кто может выстроить восхваление Господина своего и не делает этого, о нем сказано: «И сколько бы вы не молились, Я не слышу»[150]. (713-714)

Что такое МАН? Когда в устремлении снизу поднимаются нижние воды, МАН (**м**ей **н**уквин, воды нукв), получить высшие воды, МАД (**м**ей **д**хурин, воды захаров), от ступени, находящейся над ними. Ибо нижние во-

---

149 Писания, Псалмы, 17:1.
150 Пророки, Йешаяу, 1:15.

ды, МАН (воды нукв), источаются только лишь вследствие пробуждения стремления нижней ступени. И тогда стремление нижней и высшей ступеней сливаются, и источаются нижние воды в соответствии высшим, которые опускаются, и завершается соединение (зивуг), и миры благословляются, и все свечи горят, и высшие и нижние получают благословение. (717)

«Обратился Он к молитве одинокого и не презрел молитвы их»[151]. Следовало бы сказать «внял» или «услышал». Что означает «обратился»?

«Но все молитвы мира» – то есть молитвы многих, «это и есть молитвы». А молитва одинокого принимается святым Царем, лишь когда она (направлена к Нему) с большой силой. Ибо прежде, чем молитва входит, чтобы украситься на своем месте, наблюдает за ней Творец и всматривается в нее, и смотрит на прегрешения и заслуги этого человека – то, чего он не делает в случае молитвы многих; ведь сколько этих мо-

---
151 Писания, Псалмы, 102:18.

литв исходит не от праведников, но всё же, все они принимаются Творцом, и Он не обращает внимания на их прегрешения.

«Обратился Он к молитве одинокого» – то есть Он рассматривает эту молитву, со всех сторон поворачивая ее, и смотрит: каким желанием вызвана молитва, кто человек, обращающийся с этой молитвой, и каковы его деяния. Поэтому человек должен обращаться со своей молитвой, находясь в обществе, поскольку «не презрел Он молитвы их», хотя они не находятся все в правильном намерении и желании сердца. Сказано: «Обратился Он к молитве одинокого» – ибо к молитве одинокого Он обращается, лишь только всмотревшись в нее. Но относительно молитвы многих – «не презрел Он молитвы их», хотя они не такие, как хотелось бы. (513-515)

Нижние, находящиеся в мире Асия, не могут поднять МАН напрямую в ЗОН мира Ацилут, а только лишь к высшей, прилегающей к ней ступени. И эта ступень тоже поднимает (МАН) – к высшей, прилегающей к ней ступени. И так поднимается МАН (молитва) от ступени к ступени, пока этот МАН не дойдет до ЗОН мира Ацилут. Поэтому сказано, что благодаря пробуждению внизу, вследствие жертвы, приносимой нижними в мире Асия, происходит также и пробуждение наверху, когда пробуждаются ступени, имеющиеся в мире Ецира, чтобы вознести МАН, полученный ими от Асия, в мир Брия. А благодаря пробуждению наверху, (пробуждению) ступеней мира Брия к расположенному выше него миру Ацилут, пробуждается этот вышестоящий, пока МАН не достигнет Нуквы, и тогда она поднимает этот МАН в Зеир Анпин. И она светит от него. «Зажечь свечу» означает соединить Нукву, называемую «свеча», с Зеир Анпином, чтобы получить от него свет, и это называется – «загорается от него». (715)

Когда благословения привлекаются свыше, из этой глубины, т.е. из Бины, – все их получают небеса, т.е. Зеир Анпин. А от него они нисходят вниз, пока не приходят к праведникам, т.е. к свойствам «праведник» и «праведность», представляющим собой союз мира – Нуквы. А от нее благословляются все воинства и все станы по их видам – нижние, находящиеся в мирах БЕА. (408)

Каждый человек, желающий служить Творцу, должен утром и вечером служить Ему. (414)

Долгом человека является соединить святое имя, Нукву, с Зеир Анпином, в устах, сердце и душе, и всего себя связать с ЗОН, т.е. подняться в МАН к ним, «подобно пламени, которое связано с горящими углями»[152]. Созданием этого единства он способствует установлению согласия между Царем и Царицей и сообщает Царю о ее любви к Нему. То есть подъемом души в МАН к Зеир Анпину создается средняя линия между ними, приводящая к миру и соединяющая их друг с другом. (678)

---

152 Книга Ецира, 1:7.

«Издалека Творец раскрылся мне: "Любовью вечной возлюбил Я тебя"»[153]. «Издалека» – в изгнании, и это произошло из-за большой любви, которая раскрывается лишь в результате изгнания. Изгнание – это исправление, чтобы сыны Исраэля смогли выйти из изгнания, и тогда раскроется любовь Творца к нам. (22)

Сказал рабби Шимон: «Однажды я поднялся и опустился, чтобы светить в источнике этих рек» – т.е. он поднял МАН и опустил МАД к Малхут от источника рек – Бины. Сказано: «Все реки текут в море, но море это не наполняется»[154]. Светом Бины созданы все управляющие в мире, от света ее проистекают все реки. «Все реки текут в море, но море это не наполняется» – означает, что Малхут, называемая морем, не наполняется в этом изгнании, ибо тьма и мгла изгнания порождены любовью матери, Бины, сотворившей их. Если бы не было этой тьмы, то не вышла бы река, светящая доче-

---

153 Пророки, Йермияу, 31:2.
154 Писания, Коэлет, 1:7.

ри, Малхут. И море не наполнится, став совершенным, пока не придет другая сторона, не находившаяся в изгнании, правая сторона, над которой не властвует ни одна клипа, и тогда наполнится море, Малхут. (58)

Сколько времени осталось прожить еще в этом мире? Об этом человеку нельзя сообщать, и ему не сообщают об этом. Но рабби Шимон испытывал великую радость в день своего ухода, и великая радость пребывала во всех мирах благодаря многочисленным тайнам, которые он тогда раскрыл. (157)

Женщины благословляются лишь от мужчин, после того, как те благословляются вначале, – и от этого благословения мужчин они благословляются, не нуждаясь в особом благословении для себя. Тогда почему сказано: «Благословит Он дом Исраэля», если женщины не нуждаются в особом благословении? Однако Творец дает дополнительное благословение женатому мужчине для того, чтобы жена его благословилась от него. И так в любом месте дает Творец дополнительное благословение женатому мужчине, чтобы она получила благословение от этой добавки. И поскольку этот мужчина женат, то Он дает ему две части: одну – ему, и одну – жене. И он получает всё – свою часть и часть жены. И поэтому сказано об отдельной части для женщин: «Благословит Он дом Исраэля» – ибо это их часть. Однако мужчины получают также и женскую часть, и дают им ее в дальнейшем. (495)

ИЗБРАННЫЕ ОТРЫВКИ ИЗ КНИГИ ЗОАР

Книга Шмот

Шмот

«Мудрые воссияют подобно сиянию небосвода»[155]. Мудрые – это те, кто зрят мудрость, постигли мудрость, ибо мудрость называется светочем глаз, а постижение ее зовется зрением. (1)

В час, когда у Творца возник замысел сотворить Его мир, все миры возникли в едином замысле, и в этом Его замысле были созданы все. Как сказано: «Все их в мудрости Ты создал»[156]. И в этом замысле, то есть в мудрости (хохма), созданы этот мир и высший мир.

Простер правую руку Свою и создал высший мир, Зеир Анпин. Простер левую руку Свою и создал этот мир, Малхут. Об этом сказано: «Рука Моя основала землю»[157] – Малхут, «и десница Моя распростерла не-

---

155 Писания, Даниэль, 12:3.
156 Писания, Псалмы, 104:24.
157 Пророки, Йешаяу, 48:13.

Когда Творец сотворил мир, Он сделал нижний мир подобным высшему, и всё сделал так, что одно соответствует другому, т.е. у каждого элемента в нижнем мире есть соответствующий ему корень в высшем мире, и в этом слава Его наверху и внизу.

И создал Он над всем человека, который включает и дополняет все элементы творения. (10-11)

Творец сотворил мир и поставил над ним человека, чтобы он был царем надо всем.

И от этого человека отделяются в мире различные виды. Одни – праведники, другие – грешники, одни – глупцы, другие – мудрецы. И все эти четыре вида бывают в мире богатыми и бедными для того, чтобы они делились достоинствами и помогали друг другу. Чтобы праведники помогали грешникам, возвращая их к раскаянию, а мудрецы помогали глупцам, уча их разуму. И чтобы богатые помогали бедным, наполняя их потребности. Ибо благодаря этому человек удостаивается вечной жизни и соединяется с Древом жизни. (62-63)

Три ступени НАРАН (нефеш-руах-нешама) содержатся в тех людях, которые удостоились служения их Господину.

Потому что сначала у человека есть ступень нефеш, представляющая собой исправление святости, чтобы люди исправились на ней. Когда человек приходит к очищению на этой ступени, он исправляется, чтобы облачиться в руах. И это ступень святости, находящаяся над нефеш, в которую облачится тот, кто удостоился.

После того как человек поднялся в нефеш и руах и исправился, как подобает, в служении своему Господину, над ним воцаряется нешама, высшая ступень святости, господствующая надо всем, для того чтобы он облачился в высшую святую ступень и был бы совершенным во всём – совершенным со всех сторон, дабы удостоиться будущего мира. И он – любящий Творца, как сказано: «Чтобы давать наследство любящим Меня»[141]. «Любящие Меня» – это те, в ком есть святая душа-нешама. (16-17)

---

141 Писания, Притчи, 8:21. «Чтобы дать в наследство любящим Меня, есть у Меня добро, и сокровищницы их наполню».

беса»¹⁶³ – Зеир Анпин. «Я воззову к ним, и предстанут вместе»¹⁵⁸. И все в одно мгновение были созданы. И сделал Он этот мир в соответствии высшему миру. И всё, что есть наверху, возникло по этому примеру внизу – то есть не найдется ничего внизу, что не имело бы корня в высших мирах. (358-359)

Счастливы праведники, всегда желающие слияния с Творцом. Как они слиты с Ним всегда, так и Он слит с ними и не оставляет их никогда. (185)

Горе тем людям, которые не знают и не заботятся о работе Творца их. Поскольку каждый день раздается голос с горы Хорев, возглашающий: «Горе вам, люди, пренебрегающие работой Творца вашего. Горе вам, люди, попирающие величие Торы». Каждый, кто занимается Торой в этом мире, приобретая хорошие деяния, наследует целый мир. А каждый, кто не занимается Торой в этом мире и не совершает хороших поступков, тот не наследует ни одного, ни

---

158 РАМАК, Комментарий к «Книге Ецира», гл. 2.

другого – ни этого мира, ни мира будущего. (60)

Если человек молится, плачет и кричит так, что больше не может шевелить губами, – это совершенная молитва в сердце, и она никогда не возвращается безответной, а принимается. Велик крик, отменяющий судебный приговор человеку за все дни жизни его.

Велик крик, царящий над свойством высшего суда. Велик крик, царящий в этом мире и в мире будущем. Благодаря крику человек получает во владение этот мир и мир будущий. Сказано: «Воскричали они к Творцу в бедствии своем – от невзгод спас Он их»[159]. (356-357)

Все вещи в мире зависят от раскаяния и молитвы, которую человек возносит к Творцу, и тем более, если он проливает слезы в своей молитве, так как нет таких врат, в которые не проникли бы эти слезы. Сказано: «И открыла она, и увидела

---
159 Писания, Псалмы, 107:6.

ребенка»¹⁶⁰. «Открыла» – это Шхина, стоящая над Исраэлем, как мать над детьми. Она всегда открывает по заслугам Исраэля.

«И открыла она, и увидела ребенка»¹⁶⁷ – любимого сына. Это Исраэль, которые всегда грешат пред своим Царем и сразу же молят Творца, раскаиваются и плачут пред Ним, подобно сыну, плачущему перед отцом. Сказано: «И вот – мальчик плачет»¹⁶⁷. Поскольку он плакал, были сняты с него все суровые приговоры в мире. (203-204)

Мудрецы во все времена важнее пророков. Потому что над пророками иногда пребывает святое наитие, а иногда нет. А от мудрецов не уходит святое наитие даже на мгновение, и они знают, что происходит наверху и внизу, и не должны раскрывать этого. Без мудрецов люди не знали бы, что такое Тора и что такое заповеди Владыки мира, и не было бы разницы между духом человека и духом животного. (84)

---

160 Тора, Шмот, 2:6. «И открыла она, и увидела ребенка. И вот – мальчик плачет».

Когда рабби Шимон открывает уста, чтобы начать заниматься Торой, его голосу внимают все престолы, и все небосводы, и все строения (меркавот), и все те, кто славит своего Владыку. В это время нет того, кто начал бы возглашать песнь, и нет того, кто бы завершил свою песнь. Иными словами, те, кто находится посреди песни, не завершают свою песнь, ибо все присутствующие внимают голосу рабби Шимона. Пока не будет услышано во всех небосводах наверху и внизу откровение уст.

Когда заканчивает рабби Шимон заниматься Торой, «видел» ли кто-то такие песни, «видел» ли кто-то радость восславляющих своего Владыку, «видел» ли голоса́, расходящиеся по всем небосводам?! Благодаря рабби Шимону приходят все души и ангелы и преклоняют колени, и склоняются пред своим Владыкой, и возносят эденские ароматные благовония, то есть свечение Хохмы, до Атик Йомин. И всё это благодаря рабби Шимону. (241-242)

Сел рабби Шимон, а рабби Эльазар, сын его, стоял и истолковывал слова скрытой мудрости. И лицо его сияло, подобно солнцу, а слова разносились, воспаряя к небосводу. Сидели они два дня, не ели и не пили, и не знали, был это день или ночь. Когда они вышли, то узнали, что прошло два дня, и до сих пор не ели они ничего. Изрек в связи с этим рабби Шимон: «"Сорок дней и сорок ночей Моше был с Творцом, хлеба не ел и воды не пил"[161]. Если мы удостоились слияния с Творцом на один час, а оказалось, что два дня промчалось над нами в свете Творца, когда мы не знали, где мы, то что же говорить о Моше, о котором свидетельствует Писание: "Сорок дней и сорок ночей он был с Творцом"».

Когда рабби Хия рассказал эту историю своему отцу, рабби Шимону бен Гамлиелю, тот, удивившись, сказал: «Рабби Шимон, сын Йохая, – это "лев", и рабби Эльазар, его сын – "лев". И не ровня рабби Шимон остальным "львам". О нем сказано: "Льва рыкающего кто не испугается?" И если выс-

---

[161] Тора, Шмот, 34:28.

шие миры трепещут перед ним, что уж говорить о нас? Это человек, который никогда не должен был назначать пост после того, как просил и молился. Но то, что он назначал, – Творец выполнял. Творец назначал – а он отменял. Как сказано: "Оплот Исраэля управляет человеком, праведник управляет страхом Творца"[162] – Творец управляет человеком, а праведник управляет Творцом. Ибо Он издает указ, а праведник отменяет». (251-252)

«Беги, друг мой, и будь подобен газели или молодому оленю»[163]. Всё стремление, которое испытывали Исраэль к Творцу, – это страстное желание Исраэля, чтобы уход и отдаление Творца от них происходили подобно убеганию газели или молодого оленя.

Ни одно животное в мире не ведет себя подобно газели или молодому оленю, отдаляясь немного во время бегства и поворачивая голову к тому месту, откуда удаляется. И всегда, неизменно, оборачивает голову

---

162 Пророки, Шмуэль 2, 23:3.
163 Писания, Песнь песней, 8:14.

назад. Так сказали Исраэль: «Владыка мира, если мы привели к тому, что Ты уходишь из нашей среды, да будет желание, чтобы Ты удалялся, подобно газели или молодому оленю, который бежит, оборачивая голову к тому месту, которое оставил» – к месту, в котором был раньше и которое оставил, убегая оттуда.

Сказано об этом: «Но и при всем этом, когда они будут в земле врагов своих, не презрю Я их и не возгнушаюсь ими до того, чтоб истребить их, чтобы нарушить Мой союз с ними»[164]. Другое объяснение: когда газель спит – один ее глаз закрыт, а другой бодрствует. Так сказали Исраэль Творцу: «Поступай подобно газели», ибо «вот, не дремлет и не спит страж Исраэля»[165]. (235-236)

«Счастливы вы, сеющие при всех водах, направляющие стопы вола и осла»[166].

Счастливы Исраэль, потому что они желанны Творцу более всех народов, и Он при-

---

164 Тора, Ваикра, 26:44.

165 Писания, Псалмы, 121:4.

166 Пророки, Йешаяу, 32:20.

близил их к себе, как сказано: «Тебя избрал Творец»[167], и сказано: «Ибо удел Творца – народ Его, Яаков – предел наследия Его»[168]. И Исраэль прилепляются к Творцу, как сказано: «И вы, прилепившиеся к Творцу, Всесильному вашему»[169].

И они праведны перед Ним, поскольку они «сеют при всех водах» – то есть они сеют ради праведности, поднимая МАН и притягивая мохин в Малхут, чтобы она называлась «праведность (цдака)». Потому что без мохин она называется «цедек (правота)», без буквы «хэй». А тот, кто сеет ради праведности, сказано о нем: «Ибо выше небес милость Твоя»[170]. «Выше небес» – называется также «при всех водах». «Выше небес» – это будущий мир, Бина, которая находится выше Зеир Анпина, называющегося небесами. А Исраэль сажают семя и поднимают МАН «при всех водах», Бине, для того, чтобы притянуть мохин в Малхут, чтобы она называлась праведностью. (67-68)

---

167 Тора, Дварим, 14:2.

168 Тора, Дварим, 32:9.

169 Тора, Дварим, 4:4.

170 Писания, Псалмы, 108:5.

Исраэль находились в порабощении у всех народов, чтобы мир поднялся с помощью них. Поскольку они сопоставляются со всем миром. И сказано: «В тот день будет Творец един и имя Его едино»[171]. Так же как Творец един, так и Исраэль едины, как сказано: «Народ единый на земле»[172]. И так же как имя Творца едино и выявляется в семидесяти именах, так и Исраэль едины и выявляются в семидесяти. (288)

«Псалом Давида. Творец – пастырь мой. Не будет у меня нужды»[173].

«Творец – пастырь мой» – пастух мой. Как пастух управляет стадом и ведет его к доброму пастбищу, к тучному пастбищу, в место полноводных рек, выравнивая его путь справедливостью и правосудием, так и о Творце сказано: «На пастбищах травянистых Он укладывает меня, к водам тихим приводит меня, душу мою оживляет»[174]. (371)

---

171 Пророки, Зехария, 14:9.

172 Пророки, Шмуэль 2, 7:23.

173 Писания, Псалмы, 23:1.

174 Писания, Псалмы, 23:2-3.

Ваэра

«Полагайтесь на Творца во веки веков, ибо в Нем твердыня миров»[175].

«Полагайтесь на Творца» – это значит, что все жители мира должны укрепляться в Творце и быть уверенными в Нем.

В таком случае, что значит: «Во веки веков»? Сила человека должна быть в месте, представляющем существование и связь всего. Оно называется «век», и это Зеир Анпин. «Век» – это место, объединяющее и ту и другую сторону, т.е. средняя линия, объединяющая правую сторону и левую сторону друг с другом, чтобы они могли существовать и взаимодействовать – чтобы могли существовать эти две линии, соединяя свои свечения в нерушимой связи. (1-2)

«Полагайтесь на Творца во веки веков»[190]. Все дни свои человек должен укрепляться в Творце. Тому, кто полагается на Него и на силу Его как до́лжно, не смогут

---

175 Пророки, Йешаяу, 26:4.

навредить все обитатели мира. Ведь каждый, кто полагается на силу святого имени, утверждается в мире. (7)

Насколько непробиваемы люди, которые не знают и не интересуются, зачем они находятся в мире. Ведь Творец, создавая мир, сделал человека по Своему образу и утвердил его Своими исправлениями, чтобы тот занимался Торой и шел путями Его. (32)

«Разумеющие воссияют подобно сиянию небосвода»[176].
К «разумеющим» относится тот мудрец, который из внутреннего постижения созерцает высшие понятия, о которых люди не могут говорить вслух из-за их высочайшего уровня. И таких называют «разумеющими». (24)

Таковы пути праведников, которые, казалось бы, говорят с человеком, но в действительности возносят свои слова к Творцу,

---
176 Писания, Даниэль, 12:3.

чтобы выполнить сказанное: «Представляю Творца пред собою всегда»[177]. (31)

«Пути ее – пути приятные, и все стези ее – мир»[178].

«Пути ее – пути приятные» – это пути Торы, ибо над тем, кто идет дорогами Торы, Творец возводит прелесть Шхины, чтобы она не уходила от него никогда. «И все стези ее – мир», – это тропы Торы. Потому что абсолютно все тропы Торы – мир. Мир ему наверху, мир ему внизу, мир ему в этом мире, мир ему в будущем мире. (183)

Товарищи, находящиеся в пути, должны идти, слившись в едином сердце. А если идут среди них грешники мира или люди, не относящиеся к царскому чертогу, нужно отделиться от них. (176)

«Знай же ныне и возложи на сердце твое, что Творец – Он Всесильный»[179].

---

177 Писания, Псалмы, 16:8.

178 Писания, Притчи, 3:17.

179 Тора, Дварим, 4:39.

 КНИГА ШМОТ

Следовало бы сказать: «Знай же ныне, что Творец – Он Всесильный», а в конце: «И возложи на сердце твое». Потому что знание того, что Творец – Всесильный, приводит его к возможности «возложить на сердце свое». А если уже «возложил на сердце свое», то и так ясно, что есть у него знание. Кроме того, надо было сказать: «Возложи на сердце свое (либха́)», а сказано (дословно) «на сердца свои (левавха́)».

«Сердца свои (левавха́)» – это «доброе начало» и «злое начало», пребывающие в сердце, включенные друг в друга и являющиеся одним целым. «И возлюби Творца Всесильного своего всем сердцем своим (досл. сердцами)»[180] – означает двумя своими началами, добрым и злым, чтобы человек обратил плохие свойства злого начала в хорошие, т.е. работал с ними в служении Творцу, а не грешил, следуя им. И тогда, конечно же, не будет больше различия между добрым и злым началом, и они станут одним целым.

И тогда раскрывается, что «Творец (АВАЯ) – Он Всесильный (Элоким)» – что

---

180 Тора, Дварим, 6:5.

свойство суда, называемое Элоким, включено в имя АВАЯ, являющееся свойством милосердия. Потому что они соединились друг с другом, так же как злое и доброе начало соединились в сердце, и являются одним целым. Таким образом, невозможно узнать, что «Творец – Он Всесильный» иначе, как с помощью «и возложи на сердце свое». Поэтому сначала сказано: «И возложи на сердце свое», чтобы узнать благодаря этому, что «Творец – Он Всесильный». (89-90)

Как же во все дни года дается исцеление всем органам – ведь у Малхут, называемой «год», нет ничего своего? И, наоборот, органы, составляющие свойство «общее», это двести сорок восемь каналов наполнения Зеир Анпина, и они всё дают Малхут.

Именно так происходит наверху, в ЗОН, и внизу, в нижнем человеке. То есть «год» и «дни его», его сфирот, приносят исцеление всем органам: наверху – в Зеир Анпине, и внизу – в человеке. Потому что органы передают многочисленные благословения дням года – сфирот Малхут, являющейся свойством «частного». И, выполняя каждую исполнительную заповедь, человек притягивает множество благословений от органа, т.е. от одного из каналов Зеир Анпина, к одному из дней года, «частному». И тогда исцеление и жизнь зависят от того, что над нами, свыше, до тех пор, пока органы не наполнятся всем совершенством, и не передадут всё это «частному», то есть «году». И тогда раскрываются мохин «частного».

Кто привел к тому, что органы наполнятся всем совершенством? Дни года, ибо органы пришли к тому, чтобы восполнить его, и если бы год не нуждался в исправлении, то органы, являющиеся каналами наполнения Зеир Анпина, не получали бы наполнения. Поэтому считается, что эти дни года дали исцеление и жизнь органам.

И так же происходит внизу, когда человек восполняет себя этими двумястами сорока восемью исполнительными заповедями в Торе. Любой день приходит с тем, чтобы благословиться человеком. И когда они благословляются им, то жизнь и исцеление пребывают над ним свыше. Иными словами, они не притягиваются к Малхут прежде, чем человек восполняет все двести сорок восемь исполнительных заповедей, во всей их полноте. А до этого они пребывают над ним свыше.

Кто привел к тому, что высшие каналы всё время наполняются исцелением и жизнью? Дни года. И поэтому считается, словно эти дни года дали им исцеление и жизнь. Дни года, так же, как они благословляются сверху высшим человеком (адам), то есть Зеир Анпином, так же благословляются и снизу, нижним человеком, благодаря заповедям, которые он выполняет.

Счастливы Исраэль в этом мире вследствие тех заповедей, которые они выполняют, и благодаря этому называются «человек». Как сказано: «Вы – "человек"»[181], что означает: «Вы называетесь "человек", а не идолопоклонники называются "человек"»[182]. И поскольку Исраэль называются «человек», они должны усердно выполнять заповеди Торы, число которых, шестьсот тринадцать,

---

181 Пророки, Йехезкель, 34:31.
182 Вавилонский Талмуд, трактат Бава Меция, лист 114:2.

соответствует двумстам сорока восьми органам и тремстам шестидесяти пяти жилам, которые имеются в теле человека. Чтобы стали все они единым организмом, называемым «человек». (61-63)

При пробуждении снизу, когда пробудились Исраэль к Творцу и взывали к Нему, сказано: «И вспомню Я союз свой»[183], и тогда пробудилось сильное желание соединить всё в единую связь. Ведь поскольку пробудился союз, Есод Зеир Анпина, то пробудилась связь всех сфирот Зеир Анпина. «Вспомню Я союз свой» – означает соединить его с Малхут. И потому сказано: «Поэтому скажи сынам Исраэля: Я – Творец (АВАЯ)»[184] – потому что все сфирот соединились в единую связь, чтобы вызволить Исраэль из Египта. (81)

Творец желал вначале сообщить им весть самую хорошую из всех – весть о выходе из Египта.

---

183 Тора, Шмот, 6:5.
184 Тора, Шмот, 6:6.

Но ведь самое хорошее из всего: «И возьму вас народом Себе, и буду вам Творцом»? Вместе с тем, Он сказал им это потом, поскольку в это время не было у них лучшей вести, чем весть о выходе, – ведь думали они, что не выйдут из-под гнета никогда. Потому что видели там, что все связи между ними были колдовскими путами, от которых им никогда не освободиться. Поэтому самое для них приятное было сообщено им вначале. (52-53)

Бо

Создал Творец нижний Йерушалаим, Малхут, наподобие высшего Йерушалаима, Бины. И сделал стены святого города и ворота его. Входящий не может войти, пока не откроются ворота, восходящий не взойдет, пока не будут исправлены ступени, ведущие к этим стенам. Кто может открыть ворота святого города, и кто может исправить ступени к стенам?

Это рабби Шимон, который открывает врата сокровенных тайн мудрости и исправляет высшие ступени. (126)

В полночь рабби Хия и рабби Йоси увидели одну лань, пробежавшую перед ними, которая кричала, вознося голоса. Услышали они. Встали рабби Хия и рабби Йоси и содрогнулись. Услышали один голос, призывающий и возглашающий: «Отроки, встаньте! Спящие, пробудитесь! Миры, подготовьтесь к приходу Господина своего! Господин ваш выходит в Эденский сад, ведь это – чертог Его, Малхут, чтобы радоваться с праведниками».

В час, когда Творец раскрывается над садом, собирается весь сад, т.е. все праведники в саду, и он неразлучен с Эденом, Хохмой. И из этого Эдена расходятся источники, свечение Хохмы, несколькими путями и тропами, для постижения праведниками. Сад этот называется средоточием жизни, и там праведники испытывают наслаждение от свечения будущего мира. (98-100)

Четыре изречения, имеющиеся в тфилине, находятся в четырех отделениях головного тфилина. И точно так, как они – четыре отделения в головном тфилине, так все они в ручном тфилине – в одном отделении. Ибо у ручного тфилина, т.е. Малхут, нет ничего своего, но только то, что она получает свыше, от Зеир Анпина. И поскольку она получает все изречения сразу, есть у нее лишь одно отделение. Однако Зеир Анпин получает их один за другим, и потому они – в четырех отделениях.

И это означает высказывание: «Все реки текут в море»[185]. «Реки», т.е. наполнение Зеир Анпина, текут к Малхут, которая называется морем. И поскольку она получает их свыше от Бины – она называется «тфилином» (молитвой) и освящается от их «святости» и называется «святой». Потому что мохин Бины называются «святостью». И называется «тфилином». И тогда эта Малхут называется «совершенным правлением небес». (235)

Исраэль не могли выйти из Египта до тех пор, пока не было сокрушено наверху господство всех правителей египетских. Тогда вышли Исраэль из-под их власти и

---
185 Писания, Коэлет, 1:7.

пришли к власти высшей святости в Творце, соединившись с Ним. «Которых вывел Я из земли египетской» – т.е. Я вывел их из-под чужой власти и привел к Моей власти. (165)

Все установленные времена, праздники и субботы являются памятью о выходе из Египта, и благодаря этому все они установлены. Ведь если бы это не произошло, не было бы соблюдения сроков, праздников и суббот. Поэтому не умирает память о Египте во все времена, и праздники, и субботы. Это правило, помнить о выходе из Египта, является основой и источником Торы и всех заповедей и всего совершенства веры Исраэля. Поэтому упомянут выход из Египта много раз в Торе. (124)

Всякий человек, рассказывающий о выходе из Египта и наполняющийся радостью от этого рассказа, будет радоваться вместе со Шхиной в мире грядущем. Это радость со всех сторон – когда человек радуется Господину своему, а Творец радуется его рассказу.

В этот час собирает Творец всё собрание свое, говоря им: «Отправляйтесь послушать предание о славе Моей, которое рассказывают сыновья Мои и радуются Моему избавлению». Тогда все они собираются и соединяются с Исраэлем, внимая преданию о славе и тому, как те радуются избавлению со стороны Господина их. И тогда они приходят к Творцу и благодарят Его за все совершённые чудеса и могучие деяния, и благодарят Его за святой народ, который есть у Него на земле и пребывает в радости от избавления Господина их. (179-180)

Бешалах

Адам знал высшую мудрость лучше, чем высшие ангелы, и созерцал всё, и он понимал и знал Господина своего лучше, чем все остальные обитатели мира. (237)

«Счастлив человек, обретший мудрость»[186]. Это тот человек, для которого Творец уготовил сокровище в пу-

---

186 Писания, Притчи, 3:13.

ти, лик Шхины, и об этом сказано: «Путь праведников – как свет сияющий»[187]. (125)

Насколько же человек должен любить Творца – ведь нет иной работы пред Творцом, чем любовь. И каждого, кто любит Его и выполняет работу с любовью, называет Творец любящим. (245)

Каждый человек, если он желает установить единство святого имени, но не объединяет в намерении сердце, желание и трепет, чтобы благословились в нем высшие и нижние, – молитву его прогоняют прочь. И все оповещают о его зле, и Творец возглашает о нем: «Неужели войдете увидеть лик Мой…»[188]

Перед всеми, кто умеет устанавливать единство святого имени должным образом, рушатся все эти стены тьмы, и тогда открывается лик Царя и светит всем. И когда он

---

[187] Писания, Притчи, 4:18.
[188] Пророки, Йешаяу, 1:12. «Неужели войдете увидеть лик Мой? Кто это просил вас топтать дворы Мои?!»

виден и светит – благословляются все, высшие и нижние, и в это время присутствуют благословения во всех мирах, и тогда сказано: «Увидеть лик Мой». (278-279)

Каждый, кто предстает с молитвой перед святым Царем, должен произносить свою просьбу и молитву из глубины сердца, чтобы сердце его было полностью с Творцом, и устремит к этому свое сердце и желание. Как сказано: «Из глубин я воззвал к Тебе»[189]. Но ведь сказано: «От всего сердца искал я Тебя»[190]? Из сказанного видно, что достаточно молиться от всего сердца, зачем необходимо «из глубин (сердца)»?

Но каждый человек, предстающий в просьбе своей перед Царем, должен направить разум и желание к корню корней, чтобы притянуть благословения из глубины этой ямы, дабы изливались благословения из источника всего – того места, из которого выходит река и которое называется «скрытая Хохма». (409-410)

---

189 Писания, Псалмы, 130:1.
190 Писания, Псалмы, 119:10.

Сказано: «Ибо внемлет Творец нищим»[191]. **Почему же Он внемлет нищим, а не другим?** Потому что они более близки к Царю, как сказано: «Сердце сокрушенное и удрученное не отвергай»[192]. И нет в мире человека более сокрушенного сердцем, чем нищий. Все люди предстают перед Творцом телом и душой. А неимущий предстает перед Творцом лишь только душой, ведь тело его сокрушено, а Творец более близок к душе, чем к телу. (367)

Сказано о шунамитянке: «И ответила она: "Среди народа своего я нахожусь"»[193].

Что она говорит? Дело в том, что когда над миром нависает суд, человек не должен обособляться от общества, и не должен выделяться, и не должен быть известен только он один. Ибо когда над миром нависает суд,

---

191 Писания, Псалмы, 69:34.
192 Писания, Псалмы, 51:19.
193 Пророки, Мелахим 2, 4:13. «И сказал он ему: скажи ей, прошу: "Вот, ты так заботилась о нас, что сделать для тебя? Не нужно ли поговорить о тебе с царем или с военачальником?". Но она сказала: среди своего народа я живу».

ИЗБРАННЫЕ ОТРЫВКИ ИЗ КНИГИ ЗОАР

тех, кто известен и отмечен отдельно, даже если они праведники, хватают первыми. И поэтому человек никогда не должен отделяться от народа, ведь милосердие Творца всегда пребывает над всем народом вместе. И поэтому она сказала: «Среди народа своего я нахожусь», и не хочу расставаться с ним так же, как делала до сего дня. (11)

Так сильно любима Тора Творцом, что всякий, занимающийся Торой, любим наверху, любим внизу, и Творец внемлет его речам и не покидает его в этом мире, и не покидает его в мире грядущем. (43)

Насколько же внимательно нам необходимо всматриваться в речения Торы, насколько глубоко надо изучать каждое слово – ведь нет слова в Торе, не указывающего на высшее святое Имя. И не найти слова в Торе, не содержащего множество различных тайн, смыслов, корней и ветвей. (251)

Всякий, кто ведет войну в Торе, удостаивается преумножить мир по завершении всего.

Все битвы в мире – это вражда и разрушение, все же сражения Торы – это мир и любовь. Написано: «Поэтому и сказано в книге войн Творца: *Ваев в Суфе*»[194], что означает – «любовь в конце ее». И нет иной любви и мира, кроме этих. (252)

Необходимо заниматься Торой днем и ночью, как сказано: «И размышляй о ней днем и ночью»[195].

Днем – время работы для всех, но зачем нужно заниматься Торой ночью, являющейся временем отдыха? Чтобы было у человека полное имя. Подобно тому, как не бывает дня без ночи, и друг без друга они не совершенны, так же и Тора должна пребывать с человеком день и ночь, и тогда у этого человека будет совершенство днем и ночью. День – это Зеир Анпин, а ночь – это Нуква. А когда человек занимается Торой

---

194 Тора, Бемидбар, 21:14.
195 Пророки, Йеошуа, 1:8. «Да не отходит эта книга Торы от уст твоих, и размышляй о ней днем и ночью, чтобы в точности исполнять все написанное в ней, тогда удачлив будешь на пути твоем и преуспеешь».

день и ночь, получается, что он объединяет Зеир Анпин и Нукву, а это и является всем совершенством, как написано: «И был вечер, и было утро: день один»[196]. (44)

В полночь Творец приходит в Эденский сад, чтобы радоваться с праведниками, которые пребывают там. И тогда человек должен встать и заниматься Торой. Творец и все праведники в Эденском саду внемлют голосу его.

Написано: «Живущая в садах! Внемлют товарищи голосу твоему; дай и мне услышать его!»[197]. «Живущая в садах», – это Кнесет Исраэль, т.е. Малхут, которая ночью восхваляет Творца славой Торы. Благословенна доля того, кто присоединяется к ней в восхвалении Творца славой Торы.

А когда наступает утро, Кнесет Исраэль, т.е. Малхут, приходит и наслаждается Творцом. И он протягивает ей жезл милости (хеседа). И не только ей одной, а ей и

---

196 Тора, Берешит, 1:5. «И назвал Творец свет днем, а тьму назвал Он ночью. И был вечер, и было утро: день один».
197 Писания, Песнь песней, 8:13.

всем, кто присоединяется к ней. Тому, кто ночью занимается Торой, Творец днем протягивает нить милости. И поэтому Малхут называется «рассветная лань» – в знак того, что ночью она восхваляет Творца славой Торы. (45-47)

А когда ночь разделяется, Царь начинает подниматься, а Царица, Малхут, начинает петь. А Царь, Зеир Анпин, подходит и стучит в ворота чертога, говоря: «Отвори мне, сестра моя, подруга»[198]. И тогда Он наслаждается с душами праведников.

Благословенна доля того, кто бодрствует в это время со словами Торы. Благодаря этому все обитатели чертога Царицы должны подняться в это время, чтобы восхвалять Царя, и все они возносят пред Ним хвалу. И та хвала, которая восходит из этого мира, далекого от Него, более всего желанна Ему. (49-50)

Ничто в мире не может разбить силу народов-идолопоклонников так, как

---

[198] Писания, Песнь песней, 5:2.

она разбивается в час занятий Исраэля Торой. Всё время, пока Исраэль занимаются Торой, укрепляется правая сторона и разбивается сила и мощь народов-идолопоклонников. Поэтому Тора называется твердыней, как сказано: «Творец даст твердыню народу своему»[199].

Когда же Исраэль не занимаются Торой, укрепляется левая сторона, и укрепляется сила народов-идолопоклонников, которые питаются от левой стороны, и властвуют над Исраэлем, и выносят им постановления, которые они не способны выполнить. Вследствие этого были изгнаны сыновья Исраэля и рассеялись среди народов.

Как сказано: «Почему погибла страна?»[200] «И сказал Творец: "Потому что оставили они Тору Мою"»[201]. Ибо всё время, пока Исраэль занимаются Торой, разбивается сила и мощь всех идолопоклонников. Сказано: «Десница Твоя, Всесильный, со-

---

199 Писания, Псалмы, 29:11.

200 Пророки, Йермияу, 9:11.

201 Пророки, Йермияу, 9:12.

крушает врага»[202] – всё то время, пока голос Исраэля слышится в домах собрания и домах учения. (305-307)

«И Фараон приблизил»[203] – Фараон приблизил Исраэль к возвращению.

Не вспоминают Исраэль Творца в часы спокойствия, но лишь когда находятся в бедствии, все они вспоминают о Нем, все обращаются с молитвами и просьбами, изливая Ему свои молитвы.

Исраэль, приближаясь к морю, увидели перед собой бушующее море, волны которого всё выше взметались вверх, и устрашились. Подняли свои глаза, и вот: Фараон с войском его, камни, выпущенные из баллист, и стрелы. Тогда: «И устрашились они очень. И возопили сыны Исраэля к Творцу»[220]. Кто стал причиной того, что приблизился Исраэль к их высшему Отцу? Фараон. (65-67)

В час, когда Творец дал Тору Исраэлю, вышел свет от этого великолепия, т.е. Бины,

---

202 Тора, Шмот, 15:6.
203 Тора, Шмот, 14:10.

ИЗБРАННЫЕ ОТРЫВКИ ИЗ КНИГИ ЗОАР

и увенчался им Творец, Зеир Анпин, получив от нее ГАР, которые называются венцом. От этого великолепия исходило сияние всех миров, небосводов и кетеров. Об этом времени сказано: «Выйдите и взгляните, дочери Циона, на царя Шломо, на венец, которым увенчала его мать»[204]. Царь Шломо – это Зеир Анпин, мать – Бина, а венец – ГАР.

А в час, когда был выстроен Храм, украсился Творец этим венцом, и воссел на своем престоле, Малхут, и украсился своими венцами. (296-297)

А Исраэль занимались изучением Торы, которую они изучали в Маре, и соединился с ними завет святости, Есод, и тогда змей Акальтон, ситра ахра, отделился от колодца воды, Малхут, ибо этот змей делал горькими те воды, к которым приводили до сих пор их прегрешения.

Но поскольку они совершили возвращение к Господину Своему, то Творец обучал их путям Древа жизни, Зеир Анпина.

---

204 Писания, Песнь песней, 3:11.

Как сказано: «И указал Он им на дерево»²⁰⁵ – это письменная Тора, Зеир Анпин, «и направил к воде» – это устная Тора, Малхут. «И направил (ва-ишлах)» – состоит из букв «есть у тебя (еш лах יש לך)». «Есть (еш יש)» – это будущий мир, Хохма, имеющаяся в будущем мире, Хохма Бины. Как сказано: «Дать сущее (еш יש) в наследство любящим Меня». «У тебя (лах לך)» – это высшая Има, Бина будущего мира, потому что «лах (לך у тебя)» в гематрии пятьдесят, пятьдесят врат Бины, соединенных с Зеир Анпином. Тогда вода стала сладкой, и опустилась высшая роса из Атика Кадиша, Кетера, и наполнился яблоневый сад, Малхут.

Что было причиной всего этого? Возвращение Исраэля к Господину своему. (Новый Зоар, 8-10)

Вследствие подъема Малхут в Бину, разделяются все ступени надвое – Кетер и Хохма остаются на ступени, а Бина и ТУМ падают с нее, облачаясь в более низкую ступень. А во время гадлута, опускает-

---

205 Тора, Шмот, 15:25.

ся Малхут из Бины на свое место, и тогда поднимаются Бина и ТУМ каждой ступени от нижнего, возвращаясь на свою ступень. И вместе с подъемом своим от нижнего, они берут с собой также и нижнего, поднимая его на место высшего. И поскольку нет исчезновения в духовном, они всегда находятся на месте нижнего, также и после подъема на свою ступень, и таким же образом поднимается каждый нижний к своему высшему. И поэтому называются эти Бина и ТУМ свойством «столп», который есть в каждой ступени, и с помощью него она поднимается на свою, более высокую, ступень.

«Столп один находится посреди моря». Ибо «море» – это Нуква Зеир Анпина от хазе и ниже. А те Бина и ТУМ ступени от хазе и выше Зеир Анпина, которые опускаются туда, называются «столп», потому что по нему восходят все свойства от хазе Зеир Анпина и ниже к ступени от хазе Зеир Анпина и выше. (138)

Итро

Нет создания среди высших и нижних, не записанного в имени Его, и так же каждый записан в Шхине. И самым превосходным из всех сотворенных Им созданий является человек, представляющий собой образ, содержащий в себе весь мир и все существующие в мире создания. И поэтому для Него он милее всех созданий. (Новый Зоар, 13)

И Творец, когда Он сотворил человека, заключил в нем образы высших тайн высшего мира, т.е. Бины, и все образы нижних тайн нижнего мира, т.е. Малхут. И все они высечены в человеке, который существует по образу Творца, поскольку он называется «творением руки», т.е. творением руки Творца. (123)

Когда был сотворен человек, сказано о нем: «Кожей и плотью облек Ты меня»[206].

---

206 Писания, Йов, 10:11. «Кожей и плотью Ты облек меня, костями и жилами покрыл меня».

А что такое сам человек? Разве сам человек – это не кожа, и плоть, и кости, и жилы? Но это не так. Ведь человек, без сомнения, – не что иное, как душа. А эти кожа, плоть, кости, жилы – всего лишь облачение. Это органы (келим) человека, но не сам человек. А когда человек умирает, он освобождается от тех органов (келим), в которые он облачался. (126)

Благословенна доля того человека, которого желает Творец и которого Он приблизил, чтобы он обитал в святом чертоге. Ведь тот, кого Он желает принять на служение Себе, записан, поскольку записывают его свыше, чтобы знать, что он избран для пребывания перед высшим святым Царем в обители Его. И всякий, у кого есть этот знак, проходит все высшие ворота, и никто не остановит его. (259)

Сколькими способами Тора предостерегает человека, чтобы он не грешил пред Господином своим. Сколькими способами она дает ему совет, чтобы он не отклонялся от своего пути ни вправо, ни влево. Сколькими способами она дает ему совет, как вернуться к Господину его, и Он простит его.

Шестьсот тринадцать различных советов дает Тора человеку, как быть в согласии с Господином своим, поскольку Господин его желает доставить ему благо в этом мире и в будущем мире, и более всего – в будущем мире. (331-332)

Этот мир относительно к будущему – как вестибюль относительно к залу. И когда тот праведник удостаивается, он удостаивается предназначенного ему, как написано: «Удела же не будет ему среди братьев его, – потому, что Творец – удел его»[207]. Благословенна доля его. Кто удостаивается унаследовать этот высший удел, удостаивается его в этом мире и в Храме этого мира, и так же удостаивается его в будущем мире и в святом высшем Храме. Как сказано: «И дам Я им в Храме Моем и в стенах Моих память и имя»[208]. Благословенна доля того праведника, обитель которого вместе с Царем в Храме Его. (333)

---

207 Тора, Дварим, 18:2.
208 Пророки, Йешаяу, 56:5. «И дам Я им в доме Моем и в стенах Моих память и имя, лучше сыновей и дочерей – имя вечное дам им, которое не истребится».

ИЗБРАННЫЕ ОТРЫВКИ ИЗ КНИГИ ЗОАР

Если человек идет путем истины, то знающие тайну своего Господина внимательно наблюдают за ним, так как тот дух, что внутри, исправляется в нем, и наружу выступает образ, включающий всё, – образ лика человека, являющийся наиболее совершенным из всех образов и проходящий сейчас перед глазами мудрых сердцем. И когда смотрят на его лик снаружи, открывается взору сердца прелесть лика его, проступающего наружу. (98)

Сказано: «Ибо Он – жизнь твоя и долгие годы твои»[209].

Тот, кто удостоился Торы и не расстается с ней, удостаивается двух жизней: одной – в этом мире, и другой – в будущем. Поэтому сказано (дословно) «жизни твои» во множественном числе, поскольку их две. А тот, кто расстался с Торой, подобен расставшемуся с жизнью. Тот же, кто расстался с рабби Шимоном, как будто расстался со всем. (411)

---

209 Тора, Дварим, 30:20. «Чтобы любил ты Творца, Всесильного твоего, и исполнял волю Его, и прилепился к Нему, ибо Он жизнь твоя (досл. жизни твои) и долгие годы твои».

Горе поколению, которое покинул рабби Шимон! Ведь когда мы стоим перед рабби Шимоном, родники сердца отворяются во всех направлениях, и всё раскрывается. А когда мы расстаемся с ним, мы не знаем ничего, и все родники перекрыты. (412)

Как свеча, от которой зажигают много свечей, но сама она остается целой, поскольку ничего не теряет вследствие зажигания от нее этих свечей, так же и рабби Шимон, владеющий этими свечами, – сам он светит всем, но свет не убывает у него и находится в совершенстве. (413)

Сказал рабби Йудай: «Горе живущим в мире, путь которых подобен животным, и не знают они и не внимают тому, что лучше бы им не быть сотворенными. Горе миру, когда рабби Шимон уйдет из него. Кто сможет раскрыть тайны и кто будет знать их, и кто будет исследовать пути Торы?»

Ответил рабби Шимон: «Мир существует только для товарищей, занимающихся

Торой и постигающих тайны Торы». (478-479)

Сколь осторожен должен быть человек со словами Торы – сколь осторожен должен быть, чтобы не ошибиться в них и не произнести слово в Торе, которого он не знает и которого не получил от своего Учителя! Ведь о том, кто произносит слова Торы, которые он не знает и не получил от своего Учителя, написано: «Не делай себе изваяния и всякого изображения»[210]. (428)

Вся Тора – это святое имя, ведь в Торе нет слова, которое не включалось бы в святое имя. И поэтому следует остерегаться, чтобы не ошибиться в святом имени Его и ничего не изменить в нем. А того, кто изменяет высшему Царю, не пускают в царский дворец, и он исчезнет из будущего мира. (430)

Все молитвы Исраэля – это молитва. Но молитва бедного – выше всех, ведь

---
210 Тора, Шмот, 20:3.

она поднимается до престола славы Царя и украшает Его голову (рош). И Творец возвеличивается этой молитвой, и поэтому именно молитва бедного называется молитвой.

А всех остальных жителей мира иногда Он слышит, а иногда не слышит. Ведь жилище Творца находится среди этих разбитых желаний (келим). Как сказано: «Близок Творец к сокрушенным сердцем»[211]. (414-416)

«И услышал Итро»[212]. Разве может быть, чтобы Итро слышал, а весь мир не слышал? Однако все в мире слышали, но не покорились, и поэтому их слышание нельзя назвать слышанием. А он услышал и покорился, и подчинился Творцу, и приблизился к трепету Его. Поэтому его слышание – это слышание. (28)

Йов испытывал трепет, и в этом трепете была его главная сила – поскольку че-

---

211 Писания, Псалмы, 34:19. «Близок Творец к сокрушенным сердцем, спасает Он смиренных духом».
212 Тора, Шмот, 18:1.

ловек не может притянуть сверху вниз дух, исходящее свыше слово, будь оно от святости или от ситра ахра, и приблизить его к себе, иначе как в состоянии трепета. И он должен направить сердце и желание свое в трепете и сокрушении сердца, и тогда сможет притянуть вниз дух, находящийся выше, и желание, в котором нуждается. (44)

Всё, что Творец делает наверху и внизу, является истинным, и действие Его истинно. И нет ничего в мире, что человек должен был бы отвергать, относясь к нему пренебрежительно, – ведь всё это истинные действия, и всё необходимо в мире.

Написано: «Разве ужалит змей без нашептывания?»[213]. Змей не жалит людей, пока не нашепчут ему свыше, говоря: «Пойди, убей такого-то».

А иногда, так же, как он делает это, так же и спасает человека от других вещей. И через него Творец совершает чудо для людей. И всё это находится в руках Творца, и

---

213 Писания, Коэлет, 10:11. «Разве ужалит змея без нашептывания? Нет разве у языкастого преимущества (перед нею)?»

всё это – деяния рук Его. И мир нуждается в них. А если бы мир не нуждался в них, не делал бы их Творец. Поэтому не должен человек относиться пренебрежительно к происходящему в мире, а к производимому и совершаемому Творцом – тем более. (29-31)

«И увидел Творец (Элоким) всё, что Он сделал, и вот, хорошо очень»[214].
«И увидел Творец (Элоким)», – это Творец (Элоким) жизни, т.е. Бина. «И увидел» – т.е. обратил взор, чтобы светить им и смотреть за ними. «Всё, что Он сделал» – всё в единой целостности, наверху и внизу. «И вот, хорошо», – это правая сторона. «Очень» – это левая сторона. «Хорошо» – это ангел жизни. «Очень» – ангел смерти. И всё это становится одним целым для проникающих в тайны этой мудрости. (32)

Мысль дана человеку для того, чтобы он думал о Создателе миров, соединяя имя Его до бесконечности и беспредельности. И Он создал всё при помощи Бины.

---
214 Тора, Берешит, 1:31.

ИЗБРАННЫЕ ОТРЫВКИ ИЗ КНИГИ ЗОАР

Речь дана человеку, чтобы заниматься с помощью нее Торой, и познавать из нее «Создающего всё». И о Нем сказано: «Создающий свет»[215], потому что речь – это Ецира (создание). И нет иного света, чем Тора, как сказано: «Ибо заповедь – свеча, а Тора – свет»[216]. И это означает «Создающий», ибо Он образовал в человеке лицо, глаза, уши, нос, уста, чтобы с помощью них заниматься Торой и познавать из нее Его самого.

Так Он образовал уста, чтобы говорить о Торе, глаза, чтобы созерцать свет Торы, уши, чтобы внимать с помощью них речениям Торы.

Он образовал нос, и «вдохнул в ноздри его дыхание жизни»[217], чтобы человек, благодаря ему, думал о единстве Имени, как сказано: «Я Творец, созидающий всё»[218] – это нижняя Шхина, Малхут, от которой да-

---

215 Пророки, Йешаяу, 45:7. «Я Творец, и нет иного, создающий свет и творящий тьму...»

216 Писания, Притчи, 6:23. «Ибо заповедь – светильник, и Тора – свет, и назидательные обличения – путь жизни».

217 Тора, Берешит, 2:7.

218 Пророки, Йешаяу, 44:24.

на человеку живая сила (нефеш) разума. Потому что эта нефеш приходит от Малхут, чтобы познавать с ее помощью все деяния Торы, заповеди Торы, Того, кто называется «Созидающим всё», и это – Малхут, в которой находится Асия (созидание).

И это три связи, которые заложены в человеке, разумная душа (нешама), чтобы постигать Созидающего все миры, который говорит и созидает, изрекает и осуществляет. И Он творит, создает и созидает, и всё это – одно целое. Он – бесконечный, изнутри он извлекает всё – от скрытых сил к действию, и Он меняет деяния Свои, а в Нем самом нет изменений. (Новый Зоар, 171-175)

«Жители мира, обладающие разумом и проницательным взором» – т.е. обладающие мудростью, «постигшие веру» – Шхину, «которая была скрыта в вас».

«Кто из вас поднимался и опускался?» – т.е. получал света, которые светят снизу вверх, называемые подъемом, и света, которые светят сверху вниз, называемые падением. «Тот, в ком есть дух святости Творца, поднимется и узнает, что когда возникло желание у белой головы (рош)» – Кетера, «создать человека, она передала свет одному свечению» – Бине, «а это свечение передало свет распространению свечения» – Зеир Анпину, который согласует и освещает две линии Бины, правую и левую. «И это распространение свечения породило души людей».

«Точно так же распространение свечения» – Зеир Анпин, «совершило зивуг и передало свет одной мощной скале» – Малхут, «и эта скала произвела одно пламя, горящее и переливающееся множеством цветов» – состояние зарождения духа (руах), полного судов. «И это пламя поднимается» – переходит в состояние впитывания, когда света светят в нем снизу вверх, «и опускается» – получает ГАР де-руах, когда света светят сверху вниз, но в свойстве судов, из-за отсутствия хасадим, «до тех пор, пока это распространение свечения» – Зеир Анпин, «передает ему свет» – т.е. оно передает ему свойство средней линии и хасадим, «и тогда снова возвращается на свое место и становится духом (руах) жизни» – для Адама Ришона. (223-224)

«И Моше поднялся к Творцу»[219].

Благословенна доля Моше, удостоившегося такой чести – что Тора так свидетельствует о нем. Приди и увидь, что отделяет Моше от остальных людей. Остальные люди, если поднимаются, поднимаются в богатстве, поднимаются в величии, поднимаются на царство. Однако Моше, когда он поднялся, о нем сказано: «И Моше поднялся к Творцу»[236]. Благословенна доля его.

Отсюда мы учим: «Пришедшему очиститься – помогают»[220]. Как сказано: «И Моше поднялся к Творцу»[236]. А после этого сказано: «И воззвал к нему Творец»[236], – потому что того, кто желает приблизиться, приближают. (257-258)

Благословенна доля тех, кто сидит перед рабби Шимоном и удостоился слышать тайны Торы из уст его. Счастливы они в этом мире и счастливы они в будущем мире. Сказал рабби Шимон: «Счастливы вы, товарищи, от которых не укрылась ни

---

219 Тора, Шмот, 19:3.
220 Вавилонский Талмуд, трактат Шаббат, лист 104:2.

одна тайна. Сколько высших мест уготовано для вас в будущем мире!». (170)

Поднял рабби Аба руки над головой, заплакал и сказал: «Свет Торы возносится сейчас до высоты небосвода высшего престола. После того как господин мой уйдет из мира, кто будет светить светом Торы? Горе миру, который останется без тебя сиротой! Однако слова моего господина будут светить в мире, пока не придет царь Машиах. Об этом времени сказано: "И наполнится земля знанием Творца"[221]». (23)

Сказал рабби Шимон: «Счастливы Исраэль, которых Творец назвал "человек". Как написано: "А вы – овцы Мои, овцы паствы Моей, вы – человек"[222].

Почему Он назвал их "человек"? Потому что написано: "А вы, прилепившиеся к Творцу, Всесильному вашему"[223], – вы, а не

---

221 Пророки, Йешаяу, 11:9.

222 Пророки, Йехезкель, 34:31.

223 Тора, Дварим, 4:4. «А вы, прилепившиеся к Творцу, Всесильному вашему, живы все вы сегодня».

остальные народы, поклоняющиеся звездам и созвездиям. И поэтому вы – человек. "Вы называетесь человек, а народы, поклоняющиеся звездам и созвездиям, не называются человек"[224].

После того как человек из Исраэля совершает обрезание, он входит в союз, заключенный Творцом с Авраамом, как сказано: "И Творец благословил Авраама во всем"[225], и сказано: "Ты явишь милость (хесед) – Аврааму"[226]. И он начинает входить. А после того как он удостаивается выполнить заповеди Торы, он входит в свойство человека, относящегося к высшему строению, и соединяется с телом (гуф) Царя, и тогда он называется "человек"». (405-406)

Всё это является одним целым и восходит к одной ступени.

Много различных ликов есть у Творца. Есть лик светящий и лик несветящий, лик нижний, лик дальний и лик ближний, лик

---

224 Вавилонский Талмуд, трактат Йевамот, лист 61:1.

225 Тора, Берешит, 24:1.

226 Пророки, Миха, 7:20.

внутри и лик снаружи, правый лик и левый лик.

Благословенны Исраэль перед Творцом, ведь они связаны с высшим ликом Царя, с ликом, с которым связаны Он и имя Его, а Он и имя Его едины. А остальные народы связаны с дальним ликом, с нижним ликом, и поэтому они далеки от тела (гуф) Царя. (421-422)

Со стороны животной души дни человека скоротечны, малочисленны и никчемны. Потому что все дни человека, прожитые в бедности, страданиях и нужде, не называются жизнью. И уж тем более, если дни эти без Торы и заповедей, не называются они жизнью.

Если он совершил возвращение, то хотя и находится в хвосте «Тельца» или «Быка», имеющемся в любом созвездии со стороны животной души (нефеш), Творец дает ему дополнительный дух (руах) от свойства ангелов, и он поднимается из хвоста созвездий, чтобы стать средним, т.е. посередине всех звезд и созвездий, как и свойство этого духа. Удостоился совершить большее возвращение в мысли своей, Творец дает ему душу (нешама) от свойства престола величия, и он поднимается, чтобы стать во главе всех звезд и созвездий, как и свойство этой души. (Новый Зоар, 73-74)

Мишпатим

Какая же путаница происходит в умах многих людей в мире, которые не умеют изучать Тору истинным путем. И Тора зовет их каждый день с любовью, а они не хотят повернуть голову и послушать ее.

Потому что в Торе слово выходит из своего укрытия, слегка выглядывает и тотчас прячется. И то время, когда оно приоткрывается, выглядывая из своего укрытия, и тотчас прячется, уготовано Торой лишь для тех, кто изучил ее и известен в ней.

Это подобно возлюбленной, «с прекрасной внешностью и хорошим нравом»[227], которая скрывается в своем чертоге. Есть у нее возлюбленный, и хотя люди не знают о нем,

---

[227] Тора, Берешит, 29:17.

все же он скрывается от них. Этот возлюбленный, влекомый чувством любви к ней, каждый раз, проходя ворота ее дома, поднимал глаза, всматриваясь с каждой стороны. Она, зная, что возлюбленный ее непрестанно ходит возле ворот ее дома, приоткрывает маленький проем в чертоге своем, показывая лицо свое возлюбленному. И тотчас скрывается, прячась. Все те, кто был с возлюбленным, не видели этого и не обращали внимания. И лишь сам возлюбленный, который стремился к ней всем своим существом, сердцем и душой, знал, что только из любви, испытываемой к нему, она раскрывается на краткий миг, чтобы разжечь любовь к нему.

Так же и слово Торы раскрывается лишь любящему ее, ибо знает Тора, что этот мудрый сердцем каждый день ходит возле ворот дома ее. Как она действует? Приоткрывает лицо свое, показываясь из чертога и давая ему намек, а затем тотчас возвращается на свое место и скрывается. Все те, кто был там, не знали об этом и не обращали внимания, – лишь он один всем своим существом, сердцем и душой стремился к ней. И поэтому Тора приоткрывается и скрывается, и отвечает любовью тому, кто любит ее, чтобы вместе с ним разжечь эту любовь. (97-99)

Путь Торы. Вначале, когда она начинает раскрываться человеку, то делает ему намек. Если он знает об этом – хорошо. А если не знает – она посылает сообщить ему, что он глупец. И Тора передает с тем, кого посылает к нему: «Скажи этому глупцу, чтобы поскорее пришел сюда, и я поговорю с ним». Как сказано: «Пусть глупый заглянет сюда и бессердечный»[228]. Человек приближается к ней, и она начинает говорить с ним из-за завесы, обращая к нему слова согласно путям его, пока он не начинает медленно и постепенно вникать. И это называется иносказанием.

Затем она говорит с ним, скрываясь за тонкой накидкой, загадками, и это – агада (сказание). А затем, когда он привыкает к ней, она открывается ему лицом к лицу, и

---

[228] Писания, Притчи, 9:4.

делится с ним всеми сокровенными тайнами, рассказывая о всех скрытых путях, которые прятала она в сердце своем с самых первых дней. Тогда он становится правителем, владеющим Торой, господином в доме, ведь она раскрыла ему все свои тайны, ничего не утаив и не скрыв от него.

Сказала ему Тора: «Ты понял намек, который я сделала тебе вначале? Такие и такие тайны скрывались в нем, означающие это и это». И тогда видит он, что к этим словам Торы ничего нельзя прибавить и ничего нельзя убавить от них. И тогда простое толкование Писания раскрывается в своем истинном виде, где даже одну букву не прибавить и не убавить. Поэтому люди должны быть осмотрительны и устремляться за Торой, чтобы относиться к любящим ее. (100-102)

Вся Тора – это имя Творца. Изучающий ее, словно изучает святое имя, потому что вся Тора – это одно святое имя, высшее имя, имя, включающее остальные имена. Убавляющий хотя бы одну букву от нее, словно порочит святое имя. «Имени чужих божеств не поминайте»²²⁹ означает – не добавляйте к этой Торе и не убавляйте от нее, ибо это порочит святое имя и придает силу чужим божествам. «Имени чужих божеств»²⁴⁵ – это изучение чужих книг, которые не принадлежат стороне Торы. «Не будет оно произнесено устами вашими»²⁴⁵ – ведь запрещено даже упоминать о них и изучать их толкования, и тем более их толкования Торы. (543)

Обратился Моше к Элияу: «Элияу! Даже простой человек, который благословляет и возглашает о святости и приводит к единству Царицу, сколько станов Царицы поднимаются вместе с ним, и станы Творца опускаются к нему. И все они предназначены хранить его и сообщать этому духу о множестве новых и грядущих событий в пророческом сне, и о множестве тайн. Как Яаков, о котором сказано: "Вот ангелы Творца восходят и нисходят

---

229 Тора, Шмот, 23:13.

по этой лестнице"[230]. О станах Творца и Царицы сказано: "И нарек имя тому месту Маханаим (два стана)"[231]. Однако сами Царь и Царица не совершают нисхождения туда. Но если он совершил возвращение, то сам Творец нисходит к духу его».

(Ответил Элияу:) «Это так! Но поскольку в каждой заповеди было твое старание привести к единству Творца и Шхину Его, во всех станах наверху и внизу, то Творец и Шхина Его и все Его станы наверху и внизу соединяются благодаря силе духа твоего в каждой заповеди». (466)

Насколько же должен остерегаться человек не совратить пути свои в этом мире. И если удостоился человек в этом мире и хранит душу свою как подобает, то желанен он Творцу, и возвышается Им каждый день среди приближенных Его. И говорит Он: «Смотрите – вот сын Мой святой, который находится у Меня в этом мире, совершил такие-то и такие-то деяния, – так-то и

---

230 Тора, Берешит, 28:12.
231 Тора, Берешит, 32:3.

так-то они исправлены».

И когда эта душа выходит из этого мира невинной, чистой и светлой, Творец светит ей множеством светов. (59-60)

Сказано: «И увидел Всесильный всё, что Он создал, и вот, хорошо очень»[232]. «Хорошо» – ангел добра, «очень» – ангел смерти. И Творец приводит человека к исправлению во всем, когда даже ангел смерти снова становится свойством «хорошо очень». (165)

Нет ничего в мире, способного противостоять стремящимся к возвращению. И Творец, конечно же, принимает всех их. Если человек совершает возвращение, то уготован для него путь жизни. И несмотря на то, что он сделал все эти нарушения, всё исправляется и возвращается к надлежащему виду.

Ибо Творец полон милосердия и преисполнен милосердием ко всем созданиям Своим, как сказано: «И милосердие Его – ко

---
[232] Тора, Берешит, 1:31.

ИЗБРАННЫЕ ОТРЫВКИ ИЗ КНИГИ ЗОАР

всем созданиям»²³³. Даже к животным и птицам приходит милосердие Его. И если милосердие Его приходит к ним, то тем более – к людям, которые знают и постигают, как восславлять Господина своего, приходит милосердие Его и пребывает над ними. (228-230)

Если на грешников распространяется милосердие Его, то уж тем более – на праведников. Но кто нуждается в исцелении? Те, кто испытывает боль. А кто испытывает боль? Те, кто считаются грешниками. Именно они нуждаются в исцелении и милосердии, чтобы Творец смилостивился над ними и не оставлял их, и не удалялся от них, дабы они совершили возвращение к Нему.

Если Творец приближает, Он приближает правой рукой, а если отталкивает, то отталкивает левой. И в час, когда отталкивает, правая приближает. С этой стороны – отталкивает, а с этой – приближает. И Творец не покидает их, лишая своего милосердия. (231)

---

233 Писания, Псалмы, 145:9.

И как бы глубоко не были упрятаны речения этой мудрости в каждом слове Торы, все же они познаются мудрецами, постигающими пути Торы. (22)

Творец все совершаемые Им скрытые деяния вносит в святую Тору, и всё находится в Торе. И Тора, приоткрыв скрытое в ней, тотчас облачается в другое одеяние, скрытое там, и не открывается. Но мудрецы, наделенные прозорливостью, хотя слово скрыто в своем облачении, видят его, постигая внутреннюю суть облачения. А в час, когда раскрывается это слово, прежде чем оно опять прячется в свое облачение, они проникают в него проницательным взором, и хотя оно сразу же исчезает, все же не ускользает от их взора. (93)

«Возложи меня печатью на сердце твое, печатью на руку твою, ибо сильна как смерть любовь, тяжка как преисподняя ревность»[234].

«Возложи меня печатью»[262]. В час, когда соединилась Кнесет Исраэль, Малхут, с

---

234 Писания, Песнь песней, 8:6.

мужем своим, Зеир Анпином, она сказала: «Возложи меня печатью на сердце твое»²⁶² – поскольку прилепилась я к Тебе, весь образ мой будет запечатлён в Тебе, и куда бы Ты ни пошел, мой образ, запечатлённый в Тебе, напомнит обо мне.

«Печатью на руку твою»²⁶². Как сказано: «Левая рука его под моей головой, а правая обнимает меня»²³⁵ – чтобы был образ мой запечатлён там, и так я буду соединена с Тобой навек и не забуду о Тебе. «Ибо сильна как смерть любовь»²⁶² – которая по силе своей не уступает тому месту, в котором пребывает смерть. Любовь – это то место, которое называется «вечная любовь».

«Тяжка, как преисподняя, ревность»²⁶² – как и в случае любви, ибо понятия «любовь» и «ревность» исходят от левой стороны. «Сжигает она, словно огненное пламя»²⁶². «Пламя» – это драгоценные камни и жемчужины, высшие ступени, порождённые этим огнём, т.е. пламенем, которое исходит от высшего мира, от левой линии Бины, и соединяется с Кнесет Исраэль, чтобы всё слилось в полном единстве. Ведь любовь и пламя

---

235 Писания, Песнь песней, 2:6.

сердечного огня не оставляют тебя. «Да будет желанием Твоим, чтобы образ наш был запечатлен в сердце Твоем так же, как Твой образ запечатлен в наших сердцах». (367-369)

«И пойдет в дерзости по указанию сердца своего»[236]. А затем сказано: «Пути его видел Я, и исцелю его, и буду направлять его, наполню утешениями его и скорбящих о нем»[237]. Хотя грешники поступают злоумышленно и следуют указанию сердца своего, не желая прислушиваться ни к каким предупреждениям, все же в час, когда раскаиваются и выходят на добрый путь возвращения, то уготовано для них исцеление.

О ком же говорится в отрывке – о живых или о мертвых? Ведь начало отрывка не соответствует концу, а конец – началу. Начало отрывка указывает на живых, и говорится: «И пойдет в дерзости»[264], а конец его указывает на мертвых, и говорится: «Наполню

---

[236] Пророки, Йешаяу, 57:17.
[237] Пророки, Йешаяу, 57:18. «Пути его видел Я, и исцелю его, и буду вести его, наполню утешениями его и скорбящих о нем».

утешениями его и скорбящих о нем»²⁶⁵. Но говорится еще при жизни человека. И тогда: «Пойдет в дерзости по указанию сердца своего»²⁶⁴ – поскольку злое начало в нем обладает большой силой и возрастает в нем. И поэтому: «Пойдет в дерзости»²⁶⁴, и не пожелает совершить возвращение.

Творец видит пути его, что идет он путями зла, не принося никакой пользы. Говорит Творец: «Я должен держать его за руку». «Пути его видел Я»²⁶⁵ – что идет он во тьме, и Я желаю принести ему исцеление, «и исцелю его»²⁶⁵. Творец открывает его сердцу путь возвращения и дает исцеление душе его. «И буду вести его»²⁶⁵, как сказано: «Иди, веди этот народ»²³⁸ – Творец ведет его прямым путем, подобно тому, как один человек берет другого за руку и выводит его из тьмы. (232-234)

Трума

Творец окажет милость тебе и услышит голос твой в час, когда вознуждаешься ты в Нем. (560)

---

238 Тора, Шмот, 32:34.

Человеческая глупость застилает людям глаза. Они не знают и не проверяют, для чего они находятся в этом мире, и не беспокоятся о том, чтобы раскрыть величие высшего Царя в этом мире, и уж тем более о том, чтобы раскрыть величие высшего мира и на чем оно основывается, и как разъясняются все эти вещи. (294)

Как лань и олень, в час, когда удаляются, сразу же возвращаются к тому месту, которое оставили, так же и Творец, – хотя и удаляется наверх, в мир Бесконечности, сразу возвращается на место Свое, поскольку Исраэль внизу объединяются в Нем и не оставляют Его, не давая забыть о них и отдалиться от них. Поэтому сказано: «Сила моя, на помощь мне спеши!»[239]

И поэтому необходимо соединяться в Творце, и держаться за Него, подобно опускающемуся сверху вниз, чтобы человек не оставлял Его даже на мгновение. (224-225)

---

239 Писания, Псалмы, 22:20.

Счастлив человек, делающий это своим желанием, – добиваться совершенства Господина своего каждый день. (122)

«Пусть возьмут Мне возношение»[240]. Человек, желающий проявлять усердие в этой заповеди и усердствовать в отношении Творца, должен заботиться о том, чтобы старания его не были напрасны и не пропали даром, но стараться делать это как полагается, согласно его силам. Человеку подобает прилагать усилия в соответствии полученному от Творца, как сказано: «Каждый пусть принесет, сколько он может, по благословению Творца, Всесильного твоего, которое Он дал тебе»[241]. (34)

«Если будете просить»[242], обращая свои просьбы в молитве к Царю, «то проси-

---

240 Тора, Шмот, 25:2. «Говори сынам Исраэля – пусть возьмут Мне возношение, от имени всякого человека, побужденного сердцем своим, берите Мне возношение».
241 Тора, Дварим, 16:17.
242 Пророки, Йешаяу, 21:12. «Сказал страж: "Утро настало! Как и ночь. Если будете просить, то просите. Возвращайтесь. Приходите"».

те» – молитесь и просите, обращая просьбы ваши, и «возвращайтесь» – к Господину вашему. «Приходите» – подобно приглашающему сыновей своих, чтобы принять их и смилостивиться над ними. Также и здесь – Творец утром, а также ночью призывает, говоря: «Приходите». Счастливы относящиеся к святому народу, поскольку их Господин желает их и призывает, чтобы приблизить к Себе. (86)

Когда мы видим, что стремление человека – прилагая все силы неотступно следовать за Творцом всем своим сердцем, душой и желанием, то мы достоверно знаем, что там присутствует Шхина. И тогда нужно приобрести расположение этого человека любой ценой, соединиться с ним и учиться у него. Об этом сказали мудрецы: «Приобрети себе товарища»[243] – за полную цену ты должен приобрести его, чтобы удостоиться Шхины, пребывающей в нем. Столь неотступно нужно следовать за праведником, приобретая расположение его. (39)

---

243 Пиркей Авот, 1:6.

Все врата запираются и закрываются, а врата слез не закрываются. Слезы появляются только в состоянии горести и печали. И тогда хранители ворот убирают все преграды и замки и впускают эти слезы, и эта молитва входит, представая перед святым Царем.

Тогда это место, Малхут, угнетена, поскольку чувствует печаль и угнетенность этого человека. Ведь горе человека доходит до Шхины. И стремление высшего мира, Зеир Анпина, к этому месту, Малхут, подобно влечению мужчины (захар), всегда направленному к женщине (нукве). Поэтому, когда Царь, Зеир Анпин, входит к Царице, Малхут, и застает ее в печали, то всё, что пожелает она, будет сделано для нее. И этот человек, или эта молитва, не останутся без ответа, и Творец обратит к нему милосердие Свое. Благословенна участь того человека, который в слезах изливает молитву свою перед Творцом. (715-716)

С того дня, как человек наследует душу (нешама), состоящую из Творца и Шхины, он называется «сын».

Давид описывает это в книге Псалмов, говоря: «Возвещу о законе Творца. Сказал Он мне: "Ты сын Мой, Я сегодня породил тебя"»[244]. И это происходит с каждым человеком в час, когда он постигает душу (нешама). (590)

Когда человек видит праведников или достойных людей поколения, и встречается с ними, то, несомненно, они – лицо Шхины. И называются они лицом Шхины потому, что Шхина скрывается внутри них. Шхина в них находится в скрытии, а сами они раскрыты. И те, кто близок Шхине, называются лицом ее. Кто же они, близкие ей? Это те, с кем она исправляется, чтобы предстать перед высшим Царем, Зеир Анпином. Они поднимают МАН, чтобы соединить Творца со Шхиной Его. (680)

Заплакал рабби Шимон, сказав: «Я знаю, конечно, что дух высшей святости бьется в ваших сердцах. Счастливо это поколение, потому что не будет поколения, по-

---
[244] Писания, Псалмы, 2:7.

добного этому, до прихода царя Машиаха, ибо возвращается Тора в место сокровения своего. Счастливы праведники в этом мире и в мире будущем». (383)

Царь Шломо внимательно наблюдал и видел, что даже в этом поколении, которое было совершеннее всех остальных поколений, не было благоволения высшего Царя, чтобы через него мудрость раскрылась в достаточной мере и чтобы раскрылась Тора, которая вначале была недоступна. И он начал раскрывать врата к ней. Но несмотря на то, что раскрывал, они все же остаются закрытыми для всех, кроме тех мудрецов, которые удостоились, но не могли выразить их и не умели объяснить их. А к тому поколению, в котором находится рабби Шимон, благоволит Творец ради рабби Шимона, чтобы раскрылись скрытые слова через него.

Но удивляюсь я мудрецам поколения – как они упускают даже одно мгновение стоять перед рабби Шимоном и учиться Торе в то время, как рабби Шимон находится в мире! Однако в этом поколении мудрость уже не исчезнет из мира. Горе поколению после того, как он уйдет, и убудет число мудрецов, и мудрость эта исчезнет из мира. (421-422)

В прежние дни один человек говорил другому: «Поведай мне хотя бы одно речение Торы, и вот тебе деньги». Теперь же, когда один человек говорит другому: «Вот тебе деньги и занимайся Торой», то нет никого, кто бы обратил внимание, и нет никого, кто бы прислушался, кроме тех малочисленных праведников, которыми восславляется Творец. (924)

После того, как был создан мир, ничто не могло утвердиться, пока не пожелал Он создать человека, чтобы тот занимался Торой, и с помощью нее укреплялся мир.

Теперь каждый, кто изучает Тору и занимается ею, он словно укрепляет весь мир. Творец смотрел в Тору и создавал мир, человек смотрит в Тору и укрепляет мир. Таким образом, создание и укрепление всего мира – это Тора. Поэтому счастлив человек, занимающийся Торой, ибо он укрепляет мир. (640)

Заповедь изучать Тору каждый день – это заповедь постижения высшей веры, постижения путей Творца. Каждый, занимающийся Торой, удостаивается этого мира и удостаивается мира будущего, и избавляется от всех злобных обвинений, поскольку Тора – это учение о достижении веры. Тот, кто изучает ее, изучает высшую веру, и Творец поселяет в нем свою Шхину, чтобы не отходила она от него. (147)

Нужно неотступно следовать за постигшим слово Торы и учиться у него этому слову, чтобы выполнить сказанное: «От имени всякого человека, побужденного сердцем своим, берите Мне возношение»[268]. Тора – это Древо жизни, поскольку дарует жизнь тому, кто укрепляется в Торе, укрепляется в Древе жизни. Как сказано: «Древо жизни она для придерживающихся ее»[245].

Сколько же высших тайн есть у того, кто занимается Торой. Когда он удостаивается связаться с высшей Торой, Зеир Анпином, то уже не оставляет ее в этом мире и не

---
245 Писания, Притчи, 3:18.

оставляет ее в мире будущем, и даже в могиле уста его изрекают Тору. Как сказано: «Он заставляет говорить уста спящих»²⁴⁶. (148-149)

Заповеди Торы – это части и органы, подобные высшим. И когда все они соединяются в одно целое, то поднимаются в единое место, называемое Скиния, в котором все органы и части восходят к свойству «Адам (человек)» в соответствии заповедям Торы, потому что все заповеди Торы относятся к свойству «Адам (человек)», включающему сторону захар (мужскую) и некева (женскую), т.е. ЗОН. И когда они соединяются вместе, то становятся одним целым – свойством «Адам (человек)». И тот, кто убавляет хотя бы одну заповедь в Торе, как будто умаляет образ веры, Малхут, ведь у человека все органы находятся в единстве. И поэтому всё восходит к этому единству. (666)

Благословенна участь того, кто прилагает усилия в постижении Господина сво-

---

246 Писания, Песнь песней, 7:10.

его, счастлив он в этом мире и счастлив в мире будущем. (111)

Творец сотворил человека в мудрости и сделал его с величайшим искусством, и вдохнул в него дух жизни, чтобы познавать и созерцать тайны мудрости, познав величие Господина своего. Как сказано: «Каждого, названного именем Моим и во славу Мою, сотворил Я его, создал Я его и сделал Я его»[247]. Потому что величие внизу, называемое святым престолом, т.е. Малхут, устанавливается наверху лишь благодаря исправлениям живущих в этом мире.

Когда люди праведны и благочестивы и умеют производить исправления ради этого величия, т.е. Малхут, тогда говорится: «Для величия Моего сотворил Я его»[275] – т.е. ради этого «величия Моего», чтобы установили его с помощью незыблемых основ, ХАГАТ, и чтобы увенчали его исправлениями и украшениями внизу, т.е. подняли МАН снизу, притянув к ней мохин, называемые «украшения», чтобы возвысилось величие

---
[247] Пророки, Йешаяу, 43:7.

Мое благодаря праведникам, живущим на земле. (528-529)

Восславление Песни песней заключает в себе полностью всю Тору, полностью всё начало действия творения, всех праотцев, всё египетское изгнание и выход Исраэля из Египта, песнь моря: «И тогда воспел Моше»[248], все десять речений, стояние у горы Синай, включает всё то время, когда переходили Исраэль пустыню, вплоть до вступления на эту землю и возведения Храма, включает всю совокупность венчания высшего святого имени любовью и радостью, всю совокупность изгнания Исраэля среди народов и избавления их, всё возрождение мертвых вплоть до дня, называемого «субботой Творцу», дня, который весь – суббота грядущего будущего, включающего и то, что он сейчас представляет собой, и то, что было, и то, что должно произойти затем, в седьмой день, в седьмом тысячелетии, когда наступит суббота Творцу, – всё это заключено в Песни песней. (325)

---

248 Тора, Шмот, 15:1.

В час, когда Исраэль соединяются в единстве во время произнесения отрывка из двадцати пяти букв: «Слушай, Исраэль! Творец – Создатель наш, Творец един!»[249] и: «Благословенно имя величия царства Его вовеки»[250], состоящего из двадцати четырех букв, каждый должен стремиться во время произнесения их соединить эти буквы вместе и поднять их в полном единстве сорока девяти (мэм-тэт) ворот, в «пятидесятый год (йовель)», в Бину. Ибо 25 и 24 вместе составляют 49. И тогда нужно подняться до Бины, но не более, и раскрываются тогда 49 врат Бины, и Творец ставит в заслугу этому человеку, как будто он выполнил всю Тору, раскрывающуюся в сорока девяти ликах.

И поэтому человек должен сосредоточиться в своем сердце и желании во время произнесения единства «двадцати пяти» и «двадцати четырех», и поднять их в желании сердца к сорока девяти вратам. А после того, как сделал это, должен устремиться к един-

---

249 Тора, Дварим, 6:4. «Слушай, Исраэль! Творец – Создатель наш, Творец един».

250 Из молитвы «Шмона Эсрэ (Восемнадцать)».

ству «Шма Исраэль»[277] и «Благословенно имя величия царства Его вовеки»[278], являющихся совокупностью всей Торы в целом. Благословенна участь того, кто стремится соединиться с ними, ибо это, безусловно, совокупность всей Торы наверху и внизу. Такой человек называется совершенным, поскольку неразрывны в нем захар и нуква («Шма Исраэль»[277] – это свойство захар, «Благословенно имя величия царства Его вовеки»[278] – это свойство нуква), и в этом заключена вся вера. (245-246)

В час, когда Исраэль приходят в дом собрания и возносят свою молитву, и достигают возглашения: «Избавивший Исраэль», приближая избавление к молитве, и не останавливаются посередине, приводя тем самым к сближению Есода, называемого «избавление», с Малхут, называемой «молитва», тогда Нецах поднимается над «рош» Малхут и становится для нее Кетером.

И выходит воззвание, гласящее: «Счастливы вы, святой народ, совершаю-

ИЗБРАННЫЕ ОТРЫВКИ ИЗ КНИГИ ЗОАР

щие это благо» – т.е. приводящие к единству Есода, называемого «благо», «перед Творцом». Как сказано: «И благо пред Тобою совершал я»[251] – приближал избавление к молитве. И в тот час, когда приходят к восславлению высшего, Творца, когда поднимается Нецах над «рош», пробуждается праведник, Есод Зеир Анпина, к соединению в необходимом месте – в любви, в согласии, в радости и желании. И все органы, все сфирот соединяются в едином стремлении, включаясь друг в друга, высшие в нижних. Тогда все свечи, т.е. все ступени, светятся ярким пламенем, и все они находятся в едином соединении с этим праведником, зовущимся «благо». Как сказано: «Скажите о праведнике: благо»[252]. (43-44)

«В час, когда Исраэль достигают единства воззвания "Шма Исраэль"[253] в полном желании, выходит из сокрытия выс-

---

251 Пророки, Мелахим 2, 20:30.

252 Пророки, Йешаяу, 3:10.

253 Тора, Дварим, 6:4. «Слушай, Исраэль! Творец – Создатель наш, Творец един».

шего мира» – из высших Аба ве-Има, «один свет» – тропинка Абы, «и этот свет ударяет в твердую искру» – Есод Имы, «и делится на семьдесят светов», из которых образуются мохин ИШСУТ, – т.е. семь нижних сфирот (ЗАТ) Аба ве-Има, ХАГАТ НЕХИМ, каждая из которых состоит из десяти. «И эти семьдесят светов наполнили свечением семьдесят ветвей Древа жизни» – сфирот ХАГАТ НЕХИМ Зеир Анпина, каждая из которых состоит из десяти.

«Тогда это Дерево» – Зеир Анпин, «возносит благоухания и ароматы» – свечение Хохма, «и все деревья, находящиеся в Эденском саду» – т.е. в Малхут, «все они возносят благоухания и восславляют Господина своего» – т.е. Зеир Анпина, ибо тогда исправляется Малхут, чтобы войти под хупу с мужем своим, Зеир Анпином. «И все высшие части» – сфирот Зеир Анпина, «все они соединяются в едином стремлении и желании быть одним целым, без всякого разделения, и тогда направляется муж ее» – Зеир Анпин, «к ней» – к Малхут, «чтобы войти под хупу, соединившись в неразрывном единстве с Малхут». (125-126)

ИЗБРАННЫЕ ОТРЫВКИ ИЗ КНИГИ ЗОАР

Счастливы праведники, умеющие обращать желание сердца своего к высшему святому Царю, и всё устремление их сердца направлено не к этому миру, к его преходящим страстям, но они умеют и стараются обратить желание свое к слиянию с высшим, чтобы благоволение Господина их низошло к ним сверху вниз.

Из какого места они берут желание Господина их, чтобы притянуть его к себе? Они берут его из одного высшего места святости, от которого исходят все святые желания. Это означает: «От имени всякого (коль) человека»[254] – т.е. праведника, Есода Зеир Анпина, называемого «коль (всё)». Как сказано: «Превосходство земли – во всём (беколь) оно»[255]. И сказано: «Поэтому все (коль) повеления Твои – все справедливы»[256]. «Человек», «человек праведный» – это праведник, Господин дома, Есод, Господин

---

254 Тора, Шмот, 25:2. «Говори сынам Исраэля – пусть возьмут Мне возношение. От имени всякого человека, побужденного сердцем своим, берите Мне возношение».

255 Писания, Коэлет, 5:8.

256 Писания, Псалмы, 119:128.

Малхут, называемой «дом». И желание Его всегда обращено к Матроните, Малхут, как у мужа, любящего всегда свою жену. «Побужденного сердцем своим»[282] – т.е. любящего ее. «Сердце Его» – это его Госпожа (Матронита), Малхут, называемая «сердце», и «побуждено» оно слиться с Ним.

И несмотря на то, что они испытывают большую любовь друг к другу, и не разлучаются никогда, всё же «от всякого (коль) человека»[282] – Есода, Господина дома, Господина Матрониты, «берите Мне возношение»[282] – т.е. Малхут. В мире повелось, что если у человека хотят отнять жену, он строго следит за этим и не оставляет ее. Однако Творец ведет себя не так, ведь сказано: «И вот возношение»[257] – это Кнесет Исраэль, т.е. Малхут, и хотя вся ее любовь – к Нему, а Его любовь – к ней, берут ее у Него, чтобы пребывала она среди них, из высшего места, в котором находится вся любовь жены и мужа ее, т.е. из

---

257 Тора, Шмот, 25:3. «И вот возношение, которое вы возьмете у них...»

Есода, оттуда «берите Мне возношение»[282]. Благословен удел Исраэля, и счастливы все, кто удостоился этого. (151-153)

Сказал рабби Шимон: «Моше не умер. Но ведь сказано: "И умер там Моше"[258]? И также в любом месте, где сказано о смерти праведников, – что означает смерть? С нашей стороны это называется именно так, однако со стороны высших, наоборот, добавляется ему жизнь. Того, кто пребывает в совершенстве и святая вера сопутствует ему, смерть не преследует, и он не умирает. Так было с Яаковом, который достиг полной веры, и поэтому Яаков не умер». (888)

Рабби Йоси и рабби Хия шли по дороге, и какой-то погонщик шел за ними, подгоняя ослов.

Сказал рабби Йоси рабби Хия: «Мы должны приложить особое старание, занимаясь речениями Торы, ибо Творец идет перед нами. И поэтому пришло время совершить для Него исправления, чтобы Он

---
258 Тора, Дварим, 34:5.

был с нами на этом пути». Погонщик обычно покалывает ослов острием палки, чтобы они поторапливались при ходьбе.

Заговорил рабби Хия, провозгласив: «Время действовать ради Творца! Нарушили они Тору Твою!»[259]. Потому что в любое время, когда Тора выполняется в мире, и люди занимаются ею, Творец словно рад деянию рук Своих, и радость пребывает во всех мирах, и небеса и земля могут существовать. И кроме того, Творец собирает всё Свое окружение и говорит им: «Смотрите на святой народ, который есть у Меня на земле! Тора украшается благодаря им! Посмотрите на деяние рук Моих, о котором сказали вы: "Кто такой человек, чтобы помнил Ты о нем?"[260]» И они, когда видят, как радуется Господин их народу Своему, сразу же начинают возглашать: «И кто как народ Твой, Исраэль, – племя единое на земле?!»[261]

А в час, когда Исраэль перестают изучать Тору, то словно ослабляется сила Его,

---

259 Писания, Псалмы, 119:126.

260 Писания, Псалмы, 8:5.

261 Писания, Диврей а-ямим 1, 17:21.

как сказано: «Твердыню, породившую тебя, ослабил ты»[262]. И тогда сказано: «И всё воинство небесное восстало»[263]. И поэтому: «Время действовать ради Творца»[287]. То есть оставшиеся праведники должны собраться с силами и совершать добрые деяния для того, чтобы Творец усилился в них – в праведниках, станах и войсках Его. Поскольку: «Нарушили они Тору Твою!»[287] – и не занимаются ею жители мира, как полагается. (536-538)

«И сказал Творец: "Да будет свет!" И стал свет»[264].

Этот свет скрыт. И он предназначен для праведников в будущем мире. Как сказано: «Свет, посеянный для праведника»[265] – что указывает как на высшего праведника, так и на нижнего праведника. И этот свет был использован в мире только в первый день, а затем был упрятан и больше не использовался.

---

262 Тора, Дварим, 32:18.

263 Писания, Диврей а-ямим 2, 18:18.

264 Тора, Берешит, 1:3.

265 Писания, Псалмы, 97:11.

Если бы он был упрятан от всего и вся, мир не мог бы простоять даже одно мгновение, но он был упрятан, и посеян, подобно тому, как сеют семя, и оно дает порождения, побеги и плоды. И благодаря ему (этому свету) держится мир. Нет дня в мире, который не брал бы свое начало от него. И он поддерживает всё, ибо с помощью него Творец дает питание всему миру. И в любом месте, где занимаются Торой ночью, выходит одна нить этого скрытого света и протягивается над теми, кто занимается Торой. Как сказано: «Днем явит Творец милость Свою, а ночью – воспевание Его со мной»[266]. (414-415)

Посмотри, насколько милосерден Творец к своим созданиям. Даже самый большой грешник, помышлявший о возвращении и умерший, так и не совершив возвращения, конечно же получает наказание за то, что он покинул мир, не совершив возвращения. Но в дальнейшем то желание, которое он заронил в сердце свое, «совершить возвращение», не исчезает из поля зрения высшего Царя. И Творец

---

[266] Писания, Псалмы, 42:9.

устраивает для такого грешника место в аду, и там он добивается возвращения. Ибо желание нисходит от Творца и сокрушает все силы стражников, стоящих на вратах отделений преисподней, и достигает того места, где находится этот грешник, и бьется в нем, пробуждая в нем желание совершить возвращение, как было у него раньше, при жизни. И тогда эта душа добивается того, чтобы подняться из этого места в аду. (440)

Нет хорошего желания, которого не заметил бы святой Царь. Поэтому счастлив тот, у кого хорошие помыслы по отношению к Господину его. И хотя человек не может воплотить их, Творец засчитывает ему это желание, словно он воплотил его. Но это – когда оно направлено к добру. Однако и желание совершить зло Творец не засчитывает за проступок, кроме как мысли об идолопоклонстве. (441)

Вошли рабби Эльазар и рабби Аба в дом. Когда разделилась ночь, встали они, чтобы заниматься Торой.

Сказал рабби Аба: «Теперь, конечно же, время благоволения Творца. Ведь мы много раз объясняли, что в час, когда разделяется ночь, входит Творец вместе с праведниками в Эденский сад и радуется с ними. Счастлив тот, кто занимается Торой в эту пору».

Говорится, что Творец радуется с праведниками – как радуется? Но в тот момент, когда ночь разделяется, пробуждается Творец вследствие любви левой стороны к Кнесет Исраэль, Малхут, ибо любовь приходит только от левой стороны. То есть Он облачает Хохму левой линии в хасадим средней линии, и Хохма восполняется. А у Кнесет Исраэль нет приношения, чтобы принести его в жертву Царю, и нет ничего значительного и прекрасного, и только этот дух (руах) праведников, облаченными в который видит их Творец вследствие многочисленных добрых деяний и вследствие многочисленных заслуг, приобретенных ими в этот день, и они – желанны Творцу более всех жертвоприношений и всесожжений, ибо Творец обоняет в них благоухание приятное[267], производимое Исраэлем.

---

267 Тора, Ваикра, 23:13.

Тогда начал светить свет, т.е. начал светить свет Хохма, после того, как облачился в хасадим средней линии. И тогда все деревья в Эденском саду возносят песнь, и праведники украшаются там блаженством будущего мира, т.е. свечением Хохма, называемым «блаженство (эден)». И когда человек пробуждается ото сна в этот час, чтобы заниматься Торой, он получает свою долю вместе с праведниками, пребывающими в Эденском саду. (878-880)

«Жаждет Тебя душа моя, стремится к Тебе плоть моя»[296] – подобно тому, кто голоден и жаждет есть и пить, **«в земле пустынной, без воды изнемог я»**[296] – Малхут во власти левой линии, и это черный свет, из-за отсутствия хасадим, называемых «водой». И тогда она – пустыня, а не место поселения и не святое место, и поэтому она определяется как место «без воды». Поэтому исправил ее Давид и притянул в нее воду от Зеир Анпина. И как мы испытываем голод и жажду к Тебе, стремясь добиться хасадим в этом месте, «так в святости созерцал я Тебя, чтобы видеть силу Твою»[268]. Потому что голод и жажда приводят к подъему МАН и притяжению хасадим от Зеир Анпина, чтобы облачить черный свет Малхут, и тогда она возвращается к святости и светит. (261)

«Благословите (эт) Творца»[269]. «Эт» – указывает на Малхут, называемую «эт». «Эт» – это суббота кануна субботы, ночь субботы, Малхут.

«Благословен Творец благословенный». «Благословен» – это исход благословений от источника жизни и место, из которого выходит всё орошение для питания всего, Есод Бины. И поскольку это источник, наполняющий место, называемое «знак союза», Есод Зеир Анпина, называют его «благословенный», и это родник колодца, т.е. Есод, являющийся родником Малхут, называемой «колодец». И поскольку это источник, наполняющий место, называемое «знак союза», Есод Зеир Анпина, называют его «благословенный», и это родник, питаю-

---

268 Писания, Псалмы, 63:3.
269 Благословение перед чтением Торы.

щий колодец, т.е. Есод, являющийся родником, питающим Малхут, называемой «колодец». И поскольку благословения приходят в Есод Зеир Анпина, то, конечно же, этот колодец наполняется, и вода в нем никогда не иссякает, т.е. хасадим, называемые «вода».

Поэтому не говорят: «Благословен (эт) Творец благословенный», а «благословен Творец благословенный», ведь если бы не приходил в Есод Зеир Анпина родник от высшего источника, Есода Бины, то вовсе не наполнялся бы колодец, т.е. Малхут. Ибо Малхут может наполняться только от Есода Зеир Анпина, и поэтому говорят: «Благословенный», что указывает на Есод Зеир Анпина. «Благословенный» – поскольку он восполняет и орошает «вовеки», и это суббота кануна субботы, Малхут. И мы произносим благословения, относя их к месту, называемому «благословенный», Есоду Зеир Анпина. И после того, как они приходят туда, все они нисходят «вовеки», т.е. к Малхут. «Благословен Творец благословенный» означает – до Есода Зеир Анпина, называемого «благословенный», доходят благословения от высшего мира, Бины. И все они нисходят «вовеки», в Малхут, чтобы она стала благословенной и орошенной и совершенной, как подобает, – наполненной со всех сторон.

«Благословен» – это высший источник, Есод Бины, от которого исходят все благословения. Когда становится полной Луна, мы ее также называем «благословен» по отношению к нижним. Однако здесь «благословен» – это высший источник. Творец (АВАЯ) – середина всех высших сторон, т.е. Зеир Анпин, являющийся средней линией. «Благословенный» – это мир в доме, Есод Зеир Анпина, называемый мир, родник колодца для восполнения и орошения всего. «Вовеки» – нижний мир, который должен благословиться, и елей и величие, т.е. наполнение, нисходящее при произнесении «благословен Творец благословенный», всё это – ради свойства «вовеки», т.е. Малхут. (169-171)

Правление веры находится в центральной точке всей земли святости, в

ИЗБРАННЫЕ ОТРЫВКИ ИЗ КНИГИ ЗОАР

святая святых Храма, и хотя теперь она не является местом служения, вместе с тем, благодаря ей питается весь мир. Пища и питание выходят оттуда для всех в любое место стороны поселения. Поэтому, хотя Исраэль находятся вне пределов земли святости, все же, благодаря силе и достоинству этой земли есть пища и питание для всего мира. Поэтому сказано: «И будешь благословлять Творца Всесильного своего за землю добрую, которую дал Он тебе»[270]. Конечно же «за землю добрую»[298], ибо благодаря достоинству ее, имеется пища и питание в мире. (567)

«Праведники уверены, подобно льву»[271].

Но ведь праведники совершенно не полагаются на свои деяния, и всегда они преисполнены страха, как Авраам, о котором сказано: «И было – когда приблизился он к Египту»[272], как Ицхак, о котором сказано:

---

270 Тора, Дварим, 8:10.

271 Писания, Притчи, 28:1.

272 Тора, Берешит, 12:11.

«Ибо боялся сказать он: "Это жена моя"»[273], как Яаков, о котором сказано: «И устрашился Яаков очень и почувствовал себя стесненным»[274]. И если они не полагались на свои деяния, то уж тем более – остальные праведники мира. В таком случае, почему сказано здесь: «Праведники уверены, подобно льву»[300]?

Однако, на самом деле, «подобно льву (кфир)» сказано потому, что из всех различных типов львов выбран именно «кфир (молодой лев)», а не просто «арье (лев)», и не «шахаль (благородный лев)», и не «шахац (гордый лев)», но «кфир (молодой лев)», который слабее и меньше всех, и не уверен в своих силах, несмотря на то, что он сильный. Так же и праведники не уверены в своих деяниях, совершённых в настоящее время, но подобны молодому льву, т.е., хотя и знают они, что сила их добрых деяний крепка, но уверены в себе не более, чем «молодой лев». (308-309)

---

273 Тора, Берешит, 26:7.
274 Тора, Берешит, 32:8.

ИЗБРАННЫЕ ОТРЫВКИ ИЗ КНИГИ ЗОАР

Помогая бедному, люди удостаиваются многочисленных благ и множества высших сокровищ, но не настолько, как те, кто помогает удостоиться грешникам.

Какая разница между тем и другим? Тот, кто прилагает старание и поступает справедливо с бедным, восполняя жизнь душе его и поддерживая его существование, удостаивается благодаря ему многих благ в том мире. А тот, кто старается помочь грешникам совершить возвращение, приходит к большему совершенству – ведь он добивается того, чтобы иная сторона, относящаяся к чужим божествам, пришла к повиновению и не властвовала. И, свергая ее господство, он делает так, что Творец, восходя на престол величия Своего, создает этому грешнику другую душу. Благословенна участь его. (51)

«Чтобы знать, что Творец (АВАЯ) – Он Всесильный (Элоким)»[275].

Это является совокупностью всей веры, всей Торы, совокупностью всего, что навер-

---
275 Тора, Дварим, 4:35.

ху и внизу. Является совокупностью всей веры, т.е. Малхут, потому, что имя Элоким – это Малхут. Это является совокупностью всей Торы, и это письменная Тора, т.е. имя АВАЯ, Зеир Анпин. И это включает устную Тору, т.е. Малхут, имеющую имя Элоким. И всё это является одним целым, совокупностью веры, потому что «Творец (АВАЯ) – Он Всесильный (Элоким)»[304] – это полное имя, и это вера, называемая «имя», и в этом единстве она становится полной и совершенной. И это состояние «Творец (АВАЯ) един, и имя Его едино»[276]. «Творец (АВАЯ) един»[305] – это воззвание «слушай, Исраэль, Творец – Создатель наш, Творец един», являющееся одним видом единства. «И имя Его едино»[305] – это воззвание «благословенно имя величия царства Его вовеки»[277], т.е. другое единство, когда становится единым имя Его, Малхут. А «Творец (АВАЯ) – Он Всесильный (Элоким)»[304] написано, когда они находятся в полном единстве.

Разве можно утверждать, что сказанное: «Творец (АВАЯ) – Он Всесильный

---

276 Тора, Дварим, 6:4.
277 Писания, Псалмы, 113:2.

(Элоким)»³⁰⁴ подобно сказанному: «Творец (АВАЯ) един, и имя Его едино»³⁰⁵? Ведь тут нет сходства. Если бы было сказано: «Творец един, и имя Его – оно едино», то можно было бы так утверждать. Но сказано: «Творец (АВАЯ) един, и имя Его едино»³⁰⁵. Разве не следовало сказать и здесь: «Творец (АВАЯ) – Он, Всесильный (Элоким) – Он», и тогда это выглядело бы как: «Творец (АВАЯ) – един, и имя Его – едино»³⁰⁵.

Однако всё – едино, ибо, когда соединяются эти два имени, то первое находится в одном виде единства, а второе – в другом. Как сказано: «Творец (АВАЯ) един, и имя Его едино»³⁰⁵. Тогда становятся два имени одним и включаются друг в друга, и становится всё полным именем, в неразрывном единстве. И тогда: «Творец (АВАЯ) – Он Всесильный (Элоким)»³⁰⁴ – ибо всё включается друг в друга, чтобы быть единым. А пока они еще не достигли единства и каждый из них сам по себе, они не включаются друг в друга, чтобы стать единым целым. (645-647)

«И создал Творец два больших светила»[278].

«Два больших светила»[307] – это «масло освящения»[279] и «масло для освящения»[280], т.е. высший мир, Зеир Анпин, и нижний мир, Малхут, захар и некева. И каждый раз, когда захар и нуква находятся вместе, называются оба они в мужском роде. И поскольку высший мир называется «больши́м», то благодаря ему также и нижний мир, соединенный с ним и включенный в него, называется «больши́м». Поэтому и сказано: «Два больших светила»[307]. (395)

Каждый, кто удерживает за руку грешника и заставляет его оставить путь греха, совершает три подъема, которых не сделал другой человек.

Приводящий к повиновению ситра ахра приводит к вознесению Творца в величии Его, приводит к укреплению каждого мира в становлении его наверху и внизу. И об этом

---

278 Тора, Берешит, 1:16.
279 Тора, Шмот, 35:14.
280 Тора, Шмот, 35:8.

человеке сказано: «Был Мой союз с ним — жизнь и мир»²⁸¹. И он удостаивается видеть сыновей своих сыновей, удостаивается этого мира и становится достойным мира будущего. Все вершащие суд не смогут осудить его в этом мире и в мире будущем. Он входит в двенадцать ворот небосвода, и нет того, кто бы предотвратил задуманное им. (41)

Кто довершает души и очищает грешников, возвращая их к добру, кого подобает украшать венцами Малхут над головой его, кому подобает предстать сейчас перед Царем и Царицей, ибо Царь и Царица спрашивают о нем?

Тот, кто с помощью экрана, называемого точка «хирик», поднимает МАН (молитву) и возвращает Малхут к соединению с Зеир Анпином, отвращая тем самым грешников от прегрешения и притягивая для них души святости, становится достойным увенчаться украшениями Малхут над его головой. Потому что нижний, вызывающий света в высшем, сам удостаивается той меры света,

---

281 Пророки, Малахи, 2:5.

которую он вызвал в высшем. И поскольку благодаря его МАН соединилась Малхут с Зеир Анпином и получила ГАР (совершенство), он тоже удостаивается ГАР. И так как он вызвал зивуг Царя и Царицы, становится достойным находиться там, и Царь с Царицей расспрашивают его – т.е. желают передать ему всё, что он вызвал в них. (46)

«Пусть он целует меня поцелуями уст своих!»[282]

Что имел в виду царь Шломо, когда произнес эти слова о любви между высшим миром, Зеир Анпином, и нижним миром, Малхут? И почему восславление любви между ними начинается со слов: «Пусть он целует меня»?

Любовь, вызванная слиянием одного духа с другим, передается лишь через поцелуй, а поцелуй совершается устами, являющимися источником духа и излиянием его. И когда они целуют друг друга, сливаются эти виды духа друг с другом, становясь одним целым, и тогда это одна единая любовь.

---

282 Писания, Песнь песней, 1:2.

ИЗБРАННЫЕ ОТРЫВКИ ИЗ КНИГИ ЗОАР

Поцелуй любви распространяется на все четыре вида духа, и четыре вида духа сливаются вместе, включаясь в свойство веры, Малхут. И тогда четыре вида духа (руах) восходят в четырех буквах – тех буквах, от которых зависит святое имя, и высшие, и нижние зависят от них, и воспевание Песни песней зависит от них. Это четыре буквы слова «любовь (ахава אהבה)». Они являются высшим строением (меркава), ХУГ ТУМ, и они – единение и слияние, и совершенство всего.

Четыре буквы слова «любовь (ахава אהבה)» – это четыре духа состояния любви и радости всех органов тела, в котором вообще не бывает скорби. Потому что в поцелуе передается четыре вида духа, каждый из которых содержит в себе другой: руах (дух) Зеир Анпина содержится в Малхут, руах Малхут содержится в Зеир Анпине. И когда один дух содержится в другом духе, а тот содержится в нем, образуется в каждом из них два духа вместе – собственный дух и дух другого, содержащийся в нем. Тогда они соединяются в едином слиянии и представляют собой четыре духа в совершенстве: два в Зеир Анпине и два в Малхут. Они излучаются друг в друге и включаются друг в друга.

Когда распространяется их свечение в этот мир, образуется из этих четырех духов один плод – один дух, состоящий из четырех духов. И этот снова поднимается и пробивает небосводы, пока не поднимается и не поселяется у чертога любви, от которого зависит вся любовь. И дух этот тоже зовется «любовью». Своим подъемом этот дух пробуждает чертог (любви) к более высокому соединению, с шестым чертогом, чертогом желания, и там – все поцелуи.

Четыре буквы у четырех духов, и это четыре буквы слова «любовь (ахава אהבה)»: руах (дух) Зеир Анпина – буква «алеф»; руах Малхут, содержащийся в Зеир Анпине, – «хэй»; руах Малхут – «хэй»; руах Зеир Анпина, содержащийся в Малхут, – «бэт». Плод их (слияния) называется «любовью». Ибо, когда они соединяются друг с другом, Зеир Анпин с Малхут, в слиянии «поцелуев», сразу же воспламеняется один на стороне другого, руах Малхут воспламеняется и включается в руах Зеир Анпина, а руах Зеир Анпина включается в руах Малхут. Поэтому сразу же появляется «хэй» – руах Малхут, содержащийся в «алеф», руахе Зеир Анпина, и соединяется с «алеф», сливаясь в сближении и любви. И пробуждаются две другие буквы: «хэй» – руах Малхут, с «бэт» – руахом Зеир Анпина, содержащимся в Малхут, и включается руах в руах в слиянии любви. (371-375)

Когда наступает рассвет субботнего дня, восходит радость во всех мирах, наполняя их отрадой и упоением. Тогда сказано: «Небеса рассказывают о величии Творца, о деянии рук Его говорит небосвод»[283].

Что значит «небеса»? Это те «небеса», т.е. Зеир Анпин, на которых показывается высшее имя, т.е. Има, и святое имя начертано на них, т.е. Аба. Иначе говоря, «небеса» – это Зеир Анпин, в котором есть мохин Аба ве-Има.

Что значит «рассказывают»? Это значит, что они светят и сверкают искрами высше-

---
283 Писания, Псалмы, 19:2.

го света, и восходят к имени, включенному в свечение высшего совершенства, – т.е. к имени АВАЯ (יהוה), в котором есть «йуд-хэй הי», являющиеся высшим совершенством, т.е. Аба ве-Има.

Что такое рассказ (сипур), который «небеса рассказывают (месаприм)»? Когда они искрятся в свечении совершенства «высшей книги (сефер)», т.е. Абы, и то, что исходит от этой книги, называется «рассказом (сипур)». Поэтому они восходят к полному имени АВАЯ и светятся совершенным светом, в правой линии, и сверкают искрами совершенства, в левой линии. Они сами начинают искриться и светить в искрах света высшей книги, и тогда они искрятся и светят в каждой стороне, с которой соединяются, ибо от этого блеска и сияния светятся все кольца, сверкая искрами, – т.е. все сфирот в Малхут, называемые «кольца». Поскольку в этот день украшаются небеса, Зеир Анпин, поднимаясь к святому имени, АВАЯ, более чем в остальные дни.

«Деяние рук Его»[283] – это высшая роса, светящая от всех скрытых сторон, называемых деянием рук Его, т.е. Зеир Анпина. И исправление, которое устанавливается в нем в этот день, – оно от всех остальных дней.

Объяснение. Хасадим, называемые «роса», раскрылись вследствие подъема МАН от экрана точки хирик, производимого Зеир Анпином. И поэтому называется роса деянием рук Его.

«Говорит небосвод»[283]. «Говорит» – т.е. притягивает росу и стекает каплями вниз, в Есод, с головы (рош) Царя, из его ГАР, называемых «рош» Зеир Анпина, и наполняется со всех сторон. «Небосвод» – это небосвод, являющийся родником колодца, Есодом (источником), наполняющим колодец, Малхут. И это – «река, выходящая из Эдена»[284], влекущая и доносящая вниз капли высшей росы, светящей и сверкающей искрами со всех сторон. И этот небосвод притягивает ее влечением любви и стремления, чтобы наполнить упоительной радостью ночь субботы, Малхут.

И когда он притягивает росу и хрустальные капли росы ниспадают вниз с головы

284 Тора, Берешит, 2:10.

(рош) Зеир Анпина, всё наполняется и довершается святыми буквами, т.е. двадцатью двумя буквами, благодаря всем этим святым тропинкам. Иными словами, Хохма, содержащаяся в тридцати двух тропинках, скрыта и облачена в эту «росу», хасадим, и тогда он наполняется всем, как Хохмой, так и хасадим, но только Хохма находится в скрытии, а хасадим – раскрыты. Поскольку всё соединилось в нем, как Хохма, так и хасадим, образуется в нем путь, по которому передается наполнение и благословение вниз, в Малхут. (184-189)

«Апирио́н (досл. паланкин) сделал себе царь Шломо из кедров ливанских»[285].

«Апирио́н» – это нижний Храм, Малхут, подобный высшему Храму, Бине. А Творец назвал его Эденским садом, и посадил Он его в усладу Себе, и стремление Его – наслаждаться в нем вместе с душами праведников. И там находятся все и записаны в нем. Те души, у которых нет тела в этом мире, все они поднимаются и украшаются

---

285 Писания, Песнь песней, 3:9.

там, и есть у них места, чтобы видеть и наполняться высшим наслаждением, называемым «услада Творца», и там они наполняются всеми наслаждениями «рек чистого Афарсемона». (20)

«И вот, хорошо очень»[286] – это ангел смерти.

Разумеется, к ангелу смерти относится сказанное «хорошо очень»[315]. Ведь все жители мира знают, что умрут и вернутся в прах, поэтому многие из них совершают возвращение к Господину своему по причине этого страха и боятся грешить перед Ним. Многие боятся Господина своего, ибо плеть занесена над ними. Сколько пользы приносит эта плеть людям, делая их покладистыми и откровенными и помогая им исправить пути свои подобающим образом. И поэтому сказано: «И вот, хорошо очень»[315]. Конечно же, «очень». (432)

В час, когда они выходят оттуда, чтобы явиться в этот мир, оставляют эти духи те-

---
286 Тора, Берешит, 1:31.

ло и облачения Эденского сада, и облекаются в тело и облачение этого мира, и устраивают себе жилища этого мира, пребывая в облачении и теле, берущем начало от зловонной капли.

И когда наступает его время уйти из этого мира, покинув его, он не покидает его, пока ангел смерти не заберет от него это облачение и это тело. Когда ангел смерти освобождает дух от тела, облачавшего его, дух отправляется и облачается в другое тело, из Эденского сада, которое он оставил в час своего появления в этом мире. И нет иной радости у духа, чем находиться в теле, которое там, и он рад, что освободился от тела этого мира, и облачился в другое, совершенное одеяние Эденского сада, подобное тому, что в нашем мире. И в нем он поселяется и все больше углубляется в постижение высших тайн, которые он не сумел постичь и углубиться в них, будучи в этом мире, в этом теле.

Когда душа облачается в облачение того мира, сколько наслаждений, сколько прелестей есть у него там. Кто был причиной тому, что в тело Эденского сада облачился этот дух? Тот, кто освободил его от облачений этого мира, – ангел смерти. Получается, что этот ангел смерти делает «хорошо очень», и Творец относится милостиво к творениям, не освобождая человека от облачений этого мира, пока не выправит для него другие облачения, величественнее и прекраснее этих, – в Эденском саду. (436-438)

Тецаве

«Из среды сынов Исраэля для служения Мне»[287].

«Из среды сынов Исраэля» сказано, ибо всё не называется единым, чтобы быть единым как должно, если не исходит «из среды сынов Исраэля». Потому что сыны Исраэля стоят внизу, чтобы открывать пути и освещать тропинки, и зажигать лампады, т.е. высшие сфирот, и производить сближение всего снизу вверх, чтобы всё стало единым.

---

287 Тора, Шмот, 28:1. «И ты приблизь к себе Аарона, брата твоего, и сыновей его с ним из среды сынов Исраэля для служения Мне».

И поэтому сказано: «А вы, прилепившиеся к Творцу»[288]. (38-39)

«И ты приблизь к себе»[316]. Всё приближается благодаря тому, кто умеет возводить единство и служить Господину своему. Ведь когда приносится жертва надлежащим образом, всё сближается вместе, правая и левая стороны. И открывается миру свечение лика Творца в Храме, а нечистая сторона (ситра ахра) утихает и пропадает, и сторона святости осуществляет правление в свете и радости. (40)

И мы тоже вышли из поселения в могучую пустыню, чтобы заниматься там Торой и покорить ту сторону.

Слова Торы выясняются именно там, поскольку свет может выявиться только из тьмы. Ибо когда эта сторона покоряется, Творец поднимается наверх и усиливается величие Его. Нет иного служения Творцу, кроме как из тьмы. Добро познается через

---

288 Тора, Дварим, 4:4. «А вы, прилепившиеся к Творцу Всесильному вашему, живы все сегодня».

зло. Когда человек, вступивший на дурной путь, оставляет его, возвышается Творец в величии Своем. Потому совершенство всего – это добро и зло вместе, чтобы обратиться затем к добру. Нет блага, которое не происходило бы из зла, и в этом благе возвышается величие Творца. Это и есть совершенное служение. (86)

Творец раскрывает глубокое и сокровенное.

Все высшие скрытые глубины – Он раскрывает их. Иными словами, средняя линия раскрывает глубины, кроющиеся в двух линиях Бины. Он раскрыл их, так как знал, *что* там – во тьме левой линии, куда погружен свет Хохмы из-за недостатка хасадим. А если бы не было тьмы, то не раскрылся бы потом свет посредством средней линии. И Он знает, *что* там во тьме, – т.е. Он включил ее в правую линию и благодаря этому раскрыл глубины и таинства. Но если бы не тьма левой линии, не раскрылись бы эти глубины и таинства. И свет, раскрывающийся из тьмы, – это Хохма. (145)

Все тайны и все драгоценные святыни зависят от седьмого (дня) – Малхут. А высший седьмой (день) – это высший мир, называющийся будущим миром, т.е. Бина, от которой все свечи, все святыни и все благословения светят в Малхут. Когда приходит время возобновить благословения и святыни, чтобы они начали светить, нужно соблюсти полное исправление всех миров, для возобновления благословений и святости. И все исправления для становления всех миров поднимаются от нижних, если их деяния праведны. (89)

Когда Исраэль пробуждаются внизу, трубя в шофар, тогда глас, исходящий из шофара, ударяет по воздуху и рассекает небосводы, пока не поднимется к твердому камню, т.е. нечистой стороне (ситра ахра), закрывающей луну. Он внимательно наблюдает и обнаруживает пробуждение милосердия, и в это время нечистая сторона, которая поднялась и стоит наверху, покрывая луну, приходит в замешательство. Тогда поднимается этот глас и отводит суд от Малхут.

И после того как пробуждается милосердие внизу, в Малхут, пробуждается также и высший шофар наверху, Бина, и издает голос, т.е. мохин Зеир Анпина, являющийся милосердием. И встречаются голос с голосом – милосердие с милосердием. (92)

«Служите Творцу в радости»[289], потому что радость человека привлекает другую радость – высшую. Так же и Малхут, называемая «нижний мир», в соответствии своему украшению привлекает наполнение свыше. Поэтому Исраэль прежде всего пробуждают шофаром голос, состоящий из огня, воды и ветра, т.е. среднюю линию, состоящую из трех линий, которые стали единым целым. Он поднимается наверх и бьет по драгоценному камню, т.е. Малхут, уменьшая его левую линию, и тот окрашивается в три цвета белый-красный-зеленый – три линии, которые включены в этот глас. И тогда всё, чего она достойна, она привлекает свыше.

И поскольку Малхут была исправлена этим гласом снизу – свыше вышло мило-

---
289 Писания, Псалмы, 100:2.

сердие и воцарилось над ней, и она включилась в милосердие снизу и сверху. Тогда нечистая сторона приходит в замешательство и ослабевает мощь ее, и она не может обвинять. И этот драгоценный камень, Малхут, находится в свечении паним (лика) со всех сторон – в свечении сверху и в свечении внизу. (94-95)

«В шалашах живите семь дней»[290] – **это является основой веры,** т.е. Малхут, которая получает тем самым все свои мохин. И слова эти сказаны о высшем мире – Бине. При сотворении мира были сказаны эти слова.

Когда Хохма, т.е. высшие Аба ве-Има, называемые Аба, а также Хохма, начала выходить из неведомого и невидимого места, т.е. из рош Арих Анпина, то появился один экран и произвел удар. И эта высшая Хохма заискрилась и распространилась во все стороны в высшей Скинии, т.е. в парцуфе ИШСУТ, который называется Бина, а также Има. И эта высшая Скиния образовала

---
290 Тора, Ваикра, 23:42.

шесть окончаний – т.е. Зеир Анпин. И тогда это искрение экрана стало светить всем, и тогда было указано: «В шалашах живите семь дней».

Слово Суккот (סוכ ת шалаши) написано без буквы «вав». «Это – нижняя Скиния» – т.е. Малхут, «и она, словно лампада» – т.е. стеклянный сосуд, в который ставят свечу, чтобы она светила, «и она показывает все света». «И тогда было указано» – искрением экрана, «в шалашах живите семь дней». Эти семь дней – от высшего мира, Бины, для нижнего мира, Малхут. Все эти семь дней, т.е. семь сфирот Хесед-Гвура-Тиферет-Нецах-Ход-Есод-Малхут Бины, устанавливаются для того, чтобы светить шалашу. Это «падающий шалаш Давида»[291], шалаш мира, Малхут. И святой народ должен жить в его тени, пребывая в вере, т.е. в Малхут. Кто живет в этой тени, тот живет в этих высших днях Бины. (134-136)

---

291 Пророки, Амос, 9:11.

Ки тиса

Все товарищи, которые не любят друг друга, преждевременно уходят из мира. В дни рабби Шимона между всеми товарищами была любовь душевная (нéфеш) и духовная (рýах), и поэтому в его поколении тайны Торы были раскрыты. Ведь он говорил, что все товарищи, которые не любят друг друга, сами виновны в том, что не идут прямым путем. И кроме того, они еще умаляют достоинства Торы. Ведь Тора заключает в себе любовь и братские чувства и истину. Авраам любил Ицхака, Ицхак – Авраама, открывая объятия навстречу друг другу. Яакова они оба поддерживали в любви и согласии и воодушевляли друг друга. Товарищи должны быть подобны им, и не создавать брешь в своих рядах. Ибо если им будет недоставать любви, они принижают свои достоинства наверху – достоинства Авраама, Ицхака, Яакова, т.е. свойств ХАГАТ.

А в будущем, когда мы увидим Шхину лицом к лицу, все лица будут ощущать поддержку, т.е. будут светиться этой любовью. (54-55)

ИЗБРАННЫЕ ОТРЫВКИ ИЗ КНИГИ ЗОАР

Счастливы праведники, знающие тайны Торы и прилепляющиеся к Торе, и исполняющие сказанное: «Размышляй о ней днем и ночью»[292]. И благодаря ей удостоятся они жизни в будущем мире. Как сказано: «Ведь Он – жизнь твоя и долгота твоих дней»[293]. (120)

Тот, кто собирается выполнить заповедь, словно уже сделал ее, потому что мыслями своими вызвал многочисленные благословения от высшей мысли в место, называемое заповедью, в Малхут. И поэтому, словно он сделал ее, Малхут. Как сказано: «И исполняйте их»[294]. Мысль является началом всего. (Новый Зоар, 46)

---

292 Пророки, Йеошуа, 1:8. «Да не отходит эта книга Торы от уст твоих, и размышляй о ней днем и ночью, чтобы в точности исполнять все написанное в ней, тогда удачлив будешь на пути твоем и преуспеешь».

293 Тора, Дварим, 30:20. «Любил Творца Всесильного твоего, слушал Его гласа и держался Его, ибо Он твоя жизнь и долгота твоих дней, чтобы жить на земле, о которой Творец клялся твоим отцам, Аврааму, Ицхаку и Яакову, дать (ее) им».

294 Пророки, Йермияу, 11:4. «Слушайтесь голоса Моего, и исполняйте их (заповеди Мои), всё, что Я заповедаю вам, и будете Мне народом».

Сначала требуется исполнение в страхе, в Малхут, которая называется входом во всё, а затем на более высоком уровне – в письменной Торе, Зеир Анпине. Ибо запрещено любому человеку, который не боится греха, входить в эти врата веры, т.е. Малхут. И после того, как отталкивают его от этого входа, он отвержен от всего, так как не стало у него входа, открывающего всё, о котором сказано: «Это врата к Творцу»[295].

Всякий, у кого боязнь греха предшествует мудрости – мудрость его действительна. Ведь такая мудрость держится на «побеге, посаженном десницей Твоей»[296], т.е. на страхе, называемом «величие Творца». (Новый Зоар, 82-83)

«Небеса рассказывают о величии Всевышнего»[297].

---

295 Писания, Псалмы, 118:20. «Вот врата к Творцу: праведники входят в них».

296 Писания, Псалмы, 80:16. «Вспомни о побеге, посаженном десницей Твоей, о поросли, укрепленной тобой!»

297 Писания, Псалмы, 19:2. «Небеса рассказывают о величии Всевышнего, о делах рук Его повествует небосвод».

«Небеса» – это Творец, Зеир Анпин. «Рассказывают» – светят тому месту, которое называется величием Всевышнего (Эль). «Величие Всевышнего (Эль)» – это дочь Авраама, Малхут. «Всевышний (Эль)» – это Авраам, Хесед. «Рассказывают» – как написано: «Тогда увидел и рассказал о ней»[298]. «И рассказал о ней» – как написано: «Место сапфировое – камни ее»[299], что указывает на свечение. И эти «небеса», Зеир Анпин, производят в ней все исправления, ради «величия Всевышнего», т.е. Малхут.

Поэтому Исраэль внизу приносят Малхут свет, оставаясь в скрытии по отношению к высшему источнику, Зеир Анпину, и произносят: «Благословенно имя величия царства Его вовеки». А место, называемое «небеса», свидетельствует о них.

А когда Исраэль находятся в совершенстве, то свидетельствуют о них полным свидетельством – Творец и Кнесет

---

298 Писания, Йов, 28:27-28. «Тогда увидел и рассказал о ней (мудрости)... И сказал человеку: "Страх Творца – он и есть мудрость"».
299 Писания, Йов, 28:6.

Исраэль, т.е. Зеир Анпин и Малхут. В это время нисходит свыше роса, т.е. наполнение, из места Атика, Кетера. И происходит это, когда Зеир Анпин и Малхут находятся в единстве. Сказано об этом: «Голова моя росою полна»[300]. Слово «роса (таль טל)» в гематрии имеет то же значение, что и слова Творец (АВАЯ הויה) един (эхад אחד), т.е. Творец и Кнесет Исраэль. Потому что в этот час Исраэль становятся достойными «росы». (Новый Зоар, 56-59)

До того, как согрешили Исраэль во время стояния у горы Синай, убрали от них скверну змея́, ибо тогда было устранено злое начало из мира, и они отторгли его от себя. И тогда объединились с Древом жизни и взошли наверх, на высшие ступени, и не опускались вниз. В то время они постигали и видели высшие образы Зеир Анпина, их глаза излучали свет и они радовались тому, что узнавали и слышали. И тогда опоясал их Творец поясами букв святого имени, и это украшения с горы Хоре́в, чтобы змей не мог

---

300 Писания, Песнь песней, 5:2.

господствовать над ними и не осквернил их, как вначале – как в Египте. (106)

«Как роза среди шипов, так подруга моя среди дев»[301]. Пожелал Творец сделать Исраэль высшим подобием, чтобы стали они одной розой на земле, подобно высшей розе, Малхут. А роза, возносящая аромат, избранная из всех прочих роз мира, – лишь та, что выросла среди шипов. Она-то и благоухает по-настоящему. (31)

Ваякель

Благословенно имя Владыки мира, благословен Твой царский венец и место обитания Твоего, да будет вечно пребывать благословение Твое с народом Исраэля, чтобы явить народу Своему спасение десницы Твоей в Храме Твоем, и озарить нас благодатным светом Твоим, и принять молитвы наши благосклонно. Да будет желанным для Тебя продлить жизнь нашу в благополучии, и чтобы быть мне, рабу Твоему, помянутым

---

301 Писания, Песнь песней, 2:2.

среди праведников, смилостивиться надо мной, и хранить меня и всё, что есть у меня и у народа Твоего Исраэля.

Ты тот, кто дает пищу всему и посылает пропитание всем, Ты – тот, кто властвует над всеми, Ты – тот, кто властвует над царями, и всё царствие принадлежит Тебе. Я – раб Творца благословенного, и преклоняюсь я перед Ним и перед величием Торы Его во всякое время. Не на человека я полагаюсь, и не на сынов Всесильного возлагаю надежды, а на Властителя небес, и Он – истинный Создатель, и Тора Его истинна, и пророки Его истинны, и умножает Он милосердие и истину. На Него я уповаю, и имени Его святому и величественному возношу я восславления. Да будет угодным Тебе раскрыть сердце мое в Торе Твоей, и дай мне сыновей, выполняющих желание Твое, исполни просьбу сердца моего и сердца народа Твоего, Исраэля, во имя благополучия, жизни и мира. Амен. (225)

Нет отрады Творцу, пока не входит Он в Эденский сад радоваться с душами праведников. (22)

ИЗБРАННЫЕ ОТРЫВКИ ИЗ КНИГИ ЗОАР

Когда Творец создал мир, Он создал его лишь для того, чтобы пришли Исраэль и получили Тору.

С помощью Торы был создан мир, и на Торе он держится. Как сказано: «Если бы не Мой союз днем и ночью, законов неба и земли не установил бы Я»[302]. Тора – это долгая жизнь в этом мире и долгая жизнь в мире будущем.

И каждый, прилагающий старания в Торе, словно старательно служит в чертоге Творца, поскольку высший чертог Творца, т.е. Малхут, – это Тора. Когда человек занимается Торой, Творец находится там и прислушивается к голосу его. (98-99)

Произнес рабби Аба: «О, горе, рабби Шимон. Ты еще при жизни, а я уже плачу о тебе. Не о тебе я плачу, а плачу я о товарищах и о тех людях в мире, которые останутся сиротами без тебя после того, как ты покинешь мир. Рабби Шимон – как свет свечи, горящий наверху и горящий внизу. Тем светом, который он зажег внизу,

---

302 Пророки, Йермияу, 33:25.

светят всем жителям мира. Горе миру, когда исчезнет свет внизу, уйдя к свету наверху. Кто же будет светить светом Торы миру?» (118)

Счастлив человек, соблюдающий заповеди Господина своего и постигший их тайны, ибо нет у нас заповеди в Торе, от которой не зависели бы высшие тайны и высшие света и сияния. Но люди не знают и не задумываются о величии их Господина. Благословенна участь праведников, которые занимаются Торой, счастливы они в этом мире и в мире будущем. (463)

Человек должен возносить молитву перед Творцом, и это самая большая и важная работа из всех работ Господина его. Есть работа Творца, которая связана с действием тела, и это – заповеди, зависящие от выполнения. А есть работа Творца, являющаяся более внутренней работой, и она – основа всего; т.е. заповеди, связанные с речью и с желанием сердца. (121)

Молитва человека – это работа духа, работа второго вида, связанная с речью. Она восходит к высшим тайнам, и люди не знают, что молитва человека проходит сквозь воздушные пространства и сквозь небосводы, открывает проходы и возносится наверх. (123)

Когда человек всё свое желание отдает работе Творца, это желание сначала охватывает сердце, дающее жизнь всему телу и являющееся основой его. А затем это хорошее желание охватывает все органы тела его, и тогда желание всех частей тела и желание сердца соединяются вместе. И притягивают они к себе свечение Шхины, чтобы она пребывала среди них. Такой человек является частью Творца. Именно это означает: «Возьмите от вас возношение»[303]. «От вас» должно исходить стремление – взять на себя это возношение, Шхину, чтобы человек стал частью Творца. (71)

Каждый день раздается призыв ко всем жителям мира: «От вас это зависит!»

303 Тора, Шмот, 35:5.

Как сказано: «Возьмите от вас возношение Творцу»[303]. А если скажете, что трудно вам это, сказано: «Каждый побужденный сердцем своим принесет его»[303].

Отсюда исходит таинство молитвы. Ибо человек, боящийся Господина своего и направляющий сердце свое и желание свое в молитве, производит высшее исправление. Благодаря воспеваниям и восславлениям, которые произносят вначале высшие ангелы наверху, а затем вследствие всех необходимых восславлений, которые произносят Исраэль внизу, Малхут украшает себя и производит исправления свои, словно жена, украшающаяся для мужа своего. (107-108)

В молитве исправляются тело и душа человека, и он становится совершенным.

Молитва – это выполнение исправлений, которые совершаются, как одно целое. И это четыре исправления:

1. Исправление себя с целью улучшения.
2. Исправление этого мира.
3. Исправление высшего мира со всеми воинствами небесными.

4. Исправление святого имени со всеми святыми строениями и со всеми мирами наверху и внизу. (409)

Благословенна участь человека, умеющего правильно выстроить свою молитву. Этой молитвой украшается Творец, и Он ждет, пока не закончат подниматься все молитвы Исраэля, соединившись в совершенной молитве. И тогда всё наполняется подобающим совершенством наверху и внизу. (150)

Воскурение образует связь, т.е. объединяет, излучает свечение и устраняет скверну. И буква «далет ד» становится буквой «хэй ה», ибо до зивуга с Зеир Анпином Малхут символизируется буквой «далет ד», так как, будучи без хасадим, она не светит и называется бедной (דלה далá). И когда Зеир Анпин совершает зивуг с ней, ее Хохма облачается в хасадим и светит во всем совершенстве, и становится она буквой «хэй ה».

Это воскурение соединяет Зеир Анпин с Малхут, и поэтому приводит к тому, что «далет ד» становится «хэй ה». «Хэй ה» соединяется с помощью него с «вав ו», Зеир Анпином. «Вав ו» поднимается и украшается в первой «хэй ה», Бине, чтобы получить наполнение для Малхут. А первая «хэй ה», Бина, наполняется свечением от буквы «йуд י», Хохмы, для того, чтобы передать его Зеир Анпину.

И все поднимают свое желание к Бесконечности, и становятся все – Хохма, Бина, Зеир Анпин и Малхут, «йуд-хэй יה» «вав-хэй וה» – единой высшей связью. И всё это происходит благодаря воскурению.

Отсюда и далее, поскольку эта связь установилась во всем, всё облачилось в мир Бесконечности, и святое имя начало светить, украсившись со всех сторон, и все миры находятся в радости, и загорелись свечи, и во всех мирах пребывают пища и благословения. И всё это устанавливается благодаря воскурению. (481-482)

Счастливы Исраэль в этом мире и в мире будущем, ибо они умеют производить исправления наверху и внизу как

полагается, снизу вверх, пока всё вместе не свяжется воедино в этой высшей связи, в воскурении, с целью произвести исправление букв, которыми записывается имя Творца, т.е. АВАЯ (היוה). (484)

Любовь наступает после того, как человек удостоился страха.

Вслед за тем, как устанавливается страх над головой человека, приходящий от левой линии, пробуждается любовь, правая линия, т.е. Зеир Анпин со стороны Хесед в нем. И тот, кто работает от любви, сливается с высшим местом наверху, и сливается со святостью будущего мира, Биной, поскольку поднимается, чтобы украситься и слиться с правой стороной, Хеседом Зеир Анпина, над которым находится Бина.

Хотя работа со стороны страха является работой возвышенной, все же она не восходит наверх к слиянию с Зеир Анпином. А когда человек работает из любви, то поднимается и украшается наверху, сливаясь с будущим миром. И это – человек, призываемый будущим миром. Благословенна участь его, ибо возобладал он над местом страха, поскольку нет того, что одержало бы верх над ступенью страха, кроме любви, правой линии, единства Зеир Анпина и Малхут.

И тот, кто достоин будущего мира, должен объединить имя Творца и объединить части тела, ЗОН, и высшие ступени, Аба ве-Има, и соединить всех высших и нижних вместе и включить их всех в Бесконечность, связав их между собой. Как сказано: «Слушай, Исраэль, Творец – Всесильный наш, Творец – един»[304]. (417-419)

В разбиении келим и затем из-за греха Древа познания, произошедшего вследствие соблазна змея, рассеялись триста двадцать искр святости и упали в клипот. И вся наша работа в Торе и заповедях состоит в выявлении этих трехсот двадцати искр святости и возвращении их к святости. И тогда наступит конец исправления, как сказано: «Уничтожит Он смерть навеки»[305].

---

304 Тора, Дварим, 6:4.

305 Пророки, Йешаяу, 25:8.

Однако мы должны выявить только двести восемьдесят восемь искр святости, а тридцать две последние искры святости не должны выявлять, потому что после выяснения двухсот восьмидесяти восьми искр они выявляются сами собой. (492)

У тех праведников, которые удостоились возвращения от любви, злодеяния обращаются в заслуги, и чем большим было нарушение, тем большим достоинством оно обращается. Получается, что в тот момент, когда эти праведники пребывали в состоянии отрицания первооснов, говоря: «Тщетно служить Творцу»[306], нет большего прегрешения, чем это. Однако теперь эти неверные речи, благодаря совершенному ими возвращению от любви, обратились в большие заслуги. И теперь считается, словно те слова неверия, которые говорили «боящиеся Творца один другому»[307], уже тогда обратились в достоинства, и в силу этого коренного измене-

---

306 Пророки, Малахи, 3:14.
307 Пророки, Малахи, 3:16.

ния они стали доставлять огромную радость Творцу. (438)

Под словом «един» подразумевается – объединить всё вместе, начиная от Малхут и выше, и, подняв желание для соединения всего в единую связь, возносить желание в страхе и любви до Бесконечности. Нельзя ослаблять желания подъема в Бесконечность на всех этих ступенях и во всех частях тела, но на всех них надо подниматься в своем желании, и тогда не будет недостатка ни в одной из них, чтобы соединить их, и чтобы образовали все они единую связь в Бесконечности. И это является единством, достигаемым с помощью исправления.

Но стремление желающего соединить все тайны единства в слове «един» считается более возвышенным. И поэтому мы удлиняем произношение слова «един», чтобы вознести желание, как в притяжении сверху вниз, так и в подъеме снизу вверх, чтобы всё стало единым целым.

Слово «един» включает свойства «верх» и «низ» и четыре стороны света. Необходимо соединить «верх» и «низ», т.е. парцуфы Аба ве-Има и ЗОН. Четыре стороны света представляют собой высшее строение (меркава), т.е. ХАГТАМ (Хесед-Гвура-Тиферет-Малхут) Зеир Анпина, находящиеся выше хазе, чтобы соединить всё вместе, в единой связи, в полном единстве, до Бесконечности. (425-428)

Читающий Тору должен направить свое сердце и желание к произносимым словам, ибо он является посланником Господина своего в порядке произносимых во всеуслышание всего народа речений. Ведь он как бы представляет собой высший образ Творца при вручении Торы. Поэтому тот, кто поднимается к чтению Торы, должен выстроить эти речения вначале у себя дома. А если не упорядочил, не должен читать Тору. Откуда мы это знаем? Из обращения Творца – прежде чем Он сообщил во всеуслышание Тору святому народу, сказано: «Тогда увидел и рассказал о ней, и подготовил ее, и еще испытал»[308]. А затем сказа-

---
[308] Писания, Йов, 28:27.

но: «И сказал человеку: "Страх Творца – он и есть мудрость"»[309]. Таким образом, прежде чем Он дал услышать ее человеку, Он выстроил всю речь саму по себе. И так обязан поступать всякий, читающий Тору. (228)

Когда наступает час благоволения пред Творцом, чтобы объединить высшее строение (меркава) с нижним, чтобы все они стали одним целым, то раздается голос из места высшей святости, называемого «небеса», т.е. Зеир Анпина, и собирает всех обладающих святостью внизу, праведников этого мира, и всех святых правителей, Михаэля-Гавриэля-Уриэля-Рафаэля, и все высшие станы, т.е. ангелов, чтобы все были подготовлены вместе. Как сказано: «И собрал Моше»[310] – это свойство «небеса», Зеир Анпин, «все общество сынов Исраэля»[339] – это двенадцать высших святых станов, образующих нижнее строение (меркава), на которых держится Малхут, и они поднимают Малхут к зивугу с Зеир Анпином. (51)

---

309 Писания, Йов, 28:28.
310 Тора, Шмот, 35:1.

«И тогда говорили боящиеся Творца один другому, и внимал Творец и выслушал, и написана была памятная книга пред Ним, для боящихся Творца и для чтущих имя Его»[336]. Сказано: «Тогда говорили»[336] — говорили наверху все святые строения (меркавот), и все святые воинства говорили друг с другом перед Творцом.

Потому что эти святые слова, произнесенные ими, возносятся наверх. И как много тех, кто спешит и возносит их перед святым Царем, и венчается множеством украшений в этих высших светах. И все они говорят перед высшим Царем. Кто видел ту радость и кто внимал тем восславлениям, которые поднимаются во всех этих небосводах при произнесении этих слов. И святой Царь внимает им и украшается ими. И они возносятся и находятся у Него за пазухой, и Он радуется вместе с ними. Оттуда, из-за пазухи, они поднимаются над головой Его и становятся венцом. Поэтому сказала Тора: «И буду радостью каждый день»[311]. Не сказано: «Была», а сказано: «И буду», в бу-

---
311 Писания, Притчи, 8:30.

дущем времени, т.е. во всякое время и в любой момент, когда высшие слова поднимаются перед Ним. (437-438)

Это я[312] **слышал среди тайн рабби Шимона,** и не было дано мне позволения раскрывать это никому, кроме вас, высших приверженцев. Если в час, когда Малхут поддерживает души (нефашот) и дух (рухот) людей в едином желании слияния, человек направляет свое сердце и желание к этому и вкладывает душу свою в слияние с этим желанием, чтобы включить душу свою в это слияние, если в этот час вручение его души было принято желанием НАРАН (нефашот, рухот и нешамот), которые Малхут поддерживает, то этот человек включается в средоточие жизни в этом мире и мире будущем.

И кроме этого, Царь и Царица, т.е. Тиферет и Малхут, должны содержать в себе все стороны наверху и внизу и быть украшенными душами во всех сторонах. Она украшается душами наверху и украшается

---
312 Рабби Хия.

душами внизу – от тех, кто вручает ей души свои. Если человек направляет сердце и желание свое на всё это и вручает ей душу свою внизу, в слиянии и стремлении, тогда Творец посылает ему мир внизу, подобно миру наверху – Есоду, несущему благословение Царице, включающему ее в себя и украшающему ее со всех сторон.

Точно так же этому человеку Творец посылает мир, как сказано: «И сказал ему Творец: "Мир тебе"»[313]. (114-116)

Когда эта нижняя точка, Малхут, поднимается и видна, т.е. получает Хохму, называемую «ви́дение», и украшается высшими мохин, тогда всеобщая радость пребывает наверху и внизу, и все миры – в радости. И в эту субботнюю ночь распространяется эта точка со своими светами и простирает крылья над миром, и тогда все другие правители уходят, и мир охраняется свыше.

Тогда добавляется сила духа (руах) этой души, пребывая в каждом из Исраэля, и

313 Пророки, Шофтим, 6:23.

благодаря этой дополнительной душе они оставляют всю печаль и уныние, и только радость пребывает наверху и внизу. Этот дух, который опускается и добавляется людям, омывается ароматами Эденского сада во время своего нисхождения, и тогда опускается и воцаряется над святым народом. Счастливы они, когда этот дух пробуждается. (183-184)

Встал рабби Аба с остальными товарищами и воскликнули: «Благословенна участь наша, поскольку Творец назначил нам этот путь». Сказал рабби Аба: «Мне назначил Творец этот путь, чтобы объединиться с вами. Благословенна участь моя, ибо удостоился я этого пути.

В тот день, когда я отправился в путь, я видел один свет, который разделился на три света, и они двигались предо мной, а затем скрылись. Подумал я: "Наверное, я видел Шхину. Благословенна участь моя". И вот теперь, те три света, которые я видел, – это вы. Вы – высшие света и источники, дабы светить в этом мире и в мире будущем.

До сих пор не знал я, что все эти недоступные жемчужины были у вас под руками. После того, как я увидел, что в желании выполнять заповеди Господина вашего были сказаны эти слова, знаю я, что все эти слова восходят в этот день к высшему трону, Бине, и принимает их ответственный за внутреннее управление, Матат, и делает из них украшения для Господина своего. Этот день украшается шестьюдесятью святыми строениями (меркавот), соответствующими ХАГАТ НЕХИ, ради величия трона, Бины, благодаря тем словам, которые произнесены были здесь в этот день».

Тем временем зашло солнце. В полночь встали они заниматься Торой. Сказал рабби Аба: «С этого момента и далее будут произноситься слова, чтобы украшались ими праведники, пребывающие в Эденском саду. Ибо сейчас наступило время, когда Творец и все праведники в Эденском саду внимают голосу праведников, пребывающих на земле». (279-282)

«В центре всех небосводов, находящемся над землей Исраэль, расположенной в центре мира, есть один проход, называемый Гвилон». Это новое окончание, находящееся в середине ступени, которое стало проходом для нижнего, чтобы он мог подняться и получить наполнение от высшего. «И под этим проходом есть семьдесят других нижних проходов» – чтобы получить через них семьдесят имен, имеющихся в Малхут Ацилута, свечение семидесятидвухбуквенного имени. «Семьдесят правителей сторожат пределы субботы на расстоянии двух тысяч локтей от прохода Гвилон» – т.е. семьдесят правителей семидесяти народов. «И от этого прохода восходит путь высоко наверх, пока не достигает высшего трона» – ибо этим путем можно подняться до Малхут мира Ацилут. (299)

Двадцать две буквы записаны и высечены на небосводе, расположенном над Эденским садом, и из каждой буквы на этот сад капает роса, исходящая от высшей росы. Этой росой, т.е. свечением хасадим, омываются эти души, и исцеляются после того, как окунаются в реку Динур[314] (досл. огненную) для того, чтобы очиститься. И эта роса выпадает только из записанных и высеченных на этом небосводе букв, поскольку эти буквы являются совокупностью Торы, т.е. они нисходят от Зеир Анпина Ацилута, называемого Торой. Ибо из огня и воды Торы она образовалась, т.е. из огня и воды Зеир Анпина мира Ацилут.

Поэтому они стекают каплями росы на всех тех, кто занимается Торой во имя ее самой (лишма) в этом мире. Эти слова записаны в Эденском саду и поднимаются до небосвода, находящегося над Эденским садом, и берут от находящихся там двадцати двух букв эту росу, чтобы питать душу. Как сказано: «Польется, как дождь, наставление Мое, и будет струиться, как роса, речь Моя»[315].

Посередине этого небосвода находится один проход, соответствующий проходу высшего чертога мира Ецира. В этот проход

---

314 Писания, Даниэль, 7:10.
315 Тора, Дварим, 32:2.

возносятся души из нижнего Эденского сада, поднимаясь вверх по одному столбу, погруженному в землю Эденского сада и достигающему этого прохода.

Этот проход, образовавшийся посередине небосвода, является новым окончанием, образовавшимся в середине ступени неба Эденского сада из-за подъема Малхут в место Бины, и вследствие образования этого окончания упала половина ступени, Бина и ТУМ, на ступень, расположенную внизу и называемую землей Эденского сада. А во время гадлута, когда Малхут возвращается на свое место, а Бина и ТУМ поднимаются наверх на свою ступень к небосводу, они поднимают с собой также и нижнюю ступень – те души (нешамот), которые обитают на земле Эденского сада. Таким образом, новое окончание, образовавшееся в Бине, стало проходом для нижнего, по которому он может подняться к высшему.

Бина и ТУМ, которые вначале упали вниз, на землю Эденского сада, в своем слиянии со ступенью «земля Эденского сада» считаются словно погруженными в почву этого сада, а сами они подобны высокому столбу, достигающему этого прохода, находящегося посреди небосвода. И по этому столбу поднимаются души из земли Эденского сада к небосводу Эденского сада. То есть во время гадлута, когда Бина и ТУМ, называемые столбом, поднимаются снова на небосвод Эденского сада, они берут с собой также и души, пребывающие в земле Эденского сада, поднимая их на небосвод Эденского сада.

В небосвод, в проход посреди небосвода, расположенного над Эденским садом, входят три цвета, содержащиеся вместе в свете, т.е. ХАБАД, и светят цветам того столба, который поднялся туда, и тогда этот столб искрится и зажигается множеством пылающих цветов. А праведники, поднявшиеся вместе с этим столбом на небосвод, получают света от этого небосвода с помощью этого столба. И в любое время праведники светятся этим высшим свечением – т.е. это происходит всегда. Однако в каждую субботу и каждое новомесячье раскрывается Шхина на этом небосводе еще больше, чем в остальное время, и все праведники приходят и поклоняются ей.

Благословенна участь того, кто удостоился этих облачений. Эти облачения приобретаются добрыми деяниями, совершенными человеком в этом мире в заповедях Торы, в заповедях, связанных с действием, и в них пребывает душа в нижнем Эдемском саду, и облачается в эти величественные одеяния.

Когда душа поднялась наверх по проходу этого небосвода, ей посылаются другие высшие величественные одеяния, образовавшиеся вследствие выполнения заповедей, связанных с желанием и намерением сердца в Торе и молитве. Ибо, когда поднимается это желание наверх, украшается ею тот, кто украшается, и часть от него остается этому человеку, и образуются из него одеяния света, в которые облачается душа, чтобы подняться наверх. Хотя эти облачения души в нижнем Эдемском саду зависят от деяния, но те, кто поднимаются на небосвод наверху, зависят только лишь от благоволения этого духа, дабы находиться среди ангелов, духов святости. И так научился рабби Шимон у Элияу нижним облачениям в земном Эденском саду, зависящим от деяний, и высшим облачениям, зависящим от желания и устремления духа сердца. (304-309)

И в то время, когда поднимутся все станы на земле галилейской, то направятся все они, каждый – в удел своих отцов. Как сказано: «И возвратится каждый во владение свое»[316]**. И узнают друг друга.** И в будущем Творец облачит каждого в расшитые одежды, и явятся все и будут восславлять Господина своего в Йерушалаиме, и соберутся в нем многочисленные толпы, и Йерушалаим расширится во все стороны – больше, чем расширился, когда они соединились там при возвращении из изгнания.

После того, как соединились и восславили Господина своего, Творец радуется вместе с ними, как сказано: «И придут они и воспоют с высоты Циона»[317]. А затем сказано: «И устремятся ко благу Творца»[344] – т.е. каждый к сво-

---

316 Тора, Ваикра, 25:10.

317 Пророки, Йермияу, 31:11.

ему уделу и к уделу отцов своих. И наследие Исраэля достигнет великого Рима, и там будут изучать они Тору. И сказано: «Пробудитесь и ликуйте, покоящиеся во прахе»[318]. И наследие Исраэля достигнет великого Рима, и там будут изучать они Тору, т.е. завоюют его и вернут к святости. (495-496)

Пкудей

Сказано: «Вначале создал Творец небо и землю»[319], где «небо» – это Зеир Анпин, а «земля» – Малхут. И всё было в подобие этому в устройстве Скинии, которую он сделал подобной как нижнему миру, Малхут, так и высшему миру, Зеир Анпину. И все деяния Творца, которые он сделал в этом мире, подобны высшему. И также все действия в Скинии производятся по действию и подобию высшего мира.

И это является сутью возведения Скинии – все действия и исправления,

---

318 Пророки, Йешаяу, 26:19. «Пробудитесь и ликуйте, пребывающие во прахе, ибо роса рассветная – роса Твоя, и земля изрыгнет покоящихся».

319 Тора, Берешит, 1:1.

производимые наверху и внизу, необходимы для того, чтобы Шхина пребывала в мире как в высших обитателях, ангелах, так и в нижних, людях. Нижний Эденский сад, Малхут, подобен высшему, Бине. Все образы и все формы мира – все они находятся там. И поэтому создание Скинии и создание неба и земли, Зеир Анпина и Малхут, являются одним целым. (211-212)

«Все реки текут в море, но море не переполняется»[320]. «Все реки» – это реки и источники святости, сфирот Зеир Анпина, которые наполнились и вышли, чтобы светить и наполнять великое море, т.е. Малхут. И после того, как великое море наполнилось со стороны этих рек, оно выводит воды и дает напиться всем зверям полевым. Сказано: «Поят они всех зверей полевых»[321] – т.е. ступени миров БЕА. (1)

Счастливы те, кто умеет правильно выстроить единство Господина своего и

---

320 Писания, Коэлет, 1:7.
321 Писания, Псалмы, 104:11.

идти путем истины, чтобы не отступать от веры. (788)

Добрые деяния человека, которые он совершает в этом мире, притягивают свет высшего сияния, чтобы исправить ему одеяние для того мира и предстать перед Творцом. И в этом одеянии, которое он облачает, он наслаждается и смотрит в зеркало, которое светит, как сказано: «Дабы созерцать благо Творца и обозревать обитель его»[322].

Поэтому душа облачается в особые одеяния в двух мирах, чтобы было у нее совершенство во всем: в этом мире, находящемся внизу, и в мире, находящемся наверху. Поэтому сказано: «Но праведники воздадут благодарность имени Твоему, справедливые обитать будут пред Тобой»[323]. «Но праведники воздадут благодарность имени Твоему» – в этом мире, «справедливые обитать будут пред Тобой» – в том мире. (170-171)

---

322 Писания, Псалмы, 27:4.
323 Писания, Псалмы, 140:14.

Необходимо связаться со святостью Господина своего, и не отделяться от Него. И когда человек просит, началом обращений должно быть – познать Господина своего, показать, что стремление его направлено к Нему. И это является первой просьбой: «Даруй нам от себя мудрость, разум и знание (Хохма-Бина-Даат)». А отсюда и далее – отделится немного и тогда обратится с тем, что он должен просить.

Все обращения его должны быть после того, как выстроит такое отношение. И соответственно этому все обращения его должны содержать мольбу и просьбу к Господину его, и не отдаляться от Него, то есть не приходить в негодование. Благословенна участь того, кто умеет выстроить такое отношение, чтобы идти прямым путем, как подобает. (812-813)

За каждым, кто произносит молитву, укрепляя единство, наблюдают. Если эта молитва и связь исполнены должным образом, то он с самого начала благословляется от места, из которого исходят все благословения. (344)

Каждый, кто не знает порядка восславления Господина своего, лучше бы ему не рождаться на свет.

Потому что необходимо, чтобы молитва была совершенной наверху, включающей мысль и желание сердца, и голос, и речение устами, чтобы сделать совершенство и связь и единство наверху такими, какими они должны быть наверху. И таким же, как совершенство нисходит сверху вниз, таким же оно должно быть снизу вверх, чтобы установить связь, как подобает. (832)

Счастливы праведники, умеющие правильно выстроить свою молитву, ибо когда такая молитва начинает подниматься, эти ангелы поднимаются вместе с молитвой и вступают на эти небосводы и чертоги, достигая ворот высшего входа, и тогда входит эта молитва, чтобы украситься перед Царем.

Все, обращающиеся в молитве и освящающие Господина их в полном желании, должны породить эту молитву мыслью, желанием, речью и духом – тогда освящается

ИЗБРАННЫЕ ОТРЫВКИ ИЗ КНИГИ ЗОАР

имя Творца. И когда эта молитва достигает ангелов, называемых товарищами, все они подхватывают эту молитву и направляются вместе с ней к четвертому чертогу, ко входу, имеющемуся там. Эти ангелы восславляют Творца в то время, когда Исраэль возносят свои молитвы и освящают Творца. Днем – это те правители, которые назначены восславлять вместе с Исраэлем и быть им товарищами. А ночью они товарищи другим – тем, кто возносит песнопения ночью. (576-577)

Святой правитель стоит на входе, предназначенном для всех молитв, рассекающих воздушные пространства и небосводы, чтобы предстать перед Царем.

Если это молитва многих, он открывает этот вход, вводит ее туда и она ожидает там, пока не станут все молитвы мира венцом на голове праведника, оживляющего миры, Есода.

А если это молитва одиночки, она поднимается до тех пор, пока не достигает входа этого чертога, в котором стоит этот правитель. Если молитва достойна войти к святому Царю, тотчас он открывает вход и впускает ее. А если недостойна, он выталкивает ее наружу, и она опускается и странствует по миру, и останавливается на нижнем из небосводов, которые внизу управляют миром. На этом небосводе находится правитель Саадиэль, который берет эти отвергнутые молитвы, называемые негодными молитвами, и прячет их до тех пор, когда этот человек не совершит возвращение.

Если он совершает возвращение перед Господином своим как подобает и возносит другую молитву, хорошую, то после того, как эта молитва восходит, берет правитель Саадиэль ту молитву, которая непригодна, и поднимает ее наверх, пока она не встречается с хорошей молитвой, и тогда поднимаются они, перемешиваясь вместе, и входят к святому Царю.

А иногда отвергается молитва, потому что этот человек повлекся за ситра ахра и осквернился. И теперь правитель со стороны ситра ахра берет эту молитву. Тогда поднимается ситра ахра, напоминая о прегрешениях человека перед Творцом, и обвиняет его наверху. Поэтому все молитвы и все души, когда поднимаются, восходят и предстают перед этим первым чертогом, и этот правитель стоит на входе в чертог, чтобы ввести души и молитвы, или же вытолкать их наружу.

Выше входа в чертог есть другой вход, который выкопал Творец судами «мифтеха», как сказано: «Колодец, который выкопали старейшины»[324]. И трижды в день он открывался, т.е. в нем светят три линии, и не закрывался, будучи открытым для тех, кто совершил возвращение, проливая слезы в молитве пред Господином своим. И все врата и входы закрываются до получения разрешения на вход, кроме ворот, называемых «врата слез», которые открыты и не требуют разрешения.

Относительно первого входа сказано: «У входа грех лежит»[325] – и там находит-

---

324 Тора, Бемидбар, 21:8.

325 Тора, Берешит, 4:7. «Ведь если будешь добро творить, простится (тебе), а если не будешь творить добро, при входе грех лежит, и к тебе его влечение, – ты же властвуй над ним».

ся Малхут свойства «манула», называемая «десять тысяч (ревава)». В этом свойстве возвращение не действенно, поскольку это свойство сурового суда. Однако Творец выкопал выше него второй вход, в свойстве «мифтеха», т.е. Малхут, подслащенной в Бине. И оттуда возвращение действенно.

И когда молитва, сопровождаемая слезами, поднимается наверх, в этих вратах появляется Офан – ангел от свойства Малхут, называемый Офан, стоящий на шестистах больших животных, и имя его – Йерахмиэль. Он берет слезную молитву, молитва входит и связывается с тем, что выше, а слезы остаются здесь, и записываются у входа, который выкопал Творец.

Слезная молитва поднимает МАН для исправления «мифтеха», с просьбой поднять Малхут в Бину. Поэтому молитва принимается, а слезы остаются высеченными на этом входе, вызывая там подслащение Малхут в Бине. «Слеза» (дэма́) – от слова «примешивает» (медамэ́а), поскольку примешивает (медамэа) Малхут, смешивая ее с Биной. (485-490)

Шестой чертог называется чертогом желания. И это желание, которое называется «исходящим из уст Творца»[326], радость слияния всего, желание всех желаний. Сказано: «Как алая нить губы твои»[327] – это желание всех душ, которые рождаются от «исходящего из уст Творца»[354].

В чертоге желания даются ответы абсолютно на все вопросы и все просьбы в мире, поскольку это – желание всех желаний, с которым раскрываются «нешикин (поцелуи)», как сказано: «И поцеловал Яаков Рахель»[328]. И то время, когда целуют они друг друга, называется «временем благоволения»[329]. Ибо в это время раскрывается совершенство, и светят все лики. И когда восходят молитвы, наступает время благоволения для раскрытия. И тогда сказано: «А я – молитва моя тебе, Творец, во время благоволения!»[357] – и это называется соединением в состоянии «нешикин (поцелуи)».

---

326 Тора, Дварим, 8:3.

327 Писания, Песнь песней, 4:3.

328 Тора, Берешит, 29:11.

329 Писания, Псалмы, 69:14.

В этом чертоге имеется шесть входов: четыре входа в четырех сторонах света, свойства ХУГ ТУМ, один – наверху и один – внизу, Нецах и Ход. Над этими входами назначен Разиэль, особый дух, который величественнее правителей всех этих входов, и он назначен ответственным за все высшие тайны, передаваемые из уст в уста, когда соединяются в поцелуе любящие друг друга любовью.

Эти тайны не предназначены для раскрытия, однако, когда все врата раскрываются, знают все чертоги и все эти духи и станы, что все врата желания распахнулись. И в эти врата входят лишь желания молитв, желания восславлений, желания высших святых душ.

Это чертог Моше. К этому чертогу был приобщен Моше с любовью, соединяясь в поцелуях (нешикот), т.е. в смерти легкой, как поцелуй. В этом чертоге «Моше говорил, а Всесильный отвечал ему голосом»[330].

Когда слились совершающие поцелуи в поцелуях друг с другом, сказано об этом:

---

330 Тора, Шмот, 19:19.

«Пусть он целует меня поцелуями уст своих»[331]. Поцелуи радости и любви могут быть лишь в то время, когда сливаются друг с другом, уста с устами, дух с духом, и с упоением наслаждаются друг с другом во всем, и также в радости, от высшего свечения.

«Моше говорил»[330], как сказано: «Ты прекрасна, возлюбленная моя»[332]. И сказано: «Как алая нить губы твои»[355] – это слова Зеир Анпина Шхине. «А Всесильный отвечал ему голосом»[330], как сказано: «Ты прекрасен, возлюбленный мой, и ласков»[333]. И сказано: «Губы его – лилии, источающие мирру ароматную»[334] – это слова Шхины Зеир Анпину. (647-653)

Шестой чертог поставлен над всеми нижними чертогами.

От этого чертога начинают соединяться все тайны и все высшие и нижние ступени,

---

331 Писания, Песнь песней, 1:2.

332 Писания, Песнь песней, 4:1.

333 Писания, Песнь песней, 1:16.

334 Писания, Песнь песней, 5:13.

чтобы пребывало всё наверху и внизу в совершенстве, чтобы всё стало одним целым и образовало единую связь для соединения святого имени, как должно. И прийти к такому совершенству, чтобы высший свет светил в нижнем, и огни свечей светили как одно целое, и не отделялись друг от друга. И тогда наполняется и нисходит тот, кто нисходит, который неизвестен и не раскрыт, с тем, чтобы сблизиться и соединиться друг с другом, и чтобы всё пребывало в совершенном единстве, как подобает.

Благословенна участь того, кто знает тайны Господина его, чтобы постичь его должным образом. Они вкушают долю свою в этом мире и в мире будущем. Об этом сказано: «Вот, рабы Мои вкушать будут!»[335]. Счастливы праведники, занимающиеся Торой днем и ночью, так как знают они пути Творца и умеют выстроить единство святости как подобает; поскольку каждый, умеющий соединить святое Имя в подобающем совершенстве, счастлив в этом мире и в мире будущем. (702-706)

[335] Пророки, Йешаяу, 65:13.

Тот, кто обладает глазами разума (Твуны), постигнет мудрость (Хохму) Господина его и будет созерцать ее, и познает высшие вещи, поскольку там находятся ключи Владыки его, укрытые в святой Скинии. (291)

Благословенна участь твоя, Адам Ришон, избранный из всех созданий, находящихся в мире. Ибо возвеличил тебя Творец над всем, и ввел тебя в Эденский сад, и устроил для тебя семь хупот, чтобы радоваться вместе с Ним наслаждением высшего блаженства. Как сказано: «Созерцать благо Творца и входить в чертог Его»[350]. «Созерцать благо Творца» – наверху, в Зеир Анпине. «И входить в чертог Его» – внизу, в Малхут. «Созерцать благо Творца» – те семь небосводов, которые наверху, в Зеир Анпине. «И входить в чертог Его» – те семь небосводов, которые внизу, в Малхут. И одни устанавливаются в соответствии другим.

И во всех них, т.е. в семи небосводах Зеир Анпина и в семи небосводах Малхут, находился ты в Эденском саду. Семь высших святых хупот (пологов), т.е. небосводы Зеир Анпина, пребывали над тобой свыше, чтобы украситься ими, т.е. хасадим. А в семи нижних небосводах, принадлежащих Малхут, находился ты, чтобы получать удовольствия в них, т.е. свечение Хохмы, называемое «удовольствиями». Всем этим восполнил тебя Господин твой, чтобы быть наполненным всем – как хасадим, так и Хохмой.

Пока не отклонился ты, последовав совету змея зла, и тогда был изгнан из Эденского сада, и навлек смерть на себя и на весь мир, поскольку оставил ты эти наслаждения, получаемые наверху и внизу, и потянулся вслед за нечестивыми вожделениями, называемыми «яд аспидов»[336], за которыми устремляется тело, а не дух, как сказано: «Безжалостный яд аспидов»[337] – т.е. он безжалостен к духу. Пока не явился праведный Авраам, и тогда начал исправлять мир, и достиг святой веры, установив ее навер-

---

336 Писания, Йов, 20:16.
337 Тора, Дварим, 32:33.

ху и внизу, как в высших небосводах, так и в нижних.

Нижние небосводы, принадлежащие Малхут, являются чертогами для высших небосводов, принадлежащих Зеир Анпину, чтобы им объединиться и быть связанными друг с другом. (474-477)

«Все праведники, создающие связи единства и устанавливающие каждый день единство веры» – Малхут, называемой Скинией, «тем самым возносят престол» – Малхут, «пока не доставляют ее (Скинию) к Моше» – Зеир Анпину. О них сказано: «И доставили Скинию к Моше»[338]. «А после того, как эти праведники соединяют ее с Моше, они получают в награду благословение от источника жизни, благодаря установленным ими связям единства, когда связывают всё воедино, как подобает. Поэтому сказано: "И осмотрел Моше всю работу"[339]» – т.е. единство всего. «И тогда: «Благословил их Моше»[339], т.е. они по-

---

338 Тора, Шмот, 39:33.

339 Тора, Шмот, 39:43.

лучили в награду благословения от места, на котором стоит ступень Моше» – от Зеир Анпина. «И это те мудрецы, которые совершают всю святую работу, поскольку умеют выстраивать работу в святости с помощью совершаемых соединений как подобает». (343)

Царь Давид всегда принижал себя перед Творцом, а каждого, кто принижает себя перед Творцом, Творец возносит над всем. Поэтому Творец благоволил к Давиду в этом мире и в мире будущем.

И подобно этому, человек должен быть презренным в глазах своих и принижать себя во всем, чтобы было желание (кли), к которому благоволит Творец. (233-235)

«Тайна Творца – для боящихся Его, и завет Свой Он объявляет им»[340].
Высшая тайна, пребывающая в сокрытии, существует лишь «для боящихся Его», которые всегда боятся Его и достойны этих высших тайн, и того, чтобы эти высшие тай-

---
340 Писания, Псалмы, 25:14.

ны были у них скрыты и упрятаны как должно, поскольку это высшие тайны. Однако: «И завет Свой Он объявляет им»[368], — тайну, пребывающую в святом завете, он объявляет им, ведь это то место, которое надлежит раскрывать и познавать. Потому что Есод раскрывает свечение Хохмы в Малхут, т.е. «Он объявляет им» через Малхут. (262)

«Пока царь устраивал торжество, мой нард источал аромат»[341].

«Пока царь устраивал торжество» — это Творец, т.е. Бина, который вручил Тору Исраэлю и явился им на горе Синай. Иначе говоря — когда Бина раскрыла «мохин дейехида»[342] Зеир Анпина, светившие в час вручения Торы Исраэлю. «И множество построений (меркавот) было с Ним. Все святые построения (меркавот)» — принадлежащие левой линии, «и все свойства высшей святости, принадлежащие святости Торы» — принадлежащие правой линии, «все они были там». «А Тора» — средняя линия, «была

---

341 Писания, Песнь песней, 1:12.

342 Досл. разум ступени единства.

вручена в пламени огня, и всё в ней было огнем, и написана она белым огнем» – исходящим со стороны Хеседа, «на черном огне» – исходящем со стороны Гвуры. Потому что средняя линия состоит из Хеседа и Гвуры, т.е. правой и левой. «И эти буквы, воспаряя, поднимались в воздухе» – т.е. нижние ступени, находящиеся в свойстве «воздух», воспаряли и поднимались к высшим. (109)

«И станут сыны Исраэлевы числом своим как песок морской, который не измерить и не исчислить»[343]. Что означает «как песок морской»[371]? Есть здесь два значения:

1. «Как песок морской»[371] означает – когда море бушует в гневе, взметая волны свои, и волны вздымаются, чтобы смыть мир, и достигают песка морского, но при виде его сразу же обрушиваются, пораженные, и, затихнув, отступают, не в силах уже овладеть миром, чтобы смыть его.

И так же Исраэль – это «песок морской»[371], и когда остальные народы – волны

---

343 Пророки, Ошеа, 2:1.

морские, несущие в себе гнев и суровые суды – видят, что Исраэль связаны с Творцом, они отступают назад, обрушиваясь при виде их, и не могут властвовать в мире.

2. «Песок морской»[371] – которому нет счета, и не поддается счету и измерению, как сказано: «Который не измерить и не исчислить»[371]. Также и Исраэль – нет им счета, и нельзя их исчислить. (93-94)

Исраэлю, которые пребывают в святости и являются одним народом в святом единстве, Творец помогает советом, как спастись от всех бед. (337)

О том времени, когда воздвигнет Творец храм свой, Малхут, сказано: «Уничтожит Он смерть навеки»[344] – так же, как ангел смерти уничтожал жителей мира, так же будет уничтожен и сам ангел смерти.

Не уничтожит на определенное время, подобно тому, как Исраэль находились в изгнании отведенное время, но, как сказано: «Навеки» – во все поколения.

---

344 Пророки, Йешаяу, 25:8.

И тогда возведет Творец Кнесет Исраэль, Малхут, и возведет подножия, пороги, все перекрытия, установив их навечно, поскольку будет уничтожена ситра ахра и больше не восстанет вовек. И тогда сказано: «И позор народа Своего устранит Он на всей земле, ибо изречено это Творцом»[344]. (385-387)

«И руки человеческие под крыльями их»[345]. Духи, создания и ангелы-офаним – все с крыльями. «И руки человеческие под крыльями их» – чтобы с их помощью принимать молитвы и принимать пришедших к возвращению. «Руки человеческие» – это места и пристанища, чтобы принимать людей в их молитве и просьбе, и открывать входы, чтобы принимать их, объединять и устанавливать связи, и выполнять их желания.

И эти места и пристанища называются руками человеческими, поскольку они предназначены для людей, и это – святые имена, которые правят на каждой ступени. Люди входят в них со своей молитвой и

---

345 Пророки, Йехезкель, 1:8.

просьбой – во все высшие врата. И благодаря этому нижние приходят к правлению наверху. (786-787)

«И будет вера времен твоих укреплена спасением мудрости и разума, страх Творца – сокровищница Его»[346].

«Каждый человек, занимающийся Торой в этом мире и удостоившийся установить времена для нее, должен пребывать в вере, чтобы направить желание свое к Творцу» – Зеир Анпину. «И должен выполнять всё во имя небес» – то есть Малхут, называемая «имя», должна произвести зивуг с «небесами», Зеир Анпином. «Потому что вера» – Малхут, «направлена на это» – на соединение с Зеир Анпином. Это смысл сказанного: «Вера времен твоих» – чтобы «времена твои», т.е. времена для Торы, Зеир Анпина, и вера, Малхут, соединились оба вместе. «Укреплена спасением» – дабы включить милосердие (хесед) в суд (дин). Ибо слово «укреплена» указывает на суд, а «спасением» – на милосердие (хесед). «Мудрости

---
346 Пророки, Йешаяу, 33:6.

(хохмы) и разума (даат)» – эти свойства находятся одно над другим, потому что Хохма скрыта и упрятана, и необходимо расположить их одно над другим, то есть, чтобы Хохма раскрывалась лишь с помощью Даат. (50)

Эту тайну необходимо знать товарищам, чтобы идти прямым путем.

Мысль, желание, голос и речь – это четыре свойства, устанавливающие связи в соответствии ХУБ ТУМ. Мысль и желание – это ХУБ (Хохма и Бина). Голос и речь – это ТУМ (Тиферет и Малхут). И после того, как все вместе установили связь, все стали единым строением (меркава), чтобы пребывала над ними Шхина, называемая «речь», и все они становятся затем четырьмя «столпами», чтобы украситься благодаря им, и Шхина опирается на них во всех высших связях.

Мысль, называемая Хохма, производит и порождает желание, Бину. А желание, вышедшее из этой мысли, порождает и производит голос, который слышен, т.е. Зеир Анпин. И этот слышимый голос поднимается, чтобы установить связи снизу вверх, нижних чертогов с высшими. Этот голос, устанавливающий связи между двумя линиями в Бине и притягивающий благословения сверху вниз, от Бины, в скрытии, тоже опирается на эти четыре «столпа» – мысль-желание-голос-речь, ХУБ ТУМ. И эта опора находится в окончательной связи, в речи, в Малхут, в месте, где всё связывается вместе, и все они становятся единым целым. Потому что Малхут принимает в себя все их.

Счастлив человек, устанавливающий связи Господина своего и укрепляющий опоры, как подобает, и все эти действия сопровождает правильным намерением. Счастлив он в этом мире и в мире будущем. (833-835)

«Вот закон о жертве всесожжения: эта жертва всесожжения должна находиться на огне жертвенника всю ночь»[347].

В будущем мире, Бине, всё будет единым целым. Жертва всесожжения называет-

---

347 Тора, Ваикра, 6:2. «Повели Аарону и его сынам, сказав: вот закон о жертве всесожжения. Эта жертва всесожжения должна находиться на огне жертвенника всю ночь».

ся «святая святых» благодаря соединению с Биной. Поэтому называется Малхут жертвой всесожжения (ола́), поскольку она поднимается (ола́) и украшается в Зеир Анпине и Бине, чтобы всё стало одним целым в единой связи, в радости.

Поскольку она поднимается наверх, в Зеир Анпин и Бину, сказано: «Вот закон о жертве всесожжения»[375], что означает – захар и нуква вместе. «Вот (зот)» – это нуква. «Закон (торат)» – Зеир Анпин, называемый Торой. Письменная Тора – это Зеир Анпин, устная Тора – это Малхут. «Жертва всесожжения (ола)» – она поднимается в будущий мир, Бину, чтобы стать соединенной внутри нее. Ибо Бина называется «святая святых», и также жертва всесожжения называется «святая святых». (349-350)

«И когда они восполняются все вместе» – т.е. все чертоги включаются в седьмой чертог, «и высшие части» – ЗОН мира Ацилут, «светят нижним» – чертогам, «тогда пробуждается самая высокая душа» – Бина мира Ацилут, «и входит во всех них, и светит всему». «И все благословляются, высшие» – ЗОН мира Ацилут, «и нижние» – все чертоги и всё, что в них. «И также тот, который непостижим, и не принимается в расчёт, желание, которое не улавливается никогда» – т.е. Атик, облачается в их внутреннюю часть. «Тогда всё поднимается до Бесконечности, образуя единую связь, и подслащается это желание» – которое никогда не улавливается, т.е. Атик, самое внутреннее, «в скрытии». (771)

Когда Творец сказал Моше: «Построй Скинию», Моше стоял, поражённый, ибо не знал, что делать, пока Творец отчётливо не указал ему, сказав: «Смотри и сделай по их образцу, какой ты будешь видеть на горе».[348]

«По их образцу» – Творец показывал Моше форму каждой вещи, по той же форме, что и наверху, духовной, и каждая из духовных форм наверху делала форму свою похожей на воображаемую форму, образующуюся на земле. И так узнавал Моше.

---

348 Тора, Шмот, 25:40.

«Какой ты будешь видеть на горе». Зеркало, которое не светит, Малхут, показывало ему в себе все виды и формы, образующиеся внизу.

Сказано: «Какой ты будешь видеть». «Ты» – это зеркало, которое не светит, Малхут, которая показывала ему в себе все эти формы. И видел их Моше, каждую вещь в ее правильном виде, подобно видящему в стеклянном сосуде, и в образе, показывающем все формы. А когда смотрел на них Моше, ему было трудно с ними. Потому что там, в Малхут, находилась каждая вещь в своей духовной форме, и каждая форма всего лишь приравнивала свою форму к воображаемой форме, находящейся в этом мире, в Скинии.

Таким образом, в каждой вещи проявлялись две формы: духовная и воображаемая. И потому Моше было трудно с ними, так как он не знал, какую из них выбрать. Сказал ему Творец: «Ты по своим признакам, а Я – по своим». Чтобы Моше брал себе воображаемые признаки, имеющиеся в каждой вещи, а Творец брал себе духовные признаки каждой вещи, и так духовная форма будет пребывать над воображаемой формой. И тогда разобрался Моше со всей работой возведения Скинии. (17)

Правая сторона всегда находится наготове поддерживать весь мир, светить ему и благословлять его. И поэтому коэн, правая линия, свойство Хесед, всегда посылается для благословения народа, ибо от правой стороны исходят все благословения мира. И коэн принимает их первым, и поэтому коэн назначается для благословения наверху и внизу, т.е. свойство Хесед – наверху, а сам коэн – внизу.

В час, когда коэн простирает руки для благословения народа, является Шхина и воцаряется над ним, наполняя силой руки его, и возвышает правую руку над левой рукой для того, чтобы поднять правую и укрепить ее над левой. И тогда все ступени, над которыми простирает коэн руки свои, все они наполняются благословениями от источника всего. «Источник колодца» – это праведник, т.е. Есод. «Источник всего» – это будущий мир, т.е. Бина, из которого светят все лики (паним), все мохин, ибо это исток и источник всего, и все свечи и света зажигаются от него. (80-81)

В час, когда праведник Йосеф, Есод, собирается всё исправить, он получает всё, и когда он соединяется со своим чертогом, пробуждаются все, чтобы взять стремление и желание, – высшие и нижние. И всё находится в едином желании, в едином совершенстве, чтобы радовать высших и нижних в едином желании, как полагается. Благодаря ему становится возможным существование всех нижних. Поэтому сказано: «Праведник – основа (есод) мира»[349], поскольку на этой основе держится мир. (742)

Есть вещи, от которых наслаждается тело, и они входят в тело, а не в душу. А есть вещи, от которых наслаждается душа, а не тело. И поэтому эти ступени отделены друг от друга. Счастливы праведники, которые выбирают прямой путь,

---
349 Писания, Притчи, 10:25.

избегая другой стороны, и прилепляются к стороне святости. (747)

Связь жертвы всесожжения со «святая святых», Биной, устанавливается для того, чтобы светить. До какого же уровня во время принесения жертвы восходит слияние желания коэнов, левитов и исраэлитов наверху?

Слияние их поднимается до Бесконечности, ибо всякая связь и единство, и совершенство обусловлены утаением в скрытии Того, кто непостижим и неведом, ведь желание всех желаний – в Нем, т.е. в Бесконечности. Бесконечность не станет раскрытой, и в ней не может образоваться ни конец (соф), ни начало (рош), и она не подобна первому «неизвестному (אין эйн)», то есть Кетеру, порождающему начало (рош) и конец (соф). Начало (рош) – это высшая точка, начало всего скрытого, находящегося внутри замысла, т.е. Хохмы (мудрости). Потому что эта Хохма (мудрость) вышла из Кетера, как сказано: «Откуда же постигнешь мудрость (хохма)»[350]. И он образовал конец (соф), называемый «конец чего бы то ни было», Малхут, конец всех светов. Но там, в Бесконечности, не существует конца. (359-360)

В Бесконечности нет желаний и нет светов, и нет свечей, т.е. светов Гвуры.

Все свечи и света, имеющиеся в Ацилуте, зависят от присутствия Бесконечности в них. Однако она не поддается постижению. Она – та, о которой ведомо, но сама она неизведанна, т.е. знание принадлежит ей, но сама она неизведанна. Это высшее желание, скрытое от всего, называемое непостижимым, сфира Кетер, однако о самой Бесконечности невозможно сказать ни одного слова, так как она вовсе непостижима.

Когда высшая точка, т.е. Хохма, и будущий мир, т.е. Бина, поднимаются в свечении своем, они познают лишь запах, т.е. ВАК свечения Хохмы, а не ГАР, подобно обоняющему запах и наполняющемуся ароматом. Но это не является свойством наслаждения,

---

350 Писания, Йов, 28:12.

ИЗБРАННЫЕ ОТРЫВКИ ИЗ КНИГИ ЗОАР

называемого «благовоние», ведь сказано: «И не стану обонять запаха благовония жертв ваших»[351]. Таким образом, запах и благовоние – это два понятия, ибо запах благовония означает дух желания, т.е. все желания молитвы и желание воспевания и желание коэна, все вместе составляющие свойство «человек». Тогда все они становятся единым желанием, которое называется благовонием и истолковывается как «благоволение». И тогда всё связывается воедино и светит вместе, как подобает. (361-362)

Седьмой чертог – самый внутренний из всех чертогов. Он сокрыт, нет у него явной формы, и здесь нет вообще гуф (остова), а только рош (исток). В нем упрятана тайна тайн, и это – место для вхождения в высшие потоки мира Ацилут. Это дух, включающий все духи, имеющиеся во всех чертогах. Это желание, включающее все желания, чтобы соединились все чертоги, как одно целое. Дух жизни, нисходящий от Бины, находится в этом чертоге, чтобы все стало единым исправлением.

---

351 Тора, Ваикра, 26:31.

Этот чертог называется «обителью святая святых»[352], местом получения высшей души, т.е. Бины, называемой так, чтобы пробудить в нем будущий мир, называемый Бина.

Этот мир, Малхут, называется «олам (мир)». «Олам (мир)» – от слова «алия (подъем)», когда поднимается нижний мир, Малхут, в высший мир, Бину, и она скрывается в ней и исчезает в ней. И раскрывается благодаря скрытию. Мир (олам עולם) означает, что Малхут поднимается (ола עולה) со всеми чертогами, которые сблизились с ней, и они скрываются в высшем сокрытии, Бине. Высший мир называется Биной. Это значит, что Бина поднимается и скрывается в высшем желании внутри скрытого более всех скрытых, который совершенно неизвестен и не раскрыт, и нет того, кто бы познал его. И это – Арих Анпин.

Завеса – это парса (разделение), проходящая между шестым чертогом, святостью, и седьмым чертогом, святая святых, которая протянулась, чтобы прикрыть сокровен-

---

352 Писания, Диврей а-ямим 2, 3:8.

ное, седьмой чертог. Крышка расположена в высших сокрытиях – на Ковчеге свидетельства, находящемся в святая святых. Это Есод Малхут Ацилута, облаченный в седьмой чертог, чтобы скрыть упрятанные (там скрижали), находящиеся во внутренней части Ковчега свидетельства, ибо они спрятаны и укрыты.

С внутренней стороны завесы, где находится Ковчег, есть место скрытое, недоступное и сокровенное, чтобы собирать в него высший елей, дух жизни, приносимый «рекой, берущей начало и выходящей из Эдена» – т.е. Есодом Зеир Анпина мира Ацилут. Эта река называется родником колодца, свойства Малхут, и воды ее не иссякают никогда. И когда Есод вводит и притягивает всё святое умащение свыше, из места святая святых, Бины мира Ацилут, свечение и притяжение нисходят и входят внутрь этих потоков Есода Малхут мира Ацилут, и Малхут Ацилута наполняется оттуда, подобно нукве, которая беременеет, наполнившись от захара.

Также и седьмой чертог устанавливается, чтобы получать света сферы Есод Зеир Анпина мира Ацилут через Малхут мира

Ацилут, облаченную на нее, точно так же, как нуква получает от захара. Получаемое ею – это все святые духи и души, опускающиеся в мир, чтобы облачиться в людей, и они задерживаются там на необходимое время, пока не опускаются, облачаясь в людей. После того как они покидают этот мир, они возвращаются в седьмой чертог.

Они задерживаются в седьмом чертоге до прихода царя Машиаха, и все эти души получают необходимое им и достигают своего места в мире Ацилут, и будет радоваться мир, как и раньше, как до уменьшения луны и до нарушения запрета Древа познания, как сказано: «Возрадуется Творец деяниям Своим»[353].

Потому что души (нешамот), после того как они покидают этот мир, не могут подняться выше седьмого чертога, поскольку там находится парса, производящая разделение между миром Ацилут и мирами БЕА. Поэтому они задерживаются в седьмом чертоге до окончательного исправления, с наступлением которого отменится граница,

---

353 Писания, Псалмы, 104:31.

создаваемая этой парсой, и тогда они смогут подняться в Ацилут, к своему корню, Бине Ацилута, ведь свет Бины называется «нешама». И поэтому говорится тогда: «Возрадуется Творец деяниям своим».

В этом чертоге находятся наслаждения и упоение духа, и веселье, которым Творец радуется в Эденском саду. Здесь вся страсть и всё наслаждение, чтобы соединить в нем все чертоги, как одно целое, и все они станут едины. И здесь находится связь всего в полном единстве.

Когда все части, т.е. все свойства чертогов, соединяются с высшими частями седьмого чертога, каждая, как положено ей, то нет у них иного стремления и наслаждения, кроме единства в этом чертоге. Всё связано с этим чертогом. И когда соединение, произошедшее здесь, образует полное единство, тогда все свечения в этих частях, и все свечения лика, и вся отрада, все они несут свет и радость.

Благословен удел того, кто умеет выстраивать всё в правильном порядке и совершать исправления, ведущие к подобающему совершенству. Он становится любимым другом Творца в этом мире и в мире будущем. И тогда все суды и все суровые приговоры устраняются из мира. (752-760)

Родник колодца, Есод, никогда не перестает питать этот колодец – Малхут мира Ацилут, облаченную в седьмой чертог. Поэтому это место является совершенством всего, существованием всего тела (гуф), чтобы во всем пребывало совершенство, как подобает. Здесь, в седьмом чертоге, единство и связь – словно одно целое, чтобы всё было вверху и внизу единым, в единой связи, чтобы части, свойства и ступени этих чертогов не отделялись друг от друга. (764)

Книга Ваикра

Ваикра

Насколько внимателен должен быть человек к величию Господина его, чтобы быть совершенным творением пред Творцом. Ведь когда сотворил Творец человека, Он сотворил его совершенным, как сказано: «Сотворил Творец человека прямым»[354]. (315)

«Вот как хорошо и как приятно сидеть братьям также вместе»[355].

Счастливы Исраэль, которых не отдал Творец управителю или посланнику, ведь Исраэль держатся за Него, а Он держится за них. Благодаря их любви назвал их Творец рабами, как сказано: «Мне сыновья Исраэля рабы, Мои рабы они»[356]. А затем назвал Он их сыновьями, как сказано: «Сыновья вы

---

354 Писания, Коэлет, 7:29. «Сотворил Творец человека прямодушным, они же пустились во многие ухищрения».

355 Писания, Псалмы, 133:1.

356 Тора, Ваикра, 25:55.

Творцу вашему»[357]. А затем назвал Он их братьями, как сказано: «Братья Мои и ближние Мои»[358]. И поскольку назвал их братьями, пожелал поместить в них Свою Шхину, и Он не покинет их. Тогда сказано: «Вот как хорошо и как приятно сидеть братьям также вместе». (99)

Нет ни одного слова в Торе, указывающего на слабость или разбитость, и когда ты изучишь это слово и постигнешь его, ты увидишь, что оно по силе своей, «как молот, разбивающий скалу»[359]. А если слабо оно, то это – в тебе. Сказано: «Ибо это в вас не слово пустое»[360]. А если пустое оно, то это – в вас. (88)

Счастливы праведники, которых Творец обучает глубоким тайнам высших и нижних ступеней. И всё это – во имя

---

357 Тора, Дварим, 14:1.

358 Писания, Псалмы, 122:8.

359 Пророки, Йермияу, 23:29.

360 Тора, Дварим, 32:47. «Ибо это в вас не слово пустое, но это жизнь ваша».

Торы. Ибо каждый, кто занимается Торой, украшается венцами Его святого имени. Ведь Тора – это святое имя, и тот, кто занимается ею, отмечается и венчается святым именем, и знает тогда скрытые пути и глубокие тайны высших и нижних ступеней, и не страшится никогда. (324)

Кнесет Исраэль предстает перед Царем, Зеир Анпином, только благодаря Торе. И все время, пока Исраэль занимаются Торой на земле, Кнесет Исраэль пребывает с ними. Если они пренебрегли словами Торы, Кнесет Исраэль не может находиться с ними даже одного часа. Поэтому, когда Кнесет Исраэль устремляется к Царю благодаря Торе нижних, сила ее растет, и святой Царь рад принять ее.

И всякий раз, когда Кнесет Исраэль является перед Царем, но Торы нет с ней, сила ее истощается. Горе тем, кто ослабляет высшую силу! Поэтому счастливы занимающиеся Торой, тем более в тот час, когда нужно поддержать Кнесет Исраэль. (373-374)

«Служите Творцу в радости»[361]. **Всякая работа, посредством которой человек хочет служить Творцу, должна вестись в радости, по желанию сердца, чтобы служение его было в совершенстве.** (109)

После того как умер Моше, сказано: «И встанет этот народ и будет блудить»[362].

И такое же горе миру, когда покинет его рабби Шимон, потому что перекроются источники мудрости в мире, и будет искать человек слово мудрости и не найдет, кто бы сказал его. Весь мир будет совершать ошибки в Торе и не найдет, кто бы пробудил его в мудрости. Об этом времени сказано: «А если вся община Исраэля совершит ошибку»[363], – т.е. если совершат они ошиб-

---

361 Писания, Псалмы, 100:2. «Служите Творцу в радости, предстаньте пред Ним с песней».

362 Тора, Дварим, 31:16. «И сказал Творец Моше: Вот ты ложишься рядом с твоими отцами, и встанет этот народ и блудно следовать будет за божествами племен земли, в среду которых он входит, и он оставит Меня и нарушит Мой завет, который Я заключил с ним».

363 Тора, Ваикра, 4:13. «А если вся община Исраэля совершит ошибку, и сокрыто будет от глаз общества, и они совершат (что-либо) одно из всех заповедей Творца, чего делать не должно, и провинятся...»

ку в Торе, не зная путей ее, и в чем состоят они. Поскольку: «И сокрыто будет от глаз общества»[391] – т.е. не будет того, кто умел бы раскрыть глубины Торы и пути ее. Горе тем поколениям, которые будут жить тогда в мире! (387)

Творец раскроет глубокие тайны Торы во времена царя Машиаха, потому что «полна будет земля знанием Творца, как полно море водами»[364]. И сказано: «И не будет больше каждый учить брата своего и каждый – ближнего своего, говоря: "Познайте Творца", ибо все они будут знать Меня, от мала до велика»[365]. (388)

Тот, кто обращается с просьбой к Царю, должен соединить святое имя в своем желании снизу вверх, от Малхут до Кетера, и сверху вниз, от Кетера до Малхут, и связать всё в полном единстве в Бесконечности,

---

364 Пророки, Йешаяу, 11:9. «Не будут делать зла и не будут губить на всей Моей святой горе, ибо полна будет земля знанием Творца, как полно море водами».

365 Пророки, Йермияу, 31:33.

и в это единство включить свою просьбу. Кто в мудрости обращения с просьбой может сравниться с царем Давидом, который охранял вход к Царю, т.е. был опорой для Малхут, называемой «вход к Царю». Именно так это, и поэтому Тора обучает нас путям святого Царя, чтобы мы сумели пойти за Ним. Как сказано: «За Творцом, Всесильным вашим, следуйте»[366]. (342)

Молитва и глас шофара, который праведник издает, трубя в шофар, – глас, исходящий из его духа и души, поднимается наверх. В этот день наверху поднимаются и присутствуют обвинители, и когда поднимается этот глас шофара, все они отмечаются им и становятся нежизнеспособными. Благословен удел праведников, умеющих желание свое сделать угодным их Господину и знающих, как в этот день с помощью гласа шофара исправить мир. Поэтому сказано: «Счастлив народ, умеющий трубить»[367]. Именно умеющий, а не (просто) трубящий.

---

366 Тора, Дварим, 13:5.
367 Писания, Псалмы, 89:16.

В этот день народ должен проследить, чтобы человек, совершенный во всем, знающий пути святого Царя и знающий величие Царя, вознес за них молитву в этот день и вызвал глас шофара во всех мирах намерением сердца, мудростью, желанием, совершенством, чтобы благодаря ему ушел суд из мира. (311-312)

«Сердце мое – законодателям Исраэля, покровителям народа; славьте Творца!»[368]

Всё желание и всё сердце, с помощью которых человек должен притягивать благословения сверху вниз, чтобы объединить святое Имя, он должен привлечь в молитве к Творцу, в желании и в намерениях сердца, от глубокой реки, т.е. Бины, как сказано: «Из глубин звал я Тебя, Творец»[369]. Потому что там, в высших глубинах, заключена наибольшая глубина, так как они являются высшим началом, в котором производят зивуг (соединение) Аба ве-Има – Хохма́ и Бина в

---

368 Пророки, Шофтим, 5:9.

369 Писания, Псалмы, 130:1. «Песнь ступеней. Из глубин я воззвал к Тебе, Творец».

Бине. Так же и здесь: «Сердце мое – законодателям Исраэля», – это Аба ве-Има, т.е. законодатели, которые передают мохин святому Исраэлю, Зеир Анпину, происходящему от них.

«Покровителям (митнадвим) народа» – это праотцы, т.е. ХАГАТ Зеир Анпина, которые называются знатными (недивим). Как сказано: «Знатные из народов собрались как народ Творца Авраамова»[370] – т.е. праотцы, которые происходят от Авраама, Хеседа Зеир Анпина. И тогда: «Славьте Творца!»[396] – т.е. притягивать от Него благословения вниз, чтобы благословения пребывали во всем мире. Ведь когда в этот мир, внизу, нисходят благословения свыше, всё пребывает в радости и совершенстве, поскольку любой свет достигает совершенства только когда он нисходит в этот мир. Благословенна доля Исраэля, ибо Творец посылает им благословения и внимает их молитвам. Сказано о них: «Внял Он молитве одинокого и не презрел молитвы их»[371]. (448-449)

---

370 Писания, Псалмы, 47:10.

371 Писания, Псалмы, 102:18.

«Зоар» выясняет понятие: «И призвал Он Моше»[372], поскольку несомненно, что у этого призыва нет никакого сходства с материальным; но, как сказано: «Словно на языке людей говорила Тора»[373]. И поэтому необходимо понять внутренний смысл этого призыва. (10)

Не восхваляют человека в его же присутствии. Ибо не раскрывает Творец величия ступени постигающему ее, но лишь после того, как прошла эта ступень и он удостоился новой ступени, тогда раскрывает ему величие и совершенство первой. Поскольку не раскрывает Творец величие ступени перед ней самой во время ее действия. (18)

Мысль Творца, сфира Хохма, является высшей и стоит во главе всего. Потому что парцуф Зеир Анпин начинается с Хохмы, а его Кетер – от Имы. От этой мысли протянулись пути и тропы, чтобы раскрыть святое

---

372 Тора, Шмот, 24:16.

373 Вавилонский Талмуд, трактат Санедрин, лист 59:1.

имя и произвести в нем нужные исправления. От этой мысли проистекает и исходит живительная влага Эдена, чтобы орошать всё. Благодаря этой мысли существуют высшие и нижние, и благодаря ей была дарована письменная Тора, Зеир Анпин, и устная Тора, Малхут. (70)

Когда жители мира улучшают деяния свои внизу, и суды, смягчаясь, исчезают, то пробуждается милосердие, властвуя над тем злом, которое пробудилось вследствие сурового суда. И когда это милосердие пробуждается, то наступает радость и утешение, поскольку оно властвует над этим злом. Как сказано: «И передумал Творец о зле»[374]. «И передумал» – поскольку утих суровый суд и правит милосердие.

В час, когда смягчаются суды и властвует милосердие, то каждая сфира снова оживает, и они все вместе благословляются. И когда возвращается каждая на свое место, и благословляются все вместе, то Има смягчается в соединении тех печатей, которые

---
[374] Тора, Шмот, 32:14.

вернулись к ее свойству, и тогда возвращение называется полным и происходит искупление мира. Потому что Има (мать) восседает в совершенной радости, как сказано: «Дети несут радость матери»[375]. (249-250)

Всё время, пока собрание Исраэля находится с Творцом, Творец пребывает в совершенстве и питает этим желанием Себя и других.

Себя – это значит, что он питает Себя вскармливанием от молока высшей Имы, т.е. получает наполнение Бины. От этого полученного Им питания Он насыщает всех остальных и вскармливает их. Всё время, пока собрание Исраэля находится с Творцом, Он пребывает в совершенстве и радости. И пребывают с Ним благословения, а от Него исходят они ко всем остальным, во все миры. А всё время, пока собрание Исраэля не находится с Творцом, благословения уходят от Него и от всех остальных. (288)

---

[375] Писания, Псалмы, 113:9.

«Благословите Творца, все служители Его»³⁷⁶ – это восславление для всех сыновей веры. Кто они – сыновья веры? Это те, кто занимается Торой и умеют соединять святое имя как подобает. И восславление этих сыновей веры возносится, когда они встают в полночь для занятий Торой, и сливаются с Кнесет Исраэль, Малхут, чтобы восславлять Творца речениями Торы.

В час, когда человек встает в полночь для занятий Торой, и северный ветер, свечение левой (линии), пробуждается в полночь, лань, Малхут, поднимается и восславляет Творца, Зеир Анпина. И в час, когда она поднимается, сколько тысяч и сколько десятков тысяч поднимаются вместе с ней в становлении своем, и все начинают восславлять святого Царя. (200-201)

«При всеобщем ликовании утренних звезд вострубят все сыны Творца»³⁷⁷.

Когда Творец является, чтобы радоваться вместе с праведниками в Эденском саду,

---

376 Писания, Псалмы, 134:1.

377 Писания, Йов, 38:7.

то все речения, т.е. ступени нижнего мира, Малхут, и все высшие и нижние пробуждаются перед Ним. И все деревья, т.е. ступени, Эденского сада начинают воздавать Ему хвалу. Как сказано: «Тогда запоют все деревья лесные перед Творцом, ибо приходит Он»[378]. И даже все птицы на земле возносят хвалу Ему. Тогда выходит пламя и ударяет в крылья петуха, и он призывает и восхваляет святого Царя и призывает людей быть усердными в Торе и в восхвалении своего Господина, и служении Ему. Благословенна доля тех, кто поднимается с ложа своего, чтобы заниматься Торой.

Когда наступает утро, открываются врата южной стороны, Хеседа, и ворота исцеления являются миру, и поднимается восточный ветер, т.е. Зеир Анпин, и пробуждается милосердие, и все те звезды и созвездия, т.е. ступени, которые подчиняются власти этого утра, т.е. Есода, сияющего светом хасадим, начинают восславлять и воспевать высшего Царя. (379-380)

---

378 Писания, Псалмы, 96:13.

Когда петух кричит, а люди продолжают спать в своих постелях и не просыпаются, то петух кричит, хлопая своими крыльями и возглашая: «Горе такому-то – обиженному Господином своим, покинутому Господином своим, поскольку не пробудился дух его, и не увидел он величия Царя!»

Когда начинает светить день, выходит к нему воззвание, гласящее: «Но не скажут: "Где Творец, делающий меня, устанавливающий в ночи песнопения"»[379], помогая ему этими восславлениями, чтобы оказывать единую помощь во всём. То есть, Малхут возносит в ночи песнь Зеир Анпину, чтобы помочь человеку тоже пробудиться с помощью этих восславлений. А когда сам человек воздает хвалу и занимается Торой, она возносит МАН, и тогда он помогает Малхут, и они оба оказывают единую помощь. Что значит «делающий меня»? Дело в том, что когда человек встает в полночь, и занимается воспеванием Торы, а «воспевание Торы» произносится именно ночью, когда он занимается Торой, то с наступлением света дня

---

379 Писания, Йов, 35:10.

ИЗБРАННЫЕ ОТРЫВКИ ИЗ КНИГИ ЗОАР

Творец и Кнесет Исраэль исправляют его с помощью спасающей от всего нити милости, чтобы наполнить его светом среди высших и нижних.

«Где Творец, делающий меня»[407]. Следовало сказать: «Делающий для меня». Что значит «делающий меня»? Но поскольку он встает в полночь и занимается Торой, то когда начинает светить день, пробуждается Авраам с его нитью милости. И тогда Творец и Кнесет Исраэль исправляют его, делая его каждый день новым творением. Как сказано: «Творец, делающий меня». (397-399)

Когда он обретает руах, этот руах (ветер) выходит «и разбивает горы и сокрушает скалы»[380], т.е. внешние силы. Поднимаясь, он простирается и входит между высших святых ангелов, поскольку руах

---

380 Пророки, Мелахим 1, 19:11. «И сказал: выйди и стань на горе пред Творцом. И вот, Творец проходит; и большой и сильный ветер, разбивающий горы и сокрушающий скалы пред Творцом; "не в ветре Творец". После ветра – землетрясение; "не в землетрясении Творец"».

исходит от мира Ецира, где пребывают ангелы, и там он узнаёт то, что узнаёт, и научившись у них разным вещам, возвращается на свое место. И тогда у человека устанавливается такая связь со святостью, пока он не удостаивается души (нешама) и не обретает ее.

Когда он удостаивается души (нешама), она поднимается наверх в мир Брия, от которого исходит нешама, и стражи ворот не задерживают ее, и она непрерывно распространяется и поднимается всё выше среди тех праведников, которые завязаны «в сплетение жизни»[381], т.е. в Малхут мира Ацилут, и видит там благо Царя и наслаждается высшим свечением.

А когда святая лань, т.е. Малхут, пробуждается благодаря северному ветру, т.е. в полночь, – она спускается, и тот праведник, который обрел душу (нешама), встает и укрепляется в Торе, подобно могучему льву, пока не воссияет утро, и тогда он идет с этой святой ланью, чтобы предстать перед

---

381 Пророки, Шмуэль 1, 25:29. «И была душа господина моего завязанной в сплетение жизни Творца Всесильного твоего».

Царем и получить от него одну нить милости (Хесед), нить Авраама, свет Хесед.

А когда этот праведник приходит вместе с ланью, т.е. с Малхут, он украшается вместе с ней пред Царем. (433-436)

В час, когда Творец управляет миром и видит, что действия сынов человеческих внизу правильны, раскрывается Атик, то есть Кетер, в Зеир Анпине – в Тиферет. И созерцают все эти лики Зеир Анпина скрытые лики Атика. И благословляются все, потому что смотрят друг на друга прямо, т.е. в свойстве средней линии, которая не уклоняется ни вправо, ни влево. Как сказано: «Лики их смотрят прямо»[382]. Лики Атика и Зеир Анпина смотрят друг на друга прямо, в средней линии. «И тогда благословляются все, угощая друг друга питьем, пока не благословляются все миры, и становятся все миры единым миром, и тогда он называется: "Творец един и имя Его едино"[383]». (246)

---

382 Писания, Псалмы, 11:7.

383 Пророки, Захария, 14:9.

Цав

«Справедлив Творец на всех путях своих и милостив во всех деяниях своих»[384]. Насколько люди должны быть внимательными к славе Господина их, и тогда они не отклонятся в сторону от путей своих. (89)

Сказали мудрецы: «Приди к возвращению за день до своей смерти»[385], потому что человек должен совершать возвращение каждый день, вручая Творцу свой дух, чтобы он вышел в единстве. Как сказано: «Вручаю дух мой на хранение Тебе»[386]. (144)

Простолюдин зовется животным. И после того, как введет себя под свойство «человек» в Торе, осуществится в нем сказанное: «Человека и животное спасаешь Ты, Творец»[387]. И если он подобен коню, на котором восседает его Господин, и конь тер-

---

384 Писания, Псалмы, 145:17.

385 Вавилонский Талмуд, трактат Шаббат, лист 153:1.

386 Писания, Псалмы, 31:6.

387 Писания, Псалмы, 36:7.

пит Его, и не отбрыкивается от своего Господина, то так же он должен быть подобен коню под учеником мудреца. (60)

Ученик мудреца должен рассматривать себя равным по важности всем постигающим Тору. Он должен видеть себя таким со стороны Торы, со стороны НАРАН (нефеш-руах-нешама), относящихся к разуму. А со стороны частей тела, со стороны животных НАРАН – должен рассматривать себя равным по важности всем народам земли. Как сказано: «Всегда должен человек видеть себя значимым настолько, будто весь мир зависит от него». Поэтому он должен намереваться принести свои НАРАН в жертву вместе со всеми жителями мира. А Творец присоединит хорошую мысль к этому действию. Таким образом, «человека и животное спасаешь Ты, Творец»[415]. (71)

Каждый человек, занимающийся Торой, уста которого произносят Тору, Творец укрывает его, и Шхина простирает над ним свои крылья. Об этом сказано:

«И вложил Я слова Мои в уста твои, и в тени руки Своей укрыл тебя»[388]. И к тому же, он воздвигает мир, и Творец радуется с ним, как в тот день, когда были основаны небо и земля. (182)

Счастливы те, кто занимается Торой, поскольку стоят на более высокой ступени, чем все.

Тот, кто занимается Торой, не должен совершать ни жертвоприношений, ни всесожжений. Потому что Тора превосходит всё, и она – связь веры всего, связь Малхут. Поэтому сказано: «Пути ее – пути приятные, и все стези ее – мир»[389]. И сказано: «Велико благополучие возлюбивших Тору Твою, не оступятся в пути»[390]. (186)

Это «мясо жертвы посвящения», т.е. Малхут, пылающая в многочисленных языках пламени со стороны Гвуры, в любви мужа ее, Зеир Анпина, – она сго-

---

388 Пророки, Йешаяу, 51:16.

389 Писания, Притчи, 3:17.

390 Писания, Псалмы, 119:165.

рает в любви, в любви возглашения Шма, в любви единства, которая не погаснет ни днем, ни ночью. О, друзья, ни в коем случае «не давайте покоя Ему»³⁹¹ – Творцу, пока не загорится Он пламенем любви единства Своего при возглашении Шма. Чтобы осуществить сказанное о нем: «Огонь постоянный будет гореть на жертвеннике, не угаснет»³⁹². (151)

«Огонь постоянный зажжен будет на жертвеннике, не угаснет»⁴²⁰.

Это Тора, называемая огнем, о которой сказано: «"Ведь таково Мое слово – подобно огню" – сказал Творец»³⁹³. И она должна светить «постоянно на жертвеннике» – над Малхут. «Не угаснет» – конечно же, огонь Торы не угаснет, потому что нарушение не гасит огня Торы. Но нарушение гасит огонь заповеди, и тот, кто совершает нарушение,

---

391 Пророки, Йешаяу, 62:7. «Напоминающие о Творце – не давайте себе покоя! И не давайте покоя Ему, пока не утвердит и не сделает Йерушалаим славой на земле».

392 Тора, Ваикра, 6:6.

393 Пророки, Йермияу, 23:29.

гасит огонь заповеди, называемой «свеча». Так он гасит «свечу тела своего» – т.е. душу, о которой сказано: «Свеча Творца – душа человека»[394]. (50)

«Огонь постоянный зажжен будет на жертвеннике, не угаснет»[420] – это огонь Ицхака. Как сказано: «Вот огонь и дрова»[395] – это суды, исходящие от левой линии до включения ее в правую линию. «Огонь постоянный» – постоянно находящийся в Малхут, для того чтобы получать хасадим от Зеир Анпина. «И дрова» – это дрова Авраама, т.е. хасадим, исходящие от правой линии, как сказано: «И будет коэн разжигать на нем дрова каждое утро»[420]. «Коэн» – обладающий свойством Хесед. (76)

«Ибо с Тобой источник жизни, в свете Твоем увидим свет»[396]. «Ибо с Тобой источник жизни» – это высшее масло, истекающее и никогда не прекращающееся,

---

394 Писания, Притчи, 20:27.

395 Тора, Берешит, 22:7.

396 Писания, Псалмы, 36:10.

которое содержится в Хохме, высшей над всеми. Сказано: «Ибо с Тобой», поскольку он пребывает с Тобой в любви надо всем и не расстается с Тобой никогда. «Источник жизни» – это Бина, так как Хохма и Бина слиты друг с другом в зивуге, который не прекращается никогда. И называется Бина источником жизни, так как она – источник и родник этой жизни, т.е. наполнения Хохмы, называемого жизнью, который черпает жизнь от Хохмы для высшего Древа, т.е. Зеир Анпина, и зажигает свечи Малхут. И потому это Древо, т.е. Зеир Анпин, называется Древом жизни, так как оно посажено и укрепляется корнями в источнике жизни – Бине. (165)

Две свечи. Одна наверху, другая внизу. Если человек зажигает ту свечу, что внизу, и гасит ту свечу, что наверху, то дым, поднимающийся от нижней свечи, зажигает верхнюю свечу. Так же дым жертвоприношения, который поднимается над жертвой, вызывает притяжение свечения Хохма наверху и зажигает высшие свечи, Зеир Анпин и Малхут, и они зажигаются вместе, и приближаются вместе все сфирот благодаря этому благоуханию, и поэтому сказано: «Благоухание, приятное Творцу»[397]. (190)

Это те три ступени, три линии, которые всегда должны находиться над жертвоприношениями для того, чтобы найти благоволение наверху и внизу и для того, чтобы находились благословения во всех мирах. Коэн во время принесения жертвы стремился соединить святое имя надлежащим образом и пробудить свою сторону – правую сторону, Хесед. А левиты стремятся во время песнопения пробудить свою сторону, левую сторону, Гвуру, и включиться в сторону коэна. И Исраэль, вожди, средняя линия, Тиферет, стремятся в сердце и желании прийти к полному возвращению, склоняясь перед святым Царем, который овладевает всем. И искупаются прегрешения их, и тогда радость пребывает в высших и нижних. (123)

---

[397] Тора, Ваикра, 1:9.

На этом жертвеннике поднимается и становится видимым Уриэль, подобный сильному льву, который набрасывается на свою добычу. Видя это, коэны и Исраэль радовались, так как знали, что их жертва принята с благоволением святым Царем. И свыше опускался другой высший святой огонь, ангел Уриэль, соответствующий нижнему огню, разжигаемому на жертвеннике. При этом человек входил в состояние всё большего трепета перед своим Господином и совершал полное возвращение.

Это подобно царю, которому народ послал подарок, приглянувшийся ему. Сказал царь своему рабу: «Иди и возьми этот подарок, который они принесли мне». Так и Творец сказал ангелу Уриэлю: «Иди и прими подарок, который Мои сыновья принесли в жертву предо Мной». Какой же радостью наполнялось все, и какое наслаждение во всем раскрывалось в час, когда коэн, левит и тот, кто приносил жертву, находились в намерении совершить жертвоприношение как подобает – в полном единстве. (129-130)

«Упрочь свидетельство, запечатли Тору в учениках Моих»[398].

«Упрочь свидетельство» – это свидетельство Давида, Малхут. Как сказано: «Свидетельству этому обучу Я их»[399]. «Упрочь» означает связь. Подобно тому, кто укрепляет связь в одном месте. А «упрочь свидетельство» означает – Малхут, укреплённая связью. «Запечатли Тору» – т.е. Зеир Анпин, когда всё наполнение и величие притягиваются сверху, и печать Его, завершение, находится «в учениках Моих». И это Нецах и Ход, называемые «учениками Творца», поскольку там собираются величие и умащение между двумя столпами, Нецах и Ход, чтобы пребывать там, ибо они являются местом всего величия и умащения, изливающегося свыше, из Тиферет, называемой Торой, чтобы наполнить им пэ Есода, и излить его этому свидетельству, Малхут. И тогда соединяется всё в единой связи верности. И мера выполнения сказанного «упрочь свидетельство», т.е. эту связь

---

398 Пророки, Йешаяу, 8:16.

399 Писания, Псалмы, 132:12.

Малхут, осуществится посредством «запечатли Тору в учениках Моих» – когда наполнение Торы запечатлевается, т.е. довершается в Нецахе и Ходе, а от них – в Есоде. И тогда связывается Малхут с Есодом, для того, чтобы получить наполнение, и всё становится единой связью. (184)

После того, как праведник возложил на себя обязательство – не давать питания телу (гуф) и НАРАН животного уровня, и они находятся в свойстве «бедный – все равно что мертвый»[400], он удостаивается пребывания Шхины в постоянстве. И тогда Шхина предает сожжению свойства зла, содержащиеся в их клипе Нога, пока они не станут пригодными к окончательному исправлению. (151)

Шмини

Счастливы Исраэль, ибо Творец дал им святую Тору, которая является всеобщей радостью, радостью Творца, местом

---
400 Вавилонский Талмуд, трактат Недарим, лист 64:2.

прохождения Его. Как сказано: «И была я радостью каждый день»[401]. И вся Тора – это одно святое имя Творца. И Торой был создан мир. Как сказано: «И была я у Него питомицею (амо́н)»[358], читай не «амо́н» (питомица), а «ума́н» (мастер), ибо была она его мастерским инструментом для создания мира. (1)

Все те, кто занимаются Торой, соединяются с Творцом и украшаются венцами Торы, и любимы наверху и внизу, и Творец протягивает им правую руку, Хесед. И тем более те, кто занимаются Торой еще и ночью, установлено, что они содействуют Шхине и соединяются вместе. И когда наступает утро, Творец украшает их одной нитью милости (хеседа), чтобы были они известны среди высших и среди нижних. (8)

«Помни милосердие Твое, Творец, и милости Твои, ибо из мира они»[402].

---

401 Писания, Притчи, 8:30. «И была я у Него питомицею, и была радостью каждый день, веселясь пред Ним все время…»

402 Писания, Псалмы, 25:6.

«Помни милосердие (рахами́м) Твое» – это Яаков. А «милости (хесед) Твои» – это Авраам. «Ибо из мира они» – т.е. из мира взял их Творец и поднял их наверх, и сделал из них высшее строение (меркаву́), чтобы защищать мир. И поскольку они «из мира», Он помнит их, чтобы защищать и жалеть мир. Подобно этому забирает Творец праведников из мира и поднимает их наверх, чтобы защитить мир. (42)

В будущем должен Творец дать очищение Исраэлю. Как Он очистит их? Сказано: «И окроплю вас водою чистою, и очиститесь вы»[403]. Это вода Хеседа, облачающая и включающая в себя свечение левой линии, потому что оттуда приходит очищение. И после того, как они очистились, они освящаются, так как соединяются со святостью Зеир Анпина, в котором содержатся мо́хин Аба ве-Има, называемые «святость». И Исраэль, которые прилепляются

---

403 Пророки, Йехезкель, 46:25. «И окроплю вас водою чистою, и очиститесь вы от всей скверны вашей; и от всех идолов ваших очищу вас».

к Творцу, называются святостью. Как сказано: «Святостью является Исраэль для Творца, первые плоды Его»[404]. И сказано: «И людьми святости будьте Мне»[405]. (117)

Во всем нужно раскрыть действие снизу. Поэтому Аароном было совершено действие внизу – семь дней посвящения, в течение которых он не выходил из Скинии, и жертвоприношение на восьмой день, чтобы пробудить такое же действие наверху, и всё соединяется в едином виде. Тогда благословляются все миры, и эти благословения вызваны коэном. И теперь коэн наполняется всем совершенством, как подобает. (30)

В этот день наполнилась радостью Кнесет Исраэль, Малхут, соединившись связью веры во всех священных видах связи – во всех сфирот Зеир Анпина. Ибо воскурение связывает всё в единое целое, и по-

---

404 Пророки, Йермияу, 2:3. «Святостью является Исраэль для Творца, первые плоды Его; все поедающие их будут осуждены; бедствие придет на них, – сказал Творец».
405 Тора, Шмот, 22:30.

этому называется «кто́рет (смесь)». Надав и Авиу, взяв смесь благовоний, перемешали все их вместе с ситра ахра, а Малхут оставили снаружи, не связав ее со сфирот Зеир Анпина, присоединив вместо Малхут ситра ахра. (37)

После того, как Аарон наполняется совершенством в эти семь дней, свойствами Бины и ХАГАТ НЕХИ, украшаясь ими, вслед за тем восьмой день, Малхут, должен получить совершенство от семи дней помазания, благодаря коэну. И поэтому работа в восьмой день заключается в получении украшения от этих семи, т.е. от Бины и ХАГАТ НЕХИ, чтобы исправился коэн от прегрешения золотого тельца, совершенного им. (45)

Всё происходит благодаря тому, что Кнесет Исраэль, Малхут, украшается и благословляется коэном во время посвящения. А восьмой день – это день радости Кнесет Исраэль с Творцом, радости высших и нижних. И так же, как наполняется совершенством коэн внизу, словно бы наполняется совершенством коэн наверху, свойство Хесед Зеир Анпина. Кроме Надава и Авиу, которые создали препятствие между госпожой (Матронитой) и Царем. И поэтому: «Вышел огонь от Творца и уничтожил их». (52)

«Подкрепите меня яблоками»[406]. «Яблоки» и «лакомства» – это свойства праотцев, которые они передают Есоду, а Есод – Малхут. Разница между ними в том, что лакомства пьянят, а яблоки – отрезвляют и настраивают желание. Поэтому сказано: «Лакомства и яблоки». «Лакомства» – чтобы напоить вином. «Яблоки» – настроить желание так, чтобы вино не навредило. И всё это – потому, что «больна любовью я»[363], в изгнании. Тот, кто объединяет святое имя, должен объединить «суд» и «милосердие», соединив их, как должно, придать им аромат и исправить всё как подобает. И это называется: «Поддерживает Кнесет Исраэль в изгнании». (82)

406 Писания, Песнь песней, 2:5.

Общее правило состоит в следующем: так же, как есть десять сфирот веры наверху, есть десять сфирот обманного колдовства внизу. Из всех животных, имеющихся на земле, одни относятся к одной стороне, а другие – к другой. И Писание разрешает нам тех животных, которые относятся к стороне десяти сфирот святости, и запрещает нам всех животных, относящихся к десяти сфирот нечистоты. (106)

Всякий, кто ест запрещенные виды еды, связывает себя с другой стороной и оскверняет свою душу и тело, и дух нечистоты пребывает над ним. И он обнаруживает тем самым, что нет у него доли в Творце, и не берет он за основу сторону Его, и не слит с Ним. Если он так и уходит из этого мира, то неотступно следуют за ним все те, кто относится к нечистой стороне, позоря его, и осуждая его как человека, отвергнутого Господином своим, отвергнутого в этом мире и отвергнутого в мире будущем. (111)

Тазриа

«Если женщина зачнет (тазриа) и родит мальчика»[407]. «Женщина» – это Малхут, рождающая ду́ши. «И родит мальчика» – т.е. мужское и женское начало не включены друг в друга, как происходит в том мире, где ду́ши рождаются с мужским и женским началом. Потому что нижние своими грехами приводят Малхут к тому, что мужское и женское начало душ не объединяются так, как они нисходят свыше, парами – мужское начало с женским. Поэтому сказано: «И родит мальчика» – поскольку этому миру раскрыто лишь мужское начало, не включенное в женское. (23)

«На ложе моем по ночам искала я того, кого любит душа моя»[408].

«На ложе моем по ночам». Сказала Кнесет Исраэль, Шхина: «На ложе моем негодовала я пред Ним, прося у Него, чтобы сблизился со мной, дабы порадовать меня (от левой ли-

---

407 Тора, Ваикра, 12:2.

408 Писания, Песнь песней, 3:1.

нии) и благословить меня (от правой линии) совершенной радостью (от средней линии)». Потому что от зивуга (соединения) Царя, Зеир Анпина, с Кнесет Исраэль многие праведники получают в наследство святое владение, высшие мохин, и многочисленные благословения пребывают в мире. (1-3)

Сближение (зивуг) людей происходит в определенные времена, чтобы направить их желания на слияние с Творцом. Ведь указано, что в полночь Творец входит в Эденский сад, чтобы наслаждаться с праведниками, и Кнесет Исраэль, т.е. Малхут, восхваляет Творца. И это время благоволения, чтобы слиться с ними – с Творцом и Его Шхиной. (139)

Счастливы Исраэль, которые прилепились к Творцу, и Творец любит их, как сказано: «Я возлюбил вас, сказал Творец»[409]. И в своей любви ввел Он их в святую землю,

---

[409] Пророки, Малахи, 1:2. «Я возлюбил вас, сказал Творец. А вы говорите: "В чем (явил) Ты любовь к нам?" Разве не брат Эсав Яакову, слово Творца! Но возлюбил Я Яакова».

чтобы поместить свою Шхину между ними, и жить с ними, и чтобы стали Исраэль самыми святыми из всех живущих в мире. (145)

«И увидел я, что есть преимущество у мудрости перед глупостью»[410]. Польза мудрости раскрывается на самом деле лишь перед глупостью. Ведь если бы не было глупости в мире, то была бы невéдома мудрость и слова ее. Мы изучали, что долг человека, изучающего мудрость, – поучиться немного у глупости и познать ее, так как благодаря ей раскрывается польза мудрости, подобно тому, как проявляется польза света перед тьмой, и если бы не тьма, не был бы вéдом свет, и не раскрылась бы в мире польза от него. (101)

«Подобно преимуществу света перед тьмой» – так как польза света проявляется лишь вследствие тьмы.

Исправление белого – черное, ведь без черного не было бы постигнуто бе-

---

410 Писания, Коэлет, 2:13. «И увидел я, что есть преимущество у мудрости перед глупостью, подобно преимуществу света перед тьмой».

лое. А поскольку есть черное – возвышается белое и приобретает важность. Как, например, сладкое и горькое: человек не знает вкуса сладости, пока не отведал горечи. Что же делает вкус сладким? Отсюда ясно, что горечь. Потому что, если вещи противоположны друг другу, то одна раскрывает другую. Так происходит между белым и черным, между светом и тьмой, между болезнью и здоровьем. И если бы не было в мире болезней, то не было бы никакого понятия о здоровье. Сказано: «Одно напротив другого создал Творец»[411], и сказано: «Хорошо, если ты придерживаешься одного, но и не сторонишься другого»[412]. (105)

«Проказа» означает «перекрывание», потому что перекрывает высшие света́ и не открывает. А когда перекрывает и не открывает, это называется язвой. И тогда отцы, ХАГАТ, не получают питания, т.е. не получают свет, и тем более сыновья,

---
411 Писания, Коэлет, 7:14.
412 Писания, Коэлет, 7:18.

НЕХИ. Сказано: «Язва проказы если будет на человеке»[413]. Именно «на человеке» – на Зеир Анпине, который представляет собой АВАЯ с наполнением «алеф» и имеет численное значение «Адам» (человек). А отсюда опускается к нижнему человеку, который вызвал это, и перекрывает свет его, и находится язва на всём от этого перекрытия светов. (91)

Мецора

Для того, у кого язык острый, как меч, т.е. для злословящего, уготован меч, истребляющий всё, – Малхут со стороны суда в ней. Сказано: «Да будет *это* законом о прокаженном (мецора)»[414]. Малхут, называющаяся «*это (зот)*», судит прокаженного за то, что он злословил. Потому что за грех злословия приходит наказание язвами. (4)

---

413 Тора, Ваикра, 13:2.

414 Тора, Ваикра, 14:2. «Да будет это законом о прокаженном: в день очищения его следует привести его к коэну».

«Как птицы, попавшиеся в силок, – подобно им ловятся люди»[415]. Не знают, не слышат и не смотрят люди на желание их Господина. Он обращает к ним этот призыв каждый день, и нет того, кто услышит его, нет того, кто пробудит дух свой к работе Господина своего. (5)

«Древо жизни она для держащихся ее»[416].

Древо жизни – это Тора, высшее дерево, большое и сильное. Она называется Торой (учением) потому, что обучает раскрытию ранее непонятного и неведомого. И называется жизнью потому, что вся высшая жизнь включена в нее и из нее исходит. «Для держащихся ее» – для тех, кто становится частью ее. Ибо тот, кто становится частью Торы, становится частью всего – как наверху, так и внизу. (20)

---

415 Писания, Коэлет, 9:12. «И даже не знает человек часа своего, подобно рыбам, захваченным злой сетью, подобно птицам, попавшимся в силок, – подобно им уловляются в злой час люди, когда внезапно он настигает их».

416 Писания, Притчи, 3:18.

Как же нужно людям хранить путь свой и бояться Творца, чтобы не сойти с прямого пути, не преступить слов Торы и не отстраниться от нее.

Потому что каждый, кто не занимается Торой и не прилагает стараний в ней, порицается Творцом и далек от Него, и также Шхина не пребывает над ним. Те ангелы-хранители, которые идут с ним, оберегая его, – уходят от него. Более того, они возглашают, опередив его, следующее: «Разойдитесь, не обступайте такого-то, который не заботится о славе своего Господина». Горе ему, ибо оставили его высшие и нижние. Нет у него удела в пути жизни.

Когда же он прилагает усилия в работе Господина его и занимается Торой – сколько хранителей наготове пред ним, чтобы оберегать его, и Шхина пребывает над ним, и все они возглашают перед ним, говоря: «Окажите уважение царскому образу, окажите уважение царскому сыну». Оберегаем он в этом мире и в мире будущем, счастлив его удел. (1-3)

В час, когда стемнеет ночь и преграждаются врата – пробуждается Нуква великой бездны, и несколько отрядов вредителей находятся в мире. Тогда насылает Творец сон на всех людей в мире, и насылает сон даже на всех тех, в ком есть пробуждение жизни, – т.е. на праведников. И ду́хи блуждают по миру, извещая людей в их сне о вещах, частью ложных, частью истинных. И люди охвачены своим сном.

А когда пробуждается северный ветер и разделяется ночь – вспыхивает пламя, ударяя снизу по крыльям петуха, и он взывает. И Творец вступает в Эденский сад, чтобы развлекаться с праведниками. И тогда призыв исходит и разносится, и все люди пробуждаются на ложе своем, и те, в ком пробуждается жизнь, поднимаются со своего ложа к работе Господина их, и занимаются Торой и восхвалениями Творца до наступления утра.

Когда наступает утро, все верховные воинства и станы восхваляют Творца. Тогда множество ворот раскрываются во всех сторонах. И врата Авраама, Хеседа (милосердия), открываются в собрании Исраэля, Малхут, приглашая всех жителей мира насладиться хасадим (милосердием). (6-8)

«И взял для очищающегося двух птиц живых, чистых, и кедрового дерева, и червленую нить, и эзов»[417]. Если человек занимается работой Господина своего и занимается Торой, то Творец пребывает над ним, и Шхина объединяется с ним. Когда же человек желает осквернить себя, Шхина уходит от него, Творец удаляется от него, и вся сторона святости Господина его удаляется от него, и дух скверны пребывает над ним и вся сторона скверны. Если же желает очиститься – помогают ему. А после того как очистился и раскаялся, возвращается к нему то, что ушло от него – Творец и Его Шхина, и они пребывают над ним. (18)

Таков путь нечестивцев, которым Творец светит в этом мире, привлекая их, подобно вину: сначала светит, а затем проявляет гнев и убивает. Творец притягивает

---
417 Тора, Ваикра, 14:4.

к Себе нечестивцев, дабы они раскаялись. Если возвращаются к Нему – хорошо. А если нет – Он искореняет их из будущего мира, и нет у них доли в нем, и искоренятся они отовсюду. Если же приходят очиститься – помогают им, и Творец очищает их и приближает их к Себе и возглашает над ними мир, как сказано: «Мир, мир дальнему и ближнему»[418]. (27)

Ахарей мот

«После смерти (ахарей мот) двух сыновей Аарона»[419] упрашивал Моше Творца о милосердии. Сказал он: «Если живущие в мире совершат возвращение к Тебе, кем они будут благословляться?» Ответил ему Творец: «Ко Мне ты обращаешься? "Говори Аарону, брату своему"[420], ведь ему поручены благословения наверху и внизу» – потому что он является основанием для свойства милосердия (хесед). (38)

---

418 Пророки, Йешаяу, 57:19.
419 Тора, Ваикра, 16:1.
420 Тора, Ваикра, 16:2.

«И возложит Аарон над двумя козлами жребий»[421]. Именно Аарон, поскольку он исходит со стороны Хеседа и может восполнить Малхут свойством хасадим. «Над двумя козлами» – указывает на Малхут, находящуюся выше двух этих козлов, для того чтобы они наполнились благоуханием от этой Малхут. «Один жребий – Творцу, другой жребий – Азазелю». Два козла символизируют суды – почему же один из них предназначается Творцу? Сказал Творец: «Пусть один козел находится у Меня, а один отправляется скитаться по миру, ибо если оба они соединятся вместе, мир не сможет этого вынести». (116)

«То, что было – уже есть, а то, что будет – уже было»[422].

«То, что было – уже есть», – до того как Творец создал этот мир, Он создавал миры и разрушал их, что называется разбиением келим (желаний), пока не возжелал Творец

---

421 Тора, Ваикра, 16:8.
422 Писания, Коэлет, 3:15. «То, что было – это и есть, а то, что будет – уже было; и Творец взыщет за преследуемого».

создать этот мир, и Он согласовал это с Торой, т.е. со средней линией. Тогда Он установился в своих исправлениях, и украсился своими венцами, и создал этот мир. И всё, что есть в этом мире, было тогда пред Ним – в момент сотворения – и установилось пред Ним. (94)

Все предводители мира, которые есть в каждом поколении, прежде чем прийти в мир, находились перед Творцом в их образах. И даже все души людей, прежде чем прийти в мир, запечатлеваются перед Творцом на небосводе, точно в том виде, в каком они находятся в этом мире. И всё, чему они учатся в этом мире, они знают до того как прийти в мир. (95)

В период создания душ, когда они находятся еще наверху, прежде чем вступают в этот мир под влияние времени, они пребывают в состоянии вечности, выше времени, где прошлое, настоящее и будущее действуют одновременно, как и свойственно вечности. (96)

Прежде чем явиться в мир, все истинные праведники проходят исправления наверху и называются именами. А рабби Шимон со дня, когда Творец сотворил мир, был завершен пред Ним и пребывал с Ним, и Творец звал его по имени. Благословенна доля его и наверху, и внизу. О нем сказано: «Да возрадуются отец твой и мать твоя»[423]. «Отец твой» – это Творец, а мать – это Кнесет Исраэль. (99)

Счастливы праведники в этом мире и в мире будущем, ибо Творец желает оказать им почет и открывает им высшие тайны Своего святого имени, которые не открыл Он святым высшим ангелам. (391)

Совершенное служение, которое человек должен нести Творцу, – это: «Люби Творца Всесильного твоего»[424]. Чтобы он любил Творца именно любовью души.

---

423 Писания, Притчи, 23:25.
424 Тора, Дварим, 6:5. «И люби Творца Всесильного твоего всем сердцем, всей душой и всей сутью своей».

И это совершенная любовь, любовь души и духа. Как душа и дух соединились с телом, и тело любит их, так должен соединиться и человек, любя Творца и сливаясь с Ним, как в любви души и духа. Об этом сказано: «Душой моею я стремился к Тебе ночью»[425]. Именно душой, которая облачена в тело. (216)

Сказал рабби Шимон: «Удивляюсь я живущим в мире, что нет у них глаз, чтобы увидеть, и сердца, чтобы узреть, и не знают они, и не обращают внимания своего, чтобы посмотреть на желания Господина своего. Как спят они, не просыпаясь, пока не наступит тот день, когда тьма и мрак покроют их, и заимодавец не спросит у них по счету?»

И раздается голос, призывающий их каждый день, и душа их свидетельствует о них каждый день и каждую ночь, и Тора уси-

---

[425] Пророки, Йешаяу, 26:9. «Душой моею я стремился к Тебе ночью, и духом моим я буду искать Тебя внутри себя с раннего утра: ибо когда суды Твои совершаются на земле, живущие в мире научаются правде».

ливает призывы свои во всех сторонах, говоря: «Доколе, глупцы, будете вы любить глупость?»[426]. «"Кто глуп, пускай завернет сюда", – неразумному она сказала, – "Идите, ешьте хлеб мой и пейте вино, мною растворенное"»[427]. Но никто не прислушается, и ничье сердце не пробудится. (30-31)

Горе людям, ведь все они глухи и слепы, и не знают, не слышат и не замечают, как существуют они в мире. Вот совет и исцеление – прямо перед ними, но не смотрят они. Ведь не могут люди спастись иначе, как с помощью совета Торы. (368)

Грядущим последним поколениям суждено забыть Тору в среде своей, мудрецы будут собираться в месте своем, и не будет никого, кто бы завершил (свою речь) Торой или начал с нее. Горе тому поколению, и начиная с этого момента не будет поколения, подобного этому, – вплоть до поколения, которому явится Машиах. И тогда пробудит-

---

[426] Писания, Притчи, 1:22.
[427] Писания, Притчи, 9:4-5.

ся знание в мире, как сказано: «Ибо все познают Меня – от мала до велика»[428]. (32)

«Вот как хорошо и как приятно сидеть братьям еще и вместе»[429] – это товарищи в тот час, когда они сидят вместе, не обособляясь друг от друга. Сначала они выглядят, как люди, воюющие между собой, которые хотят убить друг друга. Затем снова возвращаются к братской любви. Творец говорит о них: «Вот как хорошо и как приятно сидеть братьям еще и вместе». «Еще и» указывает на участие Шхины. Но мало того – сам Творец внимает их речам, наслаждаясь и радуясь им. Об этом сказано: «Тогда говорили друг с другом боящиеся Творца; и внимал Творец, и выслушал, и написана была памятная книга пред Ним»[430].

---

428 Пророки, Йермияу, 31:33. «И не будет больше каждый учить ближнего своего и каждый – брата своего, говоря: "Познайте Творца", ибо все они, от мала до велика, будут знать Меня, – сказал Творец, – потому что прощу Я вину их и не буду больше помнить греха их».

429 Писания, Псалмы, 133:1.

430 Пророки, Малахи, 3:16.

А вы, товарищи, здесь находящиеся, как были вы в благосклонной любви до этого, также и начиная с этого момента не расстанетесь вы друг с другом, до тех пор пока Творец не возрадуется с вами вместе и не призовет на вас мир, и благодаря вам настанет мир в мире. Как написано: «Ради братьев моих и друзей моих скажу: мир тебе!»[431]. (65-66)

Счастлив удел Исраэля более всех языческих народов, ибо Творец пожелал очистить их и сжалиться над ними, ведь они – удел Его и наследие Его. Как сказано: «Ибо удел Творца – народ Его»[432]. И сказано: «Вознес Он его на высоты земли»[433] – так как они объединяются наверху, в Зеир Анпине, и поэтому не проходит у Творца любовь к ним. **Как написано: «Я возлюбил вас, –сказал Творец»[434].** (115)

---

431 Писания, Псалмы, 122:8.

432 Тора, Дварим, 32:9.

433 Тора, Дварим, 32:13.

434 Пророки, Малахи, 1:2.

ИЗБРАННЫЕ ОТРЫВКИ ИЗ КНИГИ ЗОАР

«И духом моим я буду искать Тебя внутри себя»[381], – **т.е. ночью я буду привержен к Тебе в великой любви.** Ведь человек должен вставать каждую ночь из любви к Творцу, чтобы заниматься Его работой, пока не пробудится утро и не протянет Он над ним нить милости. Счастлива доля человека, который любит Творца этой любовью. Ради этих истинных праведников, которые так любят Творца, и существует мир. И они управляют всеми суровыми приговорами, как наверху, так и внизу.

Праведник, который духом своим и душой своей соединяется наверху со святым Царем в подлинной любви, управляет на земле внизу. И все, что он постановил для мира, осуществляется. (217-218)

А прежде чем Творец создал мир, Он создал раскаяние.

Сказал Творец раскаянию, т.е. Бине: «Я хочу создать в мире человека при условии, что если обратятся они к тебе от грехов своих, будешь ты готово простить грехи их и искупить их». И всякий час раскаяние готово для людей. И когда люди раскаиваются в грехах своих, это раскаяние, т.е. Бина, возвращается к Творцу, т.е. передает мохин Зеир Анпину, и всё искупает. И все суды подчиняются и подслащаются, и человек очищается от грехов своих.

Когда человек очищается от своего греха? Когда он, как следует, раскаивается. Когда он совершает возвращение пред высшим Царем, и молится из глубины сердца. Как написано: «Из глубин взывал я к Тебе, Творец»[435]. (244-245)

«Всемогущий (Эль), Всесильный (Элоким) Творец (АВАЯ) говорил и призывал землю»[436].

«Всемогущий (Эль), Всесильный (Элоким) Творец (АВАЯ)» – это ХАГАТ, общее совершенство. «Говорил и призывал землю». «Говорил» – это отдача, «земля» – это Малхут. Чтобы в совершенстве пребы-

---

435 Писания, Псалмы, 130:1.
436 Писания, Псалмы, 50:1-2. «Псалом Асафа. Всемогущий, Всесильный Творец говорил и призывал землю от восхода солнца до заката его. От Сиона, совершенства красоты, явился Творец».

вать в Кнесет Исраэль в радости от Есода де-Малхут, называемого Ционом.

Когда Творец захотел создать нижний мир, Он сделал его целиком по высшему подобию. Он сделал Йерушалаим центром всей земли и сделал одно место над ним, называемое Ционом, т.е. Есод, из которого Йерушалаим получает благословение. И от этого места, Циона, началось строительство мира, и от него он построился. Как написано: «Всемогущий (Эль), Всесильный (Элоким) Творец (АВАЯ) говорил и призывал землю от восхода солнца до заката его. От Циона, совершенства красоты, явился Всесильный (Элоким)»[226]. «От Циона», – являющегося совершенством красоты мира, – «явился Всесильный (Элоким)». Йерушалаим, т.е. Малхут, получил благословение только лишь от Циона, т.е. от Есода. А Цион получил благословение свыше, т.е. от Зеир Анпина. И всё связывается в подобии друг другу, т.е. Зеир Анпин и Малхут соединяются в подобии друг другу благодаря Циону. (174-175)

Написано: «Об одном спрашивал я у Творца, и этого прошу я – чтобы пребывать мне в доме Творца все дни жизни моей, созерцать прелесть Творца»[437].

Счастливы праведники, для которых спрятано много высших сокровищ в том мире, т.е. в Бине, ибо Творец наслаждается с ними в тех мирах, в которых просил он созерцать «прелесть Творца», т.е. свечение Атика, идущее в Бину. (412)

Все, кто занимается Торой, когда разделяется ночь, соединяются со Шхиной. А когда наступает утро, и Царица, т.е. Шхина, соединяется с Царем, т.е. Зеир Анпином, они пребывают с Царем, и Царь простирает свои крылья над всеми. Как написано: «Днем явит Творец милость Свою, и ночью – песнь Ему у меня»[438].

Когда наступает утро, праотцы, т.е. ХАГАТ Зеир Анпина, встречаются с Царицей, спеша сойтись с ней и соединиться. И через них

---

437 Писания, Псалмы, 27:4.

438 Писания, Псалмы, 42:9. «Днем явит Творец милость Свою, и ночью – песнь Ему у меня, молитва к Творцу жизни моей».

Творец, т.е. Зеир Анпин, говорит с ней. И Он призывает ее, чтобы простереть над ней Свои крылья. (155-156)

«Голубка моя в расселинах скал, в укрытии ступеней»[439].

«Голубка моя» – это Кнесет Исраэль, т.е. Малхут. Как голубка никогда не покидает своей четы, так и Кнесет Исраэль никогда не оставляет Творца. «В расселинах скал» – это мудрецы, не знающие покоя в этом мире, и словно скрывают себя от врагов в расселинах скал. «В укрытии ступеней» – это те тайные мудрецы, которые скрывают свою ступень от людей, и среди них – праведники, боящиеся Творца, от которых никогда не отвращается Шхина. И тогда Творец требует для них от Кнесет Исраэль, говоря: «Дай мне увидеть лик твой, дай мне услышать голос твой, ибо голос твой сладок»[128]. Ибо ни один голос не слышен наверху, кроме голоса тех, кто занимается Торой. (92)

---

439 Писания, Песнь песней, 2:14. «Голубка моя в расселинах скал, под кровом уступов! дай мне увидеть лик твой, дай мне услышать голос твой! ибо голос твой сладок, и лик твой прекрасен!»

«Как олень стремится к потокам вод, так душа моя стремится к Тебе, Творец»[440].

Счастливы Исраэль более всех народов, ибо Творец дал им святую Тору и передал в наследство святые души из святого места, чтобы исполняли они заповеди Его и наслаждались Торой. Ведь тот, кто наслаждается Торой, не убоится ничего. Как написано: «Если бы не Тора Твоя – отрада моя, – пропал бы я в бедствии моем»[441].

«Отрада моя» – это Тора, называемая отрадой, как написано: «И была отрадой каждый день»[442]. Ведь Творец является, чтобы насладиться в Эденском саду. Насладиться – чтобы радоваться им. Счастливы праведники, о которых написано: «Будешь тогда наслаждаться Творцом»[443], – чтобы насладиться тем

---

440 Писания, Псалмы, 42:2.

441 Писания, Псалмы, 119:92.

442 Писания, Притчи, 8:30. «И была я у Него питомицею, и была отрадой каждый день, веселясь пред Ним все время».

443 Пророки, Йешаяу, 58:14. «Будешь тогда наслаждаться в Творце, и Я возведу тебя на высоты земли, и питать буду тебя наследием Якова, отца твоего, потому что уста Творца сказали (это)».

же речным нектаром, т.е. Биной, как написано: «И насыщать в засухи душу твою»⁴⁴⁴. Как будто Творец наслаждается благодаря им от того речного нектара, которым наслаждаются праведники. Поэтому Он является, чтобы наслаждаться вместе с этими праведниками. И всякий занимающийся Торой удостаивается наслаждаться с этими праведниками от того же речного нектара, т.е. от Бины.

«Как олень стремится к потокам вод»³⁹⁶, – это Кнесет Исраэль, т.е. Малхут. «Стремится к потокам вод», – чтобы быть напоенными нектаром источника реки, т.е. Бины, с помощью праведника, т.е. Есода. «Так душа моя стремится к Тебе, Творец»³⁹⁶ – чтобы быть напоенной от тебя в этом мире и в мире будущем. (206-208)

Есть времена, когда можно найти благоволение Творца, и найти благословения, и подавать просьбы. А есть времена, когда нет высшего благоволения, и не прихо-

---

444 Пророки, Йешаяу, 58:11. «И будет водить тебя Творец всегда, и насыщать в засухи душу твою, и кости твои укрепит, и будешь ты, как сад орошенный и как источник, воды которого не иссякают».

дят благословения, и в мире пробуждаются суровые суды. А иногда суд откладывается. Есть времена в году, когда есть благоволение. И есть времена в году, когда присутствует суд. А есть времена в году, когда суд присутствует, нависая и угрожая миру, но бездействует. Есть времена месяца, в которые присутствует благоволение, и есть времена месяца, когда присутствуют суды, нависая над всем.

Есть времена в неделе, когда присутствует благоволение. И есть времена в неделе, когда в мире присутствуют суды. И есть времена дня, когда в мире присутствует благоволение и мир улучшается. А есть времена дня, когда присутствуют и нависают суды. И даже в часе есть разные времена. Поэтому написано: «И срок всякой вещи»[445]. (39-40)

«И возвращали камень, кладя его на устье колодца на место свое»[446] — т.е. этот

---

445 Писания, Коэлет, 3:1. «Всему (свое) время, и (свой) срок всякой вещи под небесами».
446 Тора, Берешит, 29:3.

суд возвращается на свое место, так как он необходим для улучшения и исправления мира. Поскольку этот суд оберегает колодец, чтобы не открылась находящаяся в нем Хохма раньше, чем соберутся все стада, т.е. все три линии, НЕХИ, и тогда начинается выдвижение, а после этого опять происходит скрытие Хохмы.

Зато теперь Творец изливает на них благословения из истока реки, и от них благословляются все сыны поколения. Благословенна их участь в этом мире и в будущем мире. И о них сказано: «И все сыновья твои будут учениками Творца, и велико будет благополучие у сыновей твоих»[447]. (105)

Кдошим

«Святы (кдошим) будьте, ибо свят Я»[448].

В час, когда Творец создал мир и пожелал раскрыть глубины, постигаемые из скрытия, и свет, постигаемый из тьмы, они были включены друг в друга. Поэтому из тьмы

---
447 Пророки, Йешаяу, 54:13.
448 Тора, Ваикра, 19:2. «Говори всей общине сынов Исраэля и скажи им: "Святы будьте, ибо свят Я, Творец, Всесильный ваш"».

вышел свет, из скрытого вышла и раскрылась глубина, – одно вышло из другого. Из добра вышло зло, из милосердия – суд. Всё было включено друг в друга: доброе начало и злое начало, правая (сторона) и левая, Исраэль и остальные народы, белое и черное. И всё было в зависимости одно от другого. (7)

Весь мир представляет собой не что иное, как единое соединение, в котором всё взаимосвязано. Свойство суда и свойство милосердия, Малхут и Бина, были слиты и взаимовключены друг в друга, и поэтому, когда над миром производится суд в этом совместном свойстве, то суд вершится в милосердии, т.е. в Малхут, которая включена в Бину. А иначе мир не мог бы существовать даже одного мгновения. (8)

Глава «Кдошим» – это совокупность всей Торы, и она – печать перстня истины. В этой главе по-новому раскрываются высшие тайны Торы – в десяти речениях, а также в постановлениях, наказаниях и высших заповедях. Радость охватила товарищей, когда они пришли к изучению этой главы. (16)

Когда Творец создал мир, Он установил всё имеющееся в нем и всех находящихся в нем, каждого в своей стороне, в правой или в левой, и поставил над ними высшие силы. Не существует даже малой травинки на земле, над которой не было бы высшей силы наверху, в высших мирах. И всё, что делают с каждым, и всё, что делает каждый, происходит благодаря все большему воздействию высшей силы, поставленной над ним наверху. (108)

Сколько раз предупреждала Тора людей, сколько раз Тора усиливала призывы свои во всех сторонах, чтобы пробудить их! Но все они спят беспробудно в грехах своих, не смотрят и не видят, с каким лицом восстанут они в день высшего суда, когда высший Царь взыщет с них за обиду Торы, вопиющей пред ними. И не обращают они к ней лицо свое, ибо все они порочны во всём, поскольку не знают они веры высшего Царя. Горе им, и горе их душам!

Ведь Тора предупреждает его, говоря: «"Кто глуп, пускай завернет сюда", – неразумному она сказала»[449]. Неразумный – это тот, у кого нет веры. Ведь у того, кто не занимается Торой, нет веры, и он порочен во всём. (1-2)

Всегда человек может очиститься лишь посредством речений Торы. Поэтому слова Торы не принимают скверну, ведь Тора должна очистить осквернившихся. В Торе есть исцеление, как сказано: «Исцелением будет это для тела твоего и питанием для костей твоих»[450]. И так же чистота есть в Торе, как сказано: «Страх Творца чист пребывает вовек»[451]. «Пребывает вовек», – т.е. она всегда пребывает в этой чистоте, и та никогда не уходит от нее. (11)

---

449 Писания, Притчи, 9:4.

450 Писания, Притчи, 3:8. «Врачеванием будет это для тела твоего и освежением для костей твоих».

451 Писания, Псалмы, 19:10. «Страх Творца чист пребывает вовек, законы Творца истинны, все справедливы».

Тора называется святой, как написано: «Ибо свят Я, Творец»[407] – и это Тора, которая является высшим святым именем. Поэтому тот, кто занимается ею, очищается, а затем освящается. Как написано: «Святы будете»[407]. Сказано: «будете» – это обещание, что благодаря Торе вы будете святы. И написано: «А вы будете у Меня царством служителей и народом святым»[452].

Святость Торы – это святость, превосходящая любую святость. А святость тайной высшей мудрости превосходит всё. Нет Торы без мудрости, и нет мудрости без Торы. И всё это на одной ступени, и всё едино. (13-14)

«Слава Творца – скрывать вещи»[453], – от тех, кто не усердствует в этой славе, т.е. в заповедях, скрой эти вещи.

И о них написано: «А глупцов возносит бесчестие»[454]. Это невежды, ведь они не

---

452 Тора, Шмот, 19:6.

453 Писания, Притчи, 25:2. «Слава Творца – таить дело, а слава царей – исследовать дело».

454 Писания, Притчи, 3:35. «Мудрые наследуют почет, а глупых уносит бесчестие».

усердствуют в славе Торы. И как могут говорить они: «Отец наш небесный, услышь голос наш, пощади нас и смилостивься над нами и прими молитву нашу»[455]? Ведь Творец скажет им: «Если отец Я, где же слава Моя? Где же старания ваши в Торе и заповедях Моих, чтобы исполнить повеление Мое? Не знающий заповедей Господина своего, как может служить Ему?»

Кроме тех, кто слушает мудрецов и делает, хотя сам и не знает. И это согласно «Сделаем и услышим»[456], т.е. он слышит от мудрецов и делает. (43-45)

В том, кто умерщвляет себя ради Торы, называемой ценностью (йекара), реализуется Тора и не прекращается для него.

Но иначе – для того, кто не усердствует в ней. И хотя исполняет он заповеди мудрецов, т.е. слушает сказанное мудрецами и исполняет, все же является их слугой, и он

---

455 Молитва «Амида» (18 благословений), 15-е благословение. «Услышь голос наш, пощади нас и смилостивься над нами и прими милостиво и благосклонно молитвы наши».
456 Тора, Шмот, 24:7.

раб, а не сын. Но если он верный раб, господин ставит его над всем своим владением.

Однако тот, кто не занимается Торой и не служит мудрецам, чтобы услышать от них заповеди и исполнить «сделаем и услышим»[484], а грешит и нарушает заповеданные запреты, равен и подобен языческим народам, сынам Самаэля и змея, о которых написано: «А глупцов возносит бесчестие»[413], — ибо не желали они принять Тору. Ведь тот, в ком нет Торы, в том нет чести, как написано о них: «Честь наследуют мудрецы»[413]. (47-48)

У того, кто идет в Торе прямым путем и занимается ею как подобает, всегда есть добрая доля в будущем мире.

Ведь речение Торы, которое произносит он устами своими, выходит и разносится по миру и поднимается вверх. И множество святых высших ангелов присоединяются к этому речению, и тогда оно поднимается прямым путем, и украшается святым венцом, и омывается в реке будущего мира, т.е. в Бине, которая исходит и вытекает из Эдена, т.е. из Хохмы, и принимается ею и погружается в нее. И высшее дерево, т.е. Зеир Анпин, наслаждается около этой реки, т.е. оно способствует тому, что Зеир Анпин получает свечение реки от Бины, и тогда исходит и проявляется высший свет, и облачается в этого человека каждый день. (92)

А тот, кто жаждет заниматься Торой, но не находит, кто бы мог обучать его, и любя Тору, он произносит речения из нее нерешительно, поскольку неуверен в своих знаниях, каждое речение его поднимается, и Творец рад тому речению и принимает его, и сажает его возле той самой реки, Бины, и из этих речений вырастают большие деревья, т.е. большие света, которые называются речными ивами. Как написано: «В любви ее расти постоянно!»[457]. (94)

Царь Давид сказал: «Наставь меня, Творец, на путь Твой, и буду ходить в ис-

---

457 Писания, Притчи, 5:19.

тине Твоей»[458]. И сказано: **«И наставь меня на стезю правды, ради врагов моих»**[459]. Счастливы знающие пути Торы и занимающиеся ею на прямом пути, ведь они сажают наверху деревья жизни, которые притягивают мохин к Зеир Анпину, называемому Древом жизни, – и все они являются исцелением для души его. Поэтому написано: «Тора истинная была в устах его»[460]. Но разве есть Тора неистинная? Да, ведь сказано, что если кто-то не знает, но преподает учение, оно не будет истинным. А тот, кто учится у него чему-либо, учится неистинной вещи. Поэтому сказано: «Тора истинная была в устах его».

И всё же человек должен учиться Торе у любого, даже у того, кто не знает, потому что через это он пробудится к Торе и придет к учебе у того, кто знает. А после этого обна-

---

458 Писания, Псалмы, 86:11. «Наставь меня, Творец, на путь Твой, и буду ходить в истине Твоей; утверди сердце мое в страхе имени Твоего».

459 Писания, Псалмы, 27:11. «Научи меня, Творец, пути Твоему и наставь меня на стезю правды, ради врагов моих».

460 Пророки, Малахи, 2:6. «Тора истинная была в устах его, и несправедливость не пребывала на губах его, в мире и справедливости ходил он со Мной и многих отвратил от греха».

ружится, что он шел в Торе истинным путем. Всегда должен человек заниматься Торой и ее заповедями, даже если он не делает это «лишма (во имя ее)», ибо от «ло лишма (не во имя ее)» придет к «лишма». (95-96)

Нет разделения между Торой и заповедью, ведь Тора – это целое, а заповеди в ней – ее частности, и они едины. Творец – это истина, Тора Его – истинное учение, Он – это Тора Его и заповедь Его, поскольку они едины. (52)

Явится Единый и будет благоволить единому. Творец, Единый, будет благоволить единому, т.е. Исраэлю. Ведь Царь благоволит лишь тому, что подобает ему. И поэтому сказано: «Но Он в едином, и кто повернет Его?»[461]. Т.е. Творец пребывает и находится только лишь в едином. (22)

«Святы будете, ибо свят Я, Творец»[462]. Счастливы Исраэль, не установившие это ни в каком другом месте, т.е. не желав-

---

461 Писания, Йов, 23:13.
462 Тора, Ваикра, 19:2.

шие ничего за свою святость, но слиться только лишь с Ним, как сказано: «Ибо свят Я, Творец»[28], – слиться с Ним, а не с другим. И поэтому: «Святы будете, ибо свят Я, Творец Всесильный ваш»[28]. (25)

«А вы, соединившиеся с Творцом»[463]. Счастливы Исраэль, соединяющиеся с Творцом. И благодаря тому, что они соединяются с Творцом, всё сливается друг с другом воедино. (31)

Творец увещевает человека с любовью, тайно. Если он принимает увещания Его – хорошо, а если нет – Он увещевает его среди любящих Его. Если он принимает – хорошо, а если нет – Он увещевает его открыто перед всеми. Если он принимает – хорошо, а если нет – Он оставляет его и более не увещевает, ибо оставляет его, чтобы шел он и делал по желанию своему. (100)

Счастливы праведники, занимающиеся Торой и знающие пути Творца, и освяща-

---
463 Тора, Дварим 4:4.

ющие себя святостью Царя, и святые во всём. Поэтому притягивают они дух святости свыше. И все сыновья их являются истинными праведниками, и называются царскими сынами, святыми (кдошим) сынами. (4)

Желающий освятиться желанием своего Господина производит слияние только за полночь или в полночь. Ведь в это время Творец, т.е. Зеир Анпин, пребывает в Эденском саду, т.е. в Малхут, и пробуждается высшая святость. И это время для освящения всех остальных людей. Для мудрецов, знающих пути Торы, – в полночь время вставать и заниматься Торой, соединяться с Кнесет Исраэль, с Малхут, и восхвалять святое имя, т.е. Малхут, и святого Царя, т.е. Зеир Анпина. (18)

Зоар различает три особенности.

1. Власть средней линии, поддерживающей две линии, правую и левую, и устанавливающей мир между ними посредством того, что выстраивает свечение правой линии сверху вниз, а свечение левой – снизу

вверх. И суровое наказание ждет того, кто нарушает порядок средней линии, т.е. притягивает свечение левой линии сверху вниз. И в этом заключается грех вкушения от Древа познания.

2. Величину вреда, который причиняет соединяющий суды нуквы и суды захара друг с другом не путем исправления средней линии, когда суды захара прибавляются к судам нуквы, вызывая тем самым очень сильное разрушение.

3. Соединение двух этих видов суда друг с другом путем совершенного исправления средней линии, благодаря которому прекращаются суды обеих линий, и тогда совершенство двух линий, правой и левой, раскрывается должным образом. (123)

Подошел рабби Шимон и поцеловал руки Моше. Сказал: «Нет сомнения, что ты выходец из мира Ацилут, и являешься порождением величия его, т.е. Тиферет, сыном высших Аба ве-Има, формирование которого непрерывно. Не было до тебя другого сына, ни в мысли, ни в речении, ни в действии». Сказал Моше: «И ты, и товарищи, и главы заседающих в собрании, приглашенные сюда вместе со мной, сами не прерываются никогда, и нет в них примеси» – со стороны ситра ахра, т.е. находятся в свойстве мира Ацилут. Поцеловали они каждый другого и, охваченные чувством братской любви, расплакались. (54)

Счастливы праведники в этом мире и в мире будущем. О них написано: «Но стезя праведников – как светило лучезарное»[464]. Ведь в будущем исчезнет змей, который пребывал сначала в нукве, т.е. питался от Малхут, и явится захар, чтобы пребывать вместо него, как вначале, в непрерывном соединении (зивуге), потому что больше никто не может разъединить это соединение (зивуг). И всё станет совершенным. (130)

---

464 Писания, Притчи, 4:18. «Но стезя праведных – как светило лучезарное, которое более и более светлеет до полного дня».

Эмор

Отвори Мне вход размером с игольное ушко, и Я открою тебе высшие врата. «Отвори Мне, сестра моя»[465], потому что этот вход, чтобы войти ко Мне, в тебе он. Мои сыновья не войдут в Меня иначе, как через тебя. Если же ты не отворишь входа своего, то ведь закрыт Я, и не найдут Меня. И потому – открой Мне, открой Мне. Поэтому Давид, желая войти к Царю, сказал: «Откройте мне врата праведности»[466]. Это врата к Творцу. «Врата праведности», Малхут, – это преддверие входа к Царю. Это врата к Творцу, для того чтобы найти Его и слиться с Ним, и поэтому: «Отвори мне, сестра моя, возлюбленная моя»[424], чтобы быть соединенным с тобой и пребывать в совершенстве с тобой навсегда. (129)

---

465 Писания, Песнь песней, 5:2. «Я сплю, но сердце мое бодрствует. Голос! Возлюбленный мой стучит: "Отвори мне, сестра моя, подруга моя, голубка моя, непорочная!"»

466 Писания, Псалмы, 118:19. «Откройте мне ворота справедливости, войду я в них и возблагодарю Творца».

В тот час, когда человек собирается отправиться в мир иной, и он находится в месте излечения, приходят к нему три посланника, и он видит там то, чего человек не может видеть, находясь в этом мире. День этот – это день высшего суда, когда Царь требует возвращения своего залога – души. Счастлив человек, возвращающий залог Царю таким, как он был дан ему, без испорченности. (5)

В будущем Творец должен привести Исраэль к совершенству, чтобы были они совершенны во всем, и чтобы среди них вообще не было порочных. Ибо во время возрождения будет исправление мира, т.е. такие келим и облачения человека, которые являются исправлением тела (гуф), и поэтому он восполнит их.

И когда они пробудятся от праха, возродясь из мертвых, то так же, как вошли в могилу, так же и восстанут. Если хромыми или слепыми вошли, то хромыми или слепыми выйдут, в том же облачении, т.е. теле, встанут. «Чтобы не сказали, что другой это» – что другой пробудился к возрождению. А затем Творец излечит их, и станут перед Ним совершенными, и тогда мир будет совершенен во всем. «В этот день будет Творец един и Имя Его едино»[467]. (50-51)

«Аарон – родоначальник всех коэнов мира». Потому что Творец выбрал его из всех, чтобы установить мир в мире, и также потому, что пути Аарона возвели его к этому. Ведь все свои дни Аарон старался умножить мир в мире, и поскольку таковы его пути, возвел его Творец на священнослужение, чтобы он принес мир высшему собранию. Потому что служением своим он вызывает слияние (зивуг) Творца и Шхины Его, и наступает мир во всех мирах. (2)

Заповедь предписывает главному коэну жениться на девственнице. Как сказано: «Вдову, разведенную, обесчещенную или блудницу нельзя ему брать, а лишь девственницу из народа своего возьмет он

---

467 Пророки, Зехария, 14:9.

в жены»[468]. Почему он должен брать только девственницу без изъяна? Поскольку жена – это чаша благословения, и «если отведали от нее, то уже испортили», и она символизирует Малхут, называемую чашей благословения. И также коэн, приносящий жертву перед Творцом, должен быть совершенным, без изъяна, органы его не должны быть ущербны, потому что пороки не позволяют ему быть коэном, тело (гуф) его должно быть совершенным, нуква (женская часть) его должна быть совершенной. Чтобы он соответствовал сказанному: «Вся ты прекрасна, возлюбленная моя, и порока нет в тебе!»[469] (38)

«И вознес Аарон руки свои к народу и благословил его»[470]. «Руки свои (ядав ידיו)» – написано без «йуд י» – ידו. Это указывает на то, что необходимо возвысить правую линию над левой, дабы показать действие внизу, чтобы пробудилось, соответственно ему, действие наверху. (81)

---

468 Тора, Ваикра, 21:14.

469 Писания, Песнь песней, 4:7.

470 Тора, Ваикра, 9:22.

«Это праздники Творца, которые вы должны созывать»[471], собирая всех в единое место. «Праздниками Творца» называются ХАГАТ Зеир Анпина, и их необходимо собрать, чтобы они передали свое наполнение единому месту, Малхут, дабы всё пребывало в совершенстве в свойстве «Единый». (97)

«Это праздники Творца»[499]. «Праздники Творца» – это сроки, назначаемые Творцом, Зеир Анпином. И через него они соединяются снизу вверх и сверху вниз, и все связаны им, и все украшаются, чтобы соединиться в единую связь Царя. Так же, как Царь, Зеир Анпин, наследует Аба ве-Има и соединяется в святости, в их свойстве «чистый воздух», украшаясь в них, и с помощью них получает наполнение свечения Хохмы от ИШСУТ, – так же и все те, кто предан Царю, т.е. праздники, принадлежащие ХАГАТ Зеир Анпина, должны быть созваны в высшем святом месте Аба ве-Има, чтобы соединиться всем вместе в единое

---

471 Тора, Ваикра, 23:2.

целое, и поэтому они называются «праздниками Творца». А затем они назовутся «священными», потому что при помощи них он украшается в Царе.

Объяснение. Праздники происходят от ХАГАТ Зеир Анпина, от трех линий: «Песах» – от правой, «Суккот» – от левой и «Шавуот» – от средней линии. Праздники происходят от Зеир Анпина. Свечение Хохмы получают только снизу вверх, а хасадим – только сверху вниз. После того, как уже есть хасадим от Аба ве-Има, можно получать также и Хохму. Хасадим получают от Аба ве-Има, свечение Хохмы – от Зеир Анпина, который получает от ИШСУТ. Праздник указывает на свечение Хохмы, потому что «праздник (моэд)» от слова «наслаждение (эден)», т.е. свечение Хохмы, получаемое от Зеир Анпина. И потому они называются праздниками Творца. А «священными» они называются вследствие наполнения хасадим, которое они получают от Аба ве-Има, называемых святостью. Так как, благодаря свойству хасадим Аба ве-Има, они могут украситься в Царе и получить Хохму. (105)

«И Древо жизни внутри этого сада» – Зеир Анпин, называемый Древом жизни, «находится в самой середине, в центре, и включает в себя все стороны» – то есть правую линию и левую линию, «установив связь с ними». «И поэтому есть Песах и Суккот, а само оно» – Шавуот, «находится посередине, между ними». Потому что Песах является правой линией, Суккот – левой линией, а Шавуот – средней линией, «так как оно является центром всего». «И именно поэтому этот день является днем восхваления Торы» – то есть временем вручения Торы, «но не более», т.е. Торой называется Зеир Анпин, который является средней линией, «и днем восхваления веры» – то есть Малхут, «и соединением всего» – то есть ГАР, ибо все они связаны в средней линии. (143)

Радостью и воспеванием будет Исраэль восхвалять Творца. Подобно тому восхвалению, которое возносят сыновья Исраэля в Песах, когда Кнесет Исраэль, состояние ночи, освящается в святыне Царя – в большом зивуге (соединении), в месте Аба ве-Има.

Как сказано: «Песнь будет у вас, как в ночь освящения праздника»[472] – как и в зивуге (соединении), совершаемом в ночь Песаха. (144)

Сказано: «А когда выпадала роса на стан ночью». Сказано: «На стан», – не сказано: «Когда выпадала роса ночью», но «на стан». И это потому, что роса, то есть наполнение, опускается из этой точки, т.е. Хохмы, на эти сорок девять дней, содержащихся в Бине и называемых стан, и тогда Бина соединяется с ними святым Царем, то есть Зеир Анпином. Когда опускалась эта роса? Когда Исраэль приблизились к горе Синай, в Шавуот, тогда опускалась эта роса в совершенстве и очищала Исраэль. И прекратилась нечистота у них – нечистота, которую принёс змей в Хаву во время греха вкушения от Древа познания. И тогда соединились они с Царем и с Кнесет Исраэль, и получили Тору. И в это время, конечно же, «все реки текут в море», чтобы очиститься и омыться, – то есть всё наполнение сфирот

---

472 Пророки, Йешаяу, 30:29.

Зеир Анпина идет к Малхут, называемой «морем», и Малхут достигает равной ступени «паним бе-паним (досл. лицом к лицу)» с Зеир Анпином, и все связаны и соединены святым Царем, Зеир Анпином, средней линией, и праздник Шавуот является его свойством. (165)

Бе-ар

Человек должен пожертвовать все свое сердце и желание и слиться с Творцом. (Новый Зоар, 7)

«Полагайся на Творца и делай добро, живи в стране и храни верность»[473]. Вовеки должен быть человек осторожен со своим Господином, и пусть прилепится его сердце к высшей вере, чтобы был он в согласии со своим Господином. Потому что если будет он в согласии со своим Господином, то никакие люди в мире не смогут ему причинить вред. (52)

---

473 Писания, Псалмы, 37:3.

«Живи в стране»[432] **– говорится о высшей стране,** Малхут, ибо нет в мире человека, который может жить в ней, пока не пробудилось по отношению к ней это «добро», Есод Зеир Анпина, так как Малхут без Есода переполнена суровыми судами (диним). Когда человек пробудил его своими добрыми деяниями, он словно сам «создал его». Тогда говорится: «Живи в стране», – живи внутри нее, т.е. в Малхут, и питайся ее плодами, и радуйся вместе с ней. (54)

Хранящие верность управляют Малхут каждый день по своему желанию. То есть она исполняет то, что они решают. Хранящие верность – это те, кто пробуждает добро, то есть Есод, против нее, тем, что дают подаяние и не жалеют своего, и знают, что Творец даст им больше. Поскольку Есод пробуждает благословения против себя. И не говори: «Если я дам сейчас, что я буду делать завтра?» Ведь Творец дает человеку благословения без ограничения. (56)

Сын всегда соединяется с отцом совершенно без всякого разделения, никто не помешает ему. Раб исполняет службу своего господина и совершает исправления миров. Обладающий обоими свойствами, сына и раба, как одним целым, в полном единстве – это человек, исправляющий всю веру, то есть Малхут, совместно с Зеир Анпином, совершенно без всякого разделения, и соединяющий всё вместе. Это человек, о котором Творец возглашает во всех воинствах и станах всех миров и небосводов: «Берегитесь такого-то, ибо он – доверенное лицо Царя и обладает всеми тайнами своего Господина». Счастлив он в этом мире, и счастлив он в грядущем мире.

Начиная с этого дня, этот человек известен и записан во всех мирах. Когда ему нужно, всем воинствам и всем станам приказано быть у него. И Творцу никто больше не нужен, кроме него одного, то есть все миры стоят вокруг него. И пробуждается голос и возглашает об этом человеке: «Хорошо единственному» – то есть этому человеку, «быть у Единственного» – то есть у Творца, и заниматься единственному с Единственным. (83-84)

О двух ступенях, «сын» и «раб», говорится в одном отрывке: «И сказал мне: ты раб Мой, Исраэль, в котором Я прославлюсь»[474]. «И сказал мне: ты раб Мой» – это ступень «раб», левая линия, Малхут. «Исраэль» – это ступень «сын», правая линия, Зеир Анпин. И когда они в полном единстве, говорится: «В котором Я прославлюсь». (85)

Человек без жены – половина тела, и Шхина не пребывает на нем. Так же и Творец, когда Он не находится во время жертвоприношения вместе со Шхиной и всем Исраэлем, людьми достойными, являющимися Его органами, то причина причин, т.е. Кетер, не пребывает там, и Творец как будто не един, поскольку Он не находится со Шхиной. Потому что Творец называется единым, только если Он находится в соединении (зивуге) со Шхиной.

---

[474] Пророки, Йешаяу, 49:3.

ИЗБРАННЫЕ ОТРЫВКИ ИЗ КНИГИ ЗОАР

А вне земли Исраэля, когда Шхина далека от своего мужа, говорится: «Всякий, живущий вне земли Исраэля, подобен тем, у кого нет Творца»[475]. Поскольку вне земли Исраэля нет жертвоприношений, т.е. соединения (зивуга) Творца со Шхиной. А когда Творец соединяется со Шхиной, исполняются слова: «В тот день будет Творец един, и имя Его – едино»[476]. И причина причин, т.е. Кетер, пребывает над ними. (32)

Грех Адама в том, что он преступил запрет Творца. И нет иного запрета, кроме как идолопоклонство. Он нарушил *(запрет)* идолопоклонства. И облек Он его, т.е. воплотил, в каплю семени Тераха (תרח), которым он приводил в ярость (רתח), т.е. гневил, Творца, преступая запрет об идолопоклонстве, ибо Терах был идолопоклонником. И вышел из капли семени его Авраам, который был перевоплощением Адама Ришона. Раскаялся Авраам и сокрушил образы идо-

---

[475] Вавилонский Талмуд, трактат Ктубот, лист 110:1.
[476] Пророки, Захария, 14:9. «И будет Творец царем на всей земле, в тот день будет Творец един, и имя Его – едино».

лов и всю пищу, возлагаемую пред ними. Он исправил то, в чем согрешили Адам и Терах, разбив этот грех, а также здание зла, которое тот выстроил, т.е. строение клипот, вызванное грехом Адама, и возвел Творца и Его Шхину над всем миром. (69)

Бехукотай

«Если по законам Моим (бехукотай) поступать будете»[477]. «Если по законам Моим» – это Малхут, место, от которого зависят запреты Торы. Малхут называется «закон», и запреты Торы включаются в нее. «И установления Мои соблюдайте»[478]. «Установление» (мишпа́т) – это другое высшее место, Зеир Анпин, с которым этот «закон», Малхут, связан, и соединяются друг с

---

477 Тора, Ваикра, 26:3. «Если по законам Моим (бехукотай) поступать будете и заповеди Мои будете соблюдать и исполнять их, Я дам вам вовремя дожди, и земля даст урожай свой, и деревья полевые дадут плод свой».

478 Тора, Ваикра, 25:18. «И исполняйте законы Мои, и установления Мои соблюдайте, и исполняйте их, и будете жить на земле безбедно».

другом высшие и нижние – законы в Малхут с установлениями в Зеир Анпине. Все заповеди Торы, и все запреты в Торе, и все святости в Торе связаны с ними, с Зеир Анпином и Малхут. Поскольку письменная Тора – Зеир Анпин, а устная Тора – Малхут. (16)

«И поставлю обиталище Мое среди вас»[479]. «Обиталище Мое» – это Шхина. «Обиталище Мое» (мишка́н) – это «залог мой» (машко́н), т.е. Шхина, которая заложена за грехи Исраэля, ибо она уходит вместе с ними в изгнание. Как в притче о человеке, который любил друга. Сказал он ему: естественно, что при такой возвышенной любви, которую я питаю к тебе, я желаю поселиться с тобой. Сказал его друг: как узна́ю я, что ты будешь жить у меня? Пошел он и взял все драгоценности из своего дома и принес к нему, и сказал: вот тебе залог мой, что не расстанусь я с тобой вовеки.

Так и Творец желал поселиться среди Исраэля. Взял он драгоценность свою, т.е.

---

479 Тора, Ваикра, 26:11. «И поставлю Обиталище Мое среди вас, и не отвергнет душа Моя вас».

Шхину, и опустил среди сыновей Исраэля. Сказал Он им: «Сыны Исраэля, вот залог Мой у вас, что не расстанусь Я с вами вовеки». И хотя Творец удалился от нас, оставил Он залог у нас, поскольку Шхина пребывает с нами в изгнании, и мы храним Его драгоценность, и когда Он попросит залог свой, придет Он поселиться среди нас. Поэтому сказано: «И поставлю обиталище Мое (мишкан) среди вас»[436]. Залог (машкон) дам Я вам, что поселюсь Я с вами. И несмотря на то, что сыны Исраэля сейчас в изгнании, залог Творца находится у них, и не оставляли они его никогда. (30-31)

«Наказания Творца, сын мой, не отвергай, и не тяготись обличением Его»[480]. Как любимы сыны Исраэля Творцом, раз Творец желал увещевать их и вести прямым путем, как жалеет отец сына. И из-за любви Его к Исраэлю скипетр Его постоянно у Него в руке, чтобы вести его прямым путем, не отклоняясь ни вправо, ни влево. Как сказано: «Ибо кого любит Творец, того увеще-

---
480 Писания, Притчи, 3:11.

вает, и благоволит, как отец к сыну»[481]. А если Творец кого-то не любит и ненавидит, Он убирает от него обличение, убирает от него скипетр. (42)

Высшую любовь Творца к Исраэлю можно уподобить примеру с царем, у которого был единственный сын, грешивший перед царем. Однажды он согрешил перед царем. Сказал царь: «Всё это время я наказывал тебя, но ты не воспринимал это. С этого момента, смотри, что я сделаю с тобой. Если я выдворю тебя из страны и изгоню тебя из царства, может случиться, что нападут на тебя дикие медведи или дикие волки, или убийцы, и погубят тебя. Что я сделаю? Я и ты вместе уйдем из страны».

«Я и вы вместе уйдем из страны» – т.е. выйдем в изгнание. Так сказал Творец Исраэлю: «Что Я сделаю с вами, ведь наказывал Я вас, но вы не послушались. Ведь насылал Я на вас воителей и ангелов-вредителей, чтобы поразить вас, а вы не слушали. Если выдворю Я вас одних из страны,

---
481 Писания, Притчи, 3:12.

Я боюсь за вас из-за множества медведей и волков, которые нападут на вас и погубят. Но что я сделаю с вами? Я и вы вместе уйдем из страны и пойдем в изгнание. Как сказано: "И накажу вас"[482] – отправив в изгнание. А если скажете вы, что Я оставил вас, то ведь и Я с вами». (49-50)

«Не презрю Я их и не возгнушаюсь ими, чтобы истребить их»[483]. Иными словами, если кто-то ненавидит другого, этот человек отвратителен ему и он гнушается им. Но тут: «Не презрю Я их и не возгнушаюсь ими, чтобы истребить их», потому что находится среди них возлюбленная души Моей, т.е. Шхина, ради которой все они любимы Мной. Ибо она – возлюбленная души Моей, и находится возлюбленная Моя среди них. (57-59)

---

482 Тора, Ваикра, 26:28. «То Я пойду в ярости против вас и накажу вас всемеро против грехов ваших».

483 Тора, Ваикра, 26:44. «Но и при всем этом, когда они будут в земле врагов своих, не презрю Я их и не возгнушаюсь ими, чтобы истребить их, нарушая завет Мой с ними».

Книга Бемидбар

Бемидбар

«От Циона, совершенства красоты, Творец явился»[484]. «Явился» означает «светит». А кода Он светит, Он светит всем мирам.

Когда этот свет, т.е. благословение и жизнь, пробуждается, всё находится в единении, т.е. в зивуге, всё в любви, всё в совершенстве, тогда наступает мир везде – мир наверху и внизу. Как сказано: «Да будет мир в крепости твоей, покой во дворцах твоих»[485]. (19-20)

«Веселитесь с Йерушалаимом и радуйтесь ему, все любящие его!»[486]. Как дорога Тора для Творца, ибо всюду, где слышны слова Торы, Творец и все воинства его внимают словам его (Моше). И Творец готов жить с ним вместе. (21)

---

484 Писания, Псалмы, 50:2. «От Циона, совершенства красоты, явился Творец».
485 Писания, Псалмы, 122:7.
486 Пророки, Йешаяу, 66:10.

Высшие заповеди Торы находятся наверху. Если человек совершил какую-то заповедь, эта заповедь предстает перед Творцом и возвеличивается перед Ним, говоря: «Этот человек исполнил меня, и от него я», поскольку он пробудил ее наверху. Ведь так же, как пробудил он эту заповедь внизу, так же она пробуждается и наверху, и устанавливает мир наверху и внизу, что приводит к зивугу Зеир Анпина и Малхут, которые называются «верх» и «низ». (22)

Счастлив человек, умеющий убеждать своего Господина и служить Ему в желании и в намерении сердца. Горе тому, кто пришел убеждать Властелина своего с отсутствующим сердцем и без желания. Это приводит к тому, что он преждевременно уходит из этого мира.

И поэтому должен человек прилепить душу и желание к Господину своему, и не приходить к нему с лживым желанием. Как сказано: «Изрекающий ложь не утвердится пред глазами Моими»[487]. (75-76)

---

[487] Писания, Псалмы, 101:7. «Не будет жить в доме моем поступающий лживо, изрекающий ложь не утвердится пред глазами моими».

Не укрепился мир своими корнями, пока Яаков не произвел двенадцать колен и семьдесят душ, и тогда укрепился мир. Но вместе с тем, не был он завершен до получения Исраэлем Торы и возведения Скинии – лишь тогда установились миры и окончательно сформировались, наслаждая высших и нижних. (6)

Что означает сказанное: «Исраэль сделал достоянием Своим»? Три праотца называются «достоянием» как наверху, где они называются ХАГАТ, так и внизу, где они называются Авраам, Ицхак, Яаков. Подобно им – коэны, левиты, исраэлиты, которые тоже соответствуют ХАГАТ. И все они – одно целое. Они являются достоянием Творца наверху и достоянием Творца внизу. Поэтому сказано: «И будете Мне достоянием из всех народов» – потому что есть среди них коэны, левиты и исраэлиты, которые называются достоянием.

Исраэль отличаются от остальных народов тем, что остальные народы привязаны к одной лишь левой линии, без правой, а Исраэль привязан к трем линиям, (восходящим к свойству) ХАГАТ. Поэтому они называются «достоянием из всех народов», поскольку три линии в единстве своем называются «достоянием». (52)

Переходы в пустыне (бемидбар) были для того, чтобы раскрыть свечение Хохмы́, поскольку свечение Хохмы раскрывается только во время перехода, представляющего собой последовательное раскрытие линий одна за другой. А по окончании перехода они останавливались на отдых, во время которого свечение Хохмы не раскрывается. Потому что для раскрытия свечения Хохмы им необходимо снова подняться. А с раскрытием ее рассеиваются все клипот, ибо свечение Хохмы обращает их в бегство.

Но когда заканчивается переход, устанавливается свечение хасади́м. И поскольку переходы были по пустыне, которая является местом внешних свойств, то должны были соблюдать особую осторожность, чтобы те не питались от них. (36)

Насо

Насколько же любимы Исраэль Творцом, и в любом месте, где они находятся, Творец находится среди них. Потому, что никогда не оставляет Он их в своей любви. Как сказано: «Пусть возведут Мне Храм, и Я буду пребывать среди них»[488]. (105)

Исраэлю предстоит отведать от Древа жизни, которым является книга Зоар, и выйдут они в милосердии из изгнания благодаря ей. И будет жить она в них. (90)

Так же, как содействовал им Творец у горы Синай, так же будет содействовать им во время последнего избавления. Потому что сказано об Исраэле: «Вооруженными вышли сыновья Исраэля из земли египетской»[489]. И сказано о них: «Они взошли на гору»[490]. И о них же: «И

[488] Тора, Шмот, 25:8.
[489] Тора, Шмот, 13:18.
[490] Тора, Шмот, 19:13. «Когда же затрубит шофар, смогут они взойти на гору».

двинулся ангел Всесильного, идя впереди стана Исраэля»[491]. И о них сказано: «Вас же поднял Я на крыльях орлиных»[492] — то есть на облаках величия, «и принес вас к Себе»[520]. И также: «А сыновья Исраэля выведены были десницей вознесенной»[493]. Так вывел Он всех учеников мудрецов, явив им всё это величие. (98)

И как сказано о народах земли с хорошей стороны: «И встали они у подножья горы»[494], так же будут они во время последнего избавления у ног обучающихся мудрости, как раб, идущий у ног коня своего господина. А также сказано им у подножья горы: «Если примете вы Тору, то что может быть лучше, а если нет, там будет место вашего погребения»[495]. Так же будет сказано им во время последнего изгнания: «Если вы

---

491 Тора, Шмот, 14:19.

492 Тора, Шмот, 19:4. «Вы видели, что я сделал Египту, вас же поднял Я на орлиных крыльях и принес вас к Себе».

493 Тора, Шмот, 14:8.

494 Тора, Шмот, 19:17.

495 Вавилонский Талмуд, трактат Шаббат, лист 88:1.

примете над собой ученика мудреца во время выхода из изгнания, подобно человеку, восседающему на коне, как раб, служащий ему, то что может быть лучше, а если нет, то там, в изгнании, будет место вашего погребения». (99)

Почему муж должен был привести свою жену к коэну, а не к судье? Потому что коэн близок к Матроните, и он подготавливает Малхут для зивуга с Зеир Анпином. Поэтому к нему относится исправление порока совратившейся, доходящего до самой Малхут. Это способен сделать только коэн, поскольку он близок к Матроните, и все женщины мира благословляются от Кнесет Исраэль. Коэн должен исправлять относящееся к Матроните, Малхут, и следить за всем, что ей необходимо. Поэтому только коэн способен это сделать, и никто другой.

Но не получается ли так, что коэн, вершащий суд, являет собой противоречие своей ступени, представляющей собой Хесед (милосердие)? Ответ же, что это не так, потому что именно для того, чтобы преумножить мир в мире, он прилагает усилия в этом, и для того, чтобы усилить Хесед (милосердие), ибо, если женщина эта чиста, коэн укрепляет мир между ними, между женой и мужем. И кроме того, она еще несет в себе плод мужского пола, и благодаря этому, устанавливается мир между ними. А если она нечиста, то не коэн вершит суд, а святое имя, которому она изменила, вершит суд и проверяет ее. (61-62)

«Жена добродетельная» – это святая Малхут, которая никогда не изменяет мужу своему. То есть она не притягивает Хохму сверху вниз, что называется приверженностью другому богу. Но она предана мужу своему, Зеир Анпину – средней линии, исправляющей свечение Хохмы таким образом, чтобы она светила снизу вверх. А совратившаяся, изменившая мужу своему, становится близка к жене прелюбодейной, приверженной другому богу, притягивающему Хохму сверху вниз. (64)

«Мужчина, принесший обет назорея»[496] — **т.е. заблаговременно, еще в этом мире, освятивший себя святостью Господина своего,** «вина и всего пьянящего сторониться должен, а также винного уксуса»[497]. Если запрещено ему вино, почему запрещен ему виноград? Ведь и о коэне сказано: «Вина и всего пьянящего пить не должен»[498], но виноград разрешен ему. В чем смысл запрещения есть виноград назорею?

Дело в том, что назорей должен совершенно отстраниться от суда, даже более, чем коэн. И то дерево, в отношении которого совершил прегрешение Адам Ришон, было виноградом. Ибо вино и всё пьянящее и виноград относятся к левой стороне, высшему вину, т.е. к левой линии Бины, называемой «выдержанное вино». «Пьянящее» — это левая линия Зеир Анпина, ибо опьянение приходит от вина. Также и левая линия Зеир Анпина исходит от левой линии Бины. Виноград — в нем собрано всё, т.е. это Малхут, получающая от всех выс-

---

496 Тора, Бемидбар, 6:2.

497 Тора, Бемидбар, 6:3.

498 Тора, Ваикра, 10:9.

ших. И это – то дерево, в отношении которого совершил прегрешение Адам Ришон. Поэтому всё содержится в одной стороне – т.е. в левой стороне Бины, Зеир Анпина и Малхут. Можно ошибочно подумать, что назорей оставил высшую веру, т.е. не получает от высших Бины, Зеир Анпина и Малхут. Однако это не так, но причина в том, что ему не надлежит выполнять действия, относящиеся к левой стороне. (124, 125)

В час, когда благословение выходит из уст коэна, шестьдесят букв, имеющихся в благословении коэнов, выходят и взлетают к небосводу. Назначаются шестьдесят управляющих – над каждой из букв, и все они ходатайствуют над всеми благословениями. В этих благословениях – шестьдесят букв, потому что Исраэль по численности своей – шестьдесят рибо (десятков тысяч), всегда пребывающие в мире. И каждая из букв в этих благословениях – это один рибо (десять тысяч). И поэтому они соответствуют шестидесяти рибо (десяткам тысяч) Исраэля. (178)

И всё, что приносили в жертву, они приносили в жертву в подобии высшему, дабы благословились все. Счастлива участь праведников, на которых Творец изливает благословения, и слышит их молитву. О них сказано: «Внял Он молитве одинокого и не презрел молитвы их»[499]. (199)

В час, когда коэн внизу встает и простирает руки, все святые сфирот наверху пробуждаются и исправляются для благословения, и светят, получая из глубин колодца, Бины, наполняющей их всегда. И не прекращались благословения, исходящие и становящиеся истоками, наполняющими все миры, которые благословляются и орошаются всеми ими. (153)

«И было, в день, когда окончил (клот) Моше». Шхина называется «невеста (калат) Моше». Сказано: «Ты поднялся ввысь, захватил пленных»[500], но в тот час, когда сказал ему Творец: «Сними обувь со своих

---

499 Писания, Псалмы, 102:18.
500 Писания, Псалмы, 68:19.

ног»[501], то сотряслась гора. Предстал пред Творцом ангел Михаэль, сказал: «Владыка мира, разве хочешь ты разрушить здание человеческое? Ведь сказано: "Мужчиной и женщиной создам их и благословлю их"[502]. И пребывает благословение лишь с тем, кто является мужчиной и женщиной (захар и некева). Ты же наказал Моше расстаться с женой своей, ведь "разуть обувь с ног своих" означает развестись с женой. Ведь Писание говорит истину».

Сказал ему Творец: «Поскольку Моше выполнил заповедь "плодитесь и размножайтесь"[503], Я желаю теперь, чтобы он взял себе в жены Шхину. Ведь ради него спустилась Шхина, чтобы пребывать с ним». (194-195)

Беаалотха

«Когда будешь возжигать (беаалотха) лампады»[504]. Именно: «когда будешь возжи-

---

501 Тора, Шмот, 3:5.
502 Тора, Берешит, 5:2.
503 Тора, Берешит, 1:22.
504 Тора, Бемидбар, 8:2.

гать», когда будешь зажигать, ибо производятся коэном две работы, представляющие собой единое целое. И это – умащение и воскурение, Хохма и Бина, как сказано: «Умащение и воскурение радуют сердце»[505]. Как сказано: «И воскури́т на нем Аарон… поправляя лампады, воскурять будет его»[506]. (22)

«Возжига́я»[532] означает: когда сфирот напо́ены и насыщены напитком реки, где река – это Бина, а наполняется она Хохмой. Тогда поднимаются высшие и все получают благословения. И все радуются. И получается, что поправление светильников – это свечение Хохмы, которое притягивается от Бины и называется «вино». А возжигание светильников – это непрерывное притягивание изобилия хасади́м от Хохмы. И поэтому сказано: «И возжигая». (23)

Счастлив удел Исраэля, ибо Творец пожелал их и дал им истинное учение, Древо

---

505 Писания, Притчи, 27:9. «Масть и курения радуют сердце, а сладость друга – в задушевном совете».

506 Тора, Шмот, 30:7. «И воскурит на нем Аарон курение благовонное; по утрам, поправляя лампады, воскурять будет его».

жизни, благодаря которому человек наследует жизнь в этом мире и жизнь в мире будущем. Каждый, кто прикладывает старания в Торе и держится ее, – у того есть жизнь. Каждый же, кто оставляет слова Торы и расстается с Торой, – как будто расстается с жизнью. Ибо сама она – жизнь, и все речения ее – жизнь. (1)

Как до́роги речения Торы, ведь в каждом ее слове есть высшие тайны, и вся Тора называется высшей. (13)

«И постигшие поймут» – это каббалисты, о которых сказано: «А постигшие будут сиять подобно сиянию (зо́ар) небосвода»[507]. Говорится о тех, кто изучает это сияние, называемое книгой Зоар. (88)

Счастливы Исраэль, которым Творец дал святую Тору, научив их Своим путям и тому, как слиться с Ним, и соблюдать за-

---

[507] Писания, Даниэль, 12:3. «А мудрые будут сиять как сияют небеса, и ведущие многих по пути справедливости – как звезды, во веки веков».

поведи Торы, и удостоиться с их помощью будущего мира. Он приблизил их в час, когда они вышли из Египта, ведь Он тогда вывел их из чужого владения и возвысил, чтобы они объединились с именем Его. И тогда сыновья Исраэля стали называться свободными от всего, так как не остались под чужой властью. И возвысил Он их, чтобы они объединились с именем Его, превознесенным над всем и властвующим над высшими и низшими. (5)

«Всякого сына рожденного, в реку бросайте его»[508].

Постижение Торы называется сыном.

«Рожденный» – т.е. постигнутый.

«В реку» (йеóра) – т.е. свет (ор) Торы.

«Бросайте его (תַּשְׁלִיכֻהוּ)» подобно «постигните его (תַּשְׂכִּילוּהוּ)», – т.е. всякую тайну, которая рождается у тебя, постигни в свете Торы и душе ее. И это свет книги Зоар. (88)

---

508 Тора, Шмот, 1:22. «И повелел Фараон всему своему народу, говоря: "Всякого сына (ново)-рожденного бросайте в реку, а всякую дочь оставляйте в живых"».

Горе человеку, который говорит, что Тора дана для того, чтобы просто рассказывать истории о житейских событиях, об Эсаве, Лаване и т.п. Ведь в таком случае даже в наше время мы можем написать Тору о совершающихся событиях, еще более привлекательных, чем те? Если Тора призвана рассказать о происходящем в мире, то взять даже правящих в мире, – случаются между ними вещи более примечательные. Так что ж, давайте последуем за ними и сделаем из них Тору подобно этой?! Однако все события в Торе – это высшие тайны. (58)

Высший мир и нижний мир взвешиваются на одних весах. Исраэль внизу против высших ангелов наверху. Высшие ангелы – о них сказано: «Делает ветры посланниками своими»[509]. И в тот час, когда они опускаются вниз, то принимают облачения этого мира. А если бы они не принимали облачений, подобных этому миру, то не смогли бы представать в этом мире, и были бы нестерпимы для людей. Но если с ангелами это так, то

---

[509] Писания, Псалмы, 104:4.

уж тем более Тора, которой создал всех этих ангелов и все миры, и они существуют ради нее, – если бы она при нисхождении в этот мир не облеклась в существующее в этом мире, то есть истории и рассказы из жизни, то была бы нестерпима для людей.

И поэтому повествование в Торе – это облачение Торы. А тот, кто думает, что Торой является само облачение, и в нем нет никакого внутреннего смысла, тот губит душу свою, и не будет ему удела в мире будущем. Поэтому сказал Давид: «Открой глаза мои, чтобы я увидел чудесное из Торы Твоей»[510] – чтобы увидеть, что скрывается под облачением Торы. (59-60)

Есть облачение, предстающее взору всех. И те глупцы, которые видят человека, красиво одетого, – кажется он им почтенным в своем одеянии, и они не смотрят глубже, а судят о нем по изысканности облачения. И принимают они облачение за человеческую сущность, а человеческую сущность принимают за душу его.

---

510 Писания, Псалмы, 119:18.

И подобно этому – Тора. Есть у нее суть, и это заповеди Торы, называемые сущностью Торы. И эта сущность облачена в одеяния – в рассказы этого мира. Глупцы в мире не видят ничего, кроме этого облачения, – повествования Торы. И не знают больше, и не всматриваются в то, что находится под этим облачением. Те, кто знают больше, смотрят не на облачения, а на сущность, находящуюся под этим облачением. А мудрецы, служащие высшему Царю, те, что стояли у горы Синай, – видят ни что иное, как спрятанную в Торе душу, являющуюся основой всего, настоящую Тору. А в грядущем будущем достигнут ви́дения внутренней сути души Торы. (61-62)

Когда тот, кто глубже всех, т.е. высший Аба, светит, он светит реке, высшей Има. А река течет прямым путем с помощью средней линии, Зеир Анпина, чтобы напоить всё, т.е. все ступени Малхут. И здесь сказано: «поднимаясь», поскольку «всё» выходит из «того, кто глубже всех». «Поднимаясь» означает, что он исходит от высшего, «того, кто глубже всех», который

ИЗБРАННЫЕ ОТРЫВКИ ИЗ КНИГИ ЗОАР

называется «мысль», и это Аба. А «всё» – это единое целое. И тогда Кнесет Исраэль благословляется, и благословения есть во всех мирах. (24)

Благодаря раскрытым тобой тайнам «вода станет сладкою»[511]. Подобно тому, как соль придает сладкий вкус мясу, так станет сладкой она (Тора) благодаря раскрытым тобой тайнам. Все те трудности и раздоры «горькой воды» в устной Торе снова станут «сладкой водой» Торы. А страдания твои, благодаря тем тайнам, которые будут раскрыты тобой, обратятся наслаждением для тебя. И все твои беды снова пройдут над тобой, словно сны, проходящие и исчезающие. А «сон» (хало́м חלם) при обратном порядке букв – это «соль» (мелах מלח). И так же, как соль делает сладким вкус мяса, так же страдания обратятся усладой. (86)

Моше совершал соединение наверху, возвышаясь в том, в чем не мог достичь единства ни один пророк. И в час, ког-

---
511 Тора, Шмот, 15:25.

да сказал Творец Моше: «Вот, Я посылаю вам хлеб с небес»[512], – возрадовался Моше, сказав: «Конечно же, теперь это совершенство будет находиться во мне, ведь благодаря мне у Исраэля есть ман». Но когда увидел Моше, что начали опускаться на другую ступень, потребовав мяса, говоря: «Душе нашей постыл ничтожный хлеб»[513], сказал: «Если так, то ступень моя несовершенна». (146)

Шлах леха

«Только против Творца не восставайте»[514]. Но прежде всего, нельзя восставать против Торы. Ведь Тора не нуждается ни в богатстве, ни в серебряных, ни в золотых украшениях. «Вы же не бойтесь народа этой земли»[457]. Ибо если тело разбито, но будет заниматься Торой, то найдет исцеление всего. Сказано: «Исцеление для всей его плоти»[515]. И все обвинители, имеющие-

---

512 Тора, Шмот, 16:4.
513 Тора, Бемидбар, 21:5.
514 Тора, Бемидбар, 14:9.
515 Писания, Притчи, 4:22.

ся у человека, обращаются в его помощников. Именно они провозгласят: «Освободите место такому-то, служителю Царя». Т.е. тому, кто незамедлительно приходит к Царю, чтобы служить ему. (67)

«По подобию Творца создал Он человека»[516], и тогда есть у него три мира. Первый мир – это мир, называемый миром разделения, т.е. этот мир. И человек находится в нем и не находится. Ибо, когда хотят увидеть его, он удаляется от них и не виден. Прежде, чем товарищи его успевают увидеть его, он умирает и не находится в мире. Второй мир связан с высшим миром, и это – земной Эденский сад. Из него познается и постигается другой мир.

Третий мир, высший мир, – скрытый, утаенный и недоступный. И нет того, кто бы познал его, как сказано: «Глаз не видел иного Творца, кроме Тебя, сделавшего такое для ожидающего Его»[517]. (49-51)

---

516 Тора, Берешит, 9:6.
517 Пророки, Йешаяу, 64:3.

«И послал их Моше из пустыни Паран по велению Творца, всех этих людей…»[518] – все они были праведниками и вождями Исраэля. Но они, посоветовавшись, приняли неправильное решение, сказав, что если Исраэль войдут в эту землю, у них отберут правление народом, и Моше назначит других вождей, потому что мы удостоились быть вождями только в пустыне, но в стране мы не удостоимся быть вождями. И поскольку последовали неправильному решению, умерли сами они, а также все те, кто послушался их уговоров. (30)

«И осмотрите народ, живущий на этой земле, сильны они или слабы»[519] – т.е с помощью Торы увидите, удостоились ли они всего этого, преодолев свое злое начало силой и разбив его, или же в пренебрежении, без усилий. Усилились ли в Торе, чтобы заниматься ею денно и нощно, или же перестали заниматься ею, и вместе с тем удостоились всего этого. Многочисленны ли

---
518 Тора, Бемидбар, 13:3.
519 Тора, Бемидбар, 13:18.

занимающиеся служением Мне и удостоившиеся всего этого, или нет. (57)

В час, когда буквы воспаряют, человек видит в воздухе написанное большими буквами Бины: «Вначале создал Творец»[520] – совершенство их исходит от Бины. А затем с ними производят соударение маленькие буквы, т.е. Малхут поднимается и производит соударение с Биной, сокращая ее из-за «йуд י», которая вошла в «свет (ор אור)», и он стал свойством «воздух (авир אויר)». И они воспаряют, и видно написанное ими: «И сказал Творец: "Да будет свет"»[521]. «И увидел Творец свет, что он хорош»[522]. Затем возвращаются малые буквы и соударяются с большими, т.е. снова поднимается Малхут в Бину и сокращает ее. И образуется из этих букв сказанное: «И сказал Творец: "Да будет небосвод"»[523]. И так – всё деяние начала творения (бере-

---

520 Тора, Берешит, 1:1.
521 Тора, Берешит, 1:3.
522 Тора, Берешит, 1:4.
523 Тора, Берешит, 1:6.

шит). Действие этих букв – это большое чудо, радующее взор. Счастлив народ, который ждет всего этого. (153)

Корах

«Желаннее они золота, золота червонного; слаще они меда, из сотов текущего»[524]. Как возвышенны слова Торы! Как дороги и желанны они свыше – желаннее всего. Ведь они – святое имя, и всякий, усердствующий в Торе, усердствует в святом имени, и избавляется от всякого зла, избавляется в этом мире и в мире будущем. Каждый, занимающийся Торой, держится за Древо жизни. А раз он держится за Древо жизни, он держится за всё, как сказано: «Древо жизни она для держащихся за нее»[525].

У всякого, кто занимается Торой, есть свобода от всего, свобода от смерти, поскольку свобода, т.е. Бина, пребывает над ним и соединена с ним. Если бы Исраэль

---
524 Писания, Псалмы, 19:11.
525 Писания, Притчи, 3:18. «Древо жизни она для придерживающихся ее, и опирающиеся на нее счастливы».

увенчали себя Торой, они спаслись бы от всего и не пребывали бы в изгнании. (1-2)

Корах пошел путем разделения, а это отдаление и препятствие, создаваемые наверху и внизу. И тот, кто препятствует исправлению мира, удаляется из всех миров. Разделение – это отдаление и препятствие установлению мира. И тот, кто выступает против мира, выступает против Его святого имени, поскольку Его святое имя называется «мир». (5)

«Всё, что доступно руке твоей делать силой твоей, – делай»[526] – означает, что человек должен соединить левую линию с правой. И всё, что он делает, должно быть только лишь в соединении с правой линией. «Всё, что доступно руке твоей» – это левая, называемая рукой. «Делать силой твоей» – это правая, как сказано: «Твоя десница,

---

526 Писания, Коэлет, 9:10. «Все, что доступно руке твоей делать силой твоей – делай, ибо нет ни дела, ни счета, ни знания, ни мудрости в могиле, куда ты идешь».

Творец, величественна силой»[527]. И когда человек следит за тем, чтобы все его действия были с правой стороны и соединяли левую с правой, Творец пребывает в нем в этом мире и заберет его к Себе в тот, будущий мир. (30)

Человек не должен говорить: «Когда явлюсь я в будущий мир, то попрошу я у Царя милосердия и раскаюсь перед Ним».

Сказано об этом: «Ибо нет ни дела, ни счета, ни знания, ни мудрости»[468] после того, как человек уходит из этого мира. А если человек хочет, чтобы святой Царь светил ему в будущем мире и дал ему удел в том мире, должен он в этом мире заниматься включением своих действий в правую линию, и тогда все дела его будут ради Творца. (31)

Если человек прежде, чем он уйдет в тот мир, не выкупит своих нефеш, и руах, и нешама́ (НАРАН) с помощью Торы,

---

527 Тора, Шмот, 15:6. «Твоя десница, Творец, величественна силой, Твоя десница крушит врага».

то должен будет вернуться, т.е. воплотиться в этом мире, как вначале. Сказано: «Возвратится он к молодым годам»[528], – получить нефеш, руах, нешама. (42)

Аарон – правая линия, Хесед. Левиты – левая, Гвура. Корах хотел подменить правую линию левой. Он желал заполучить священство, правую линию, для левитов – левой, и потому был наказан. А кроме того, он еще злословил, обвиняя Моше, и понес кару за всё. Левая присоединяется всегда к правой, и это является исправлением левой. (3)

«И сказал Моше Аарону: "Возьми совок"»[529]. Насколько людям необходимо остерегаться грехов своих, и быть осмотрительными в деяниях своих, ведь сколько раз совершался суд над миром, и каждый день эти деяния возлагаются на весы правосудия, и свыше наблюдают за ними, и записываются пред Ним. И когда действия че-

---

528 Писания, Йов, 33:25. «И станет плоть его свежее, чем смолоду; возвратится он к юношеским годам».
529 Тора, Бемидбар, 17:11.

ловека неугодны пред Царем, растет гнев и пробуждается суд, и поэтому человек должен каждый день удерживать себя от грехов. (20)

Молитва шепотом и скрытые действия относятся к коэнам. Поэтому им запрещено вино, так как вино приводит к громкоголосью, песнопению и раскрытию тайн. Поэтому левиты были определены для громкоголосого пения, поскольку они связаны с судом, а суд происходит открыто, чтобы сообщить о происходящем всем. Однако коэн должен произносить свои слова тайно и шепотом, а не открыто, поскольку относится к правой линии, к свойству Хесед. А когда в мире наступают суды, исходящие от левой линии, правая становится приближающей посредством воскурения, совершаемого неслышно, в сокровенной тайне, недоступной непосвященным, – в свойстве Бина. (24)

Хукат

«**Вот закон (хукат) Торы**»[530]. «**И вот Тора (учение), которую установил Моше пред сынами Исраэля**»[531]. Слова Торы святы, возвышенны, наполнены сладостью, как написано: «Они желаннее золота, золота червонного; они слаще меда»[532]. Занимающийся Торой как будто каждый день стоит на горе Синай, получая Тору. Как написано: «В этот день стал ты народом»[533]. (1)

Праведники, которые удостаиваются соединения с вечной жизнью, т.е. с Есодом Зеир Анпина, удостаиваются увидеть славу святого высшего царя, как написано: «Созерцать милость Творца и посещать храм Его»[534]. И обитель их выше всех

---

530 Тора, Бемидбар, 19:2. «Вот закон Учения, которое заповедал Творец».

531 Тора, Дварим, 4:44.

532 Писания, Псалмы, 19:11.

533 Тора, Дварим, 27:9.

534 Писания, Псалмы, 27:4. «Одного прошу я у Творца, того (лишь) ищу, чтобы пребывать мне в доме Творца все дни жизни моей, созерцать милость Творца и посещать храм Его».

святых ангелов и их ступеней, поскольку этого высшего места не удостаиваются увидеть ни высшие, ни нижние. Как написано: «Глаз не видел Творца, кроме тебя»[535]. (57)

Лучший из всех – тот, кто является в этот мир, не отделяясь от Творца, и сам он не раскрыт, и все слова его сокрыты. Это безгрешный праведник, соблюдавший заповеди Торы и исполнявший их, занимавшийся Торой денно и нощно. Такой соединяется и наслаждается на ступени выше всех остальных людей, и все они сгорают, глядя на его свадебный полог. (61)

Тот, кто желает пробудить высшие деяния посредством действия или речи, и это действие или речь не производятся как подобает, то он ничего не пробуждает. Все живущие в мире ходят в дом молитвенного собрания, чтобы пробудить высшее деяние, но немногие умеют пробуждать. А Творец близок ко всем, умеющим призывать Его и пробуждать вещи подо-

---
[535] Пророки, Йешаяу, 64:3.

бающим образом. Но если люди не умеют призывать Его, Он не близок, как написано: «Близок Творец ко всем призывающим Его, ко всем, которые воистину призывают Его»[536]. «Воистину» – т.е. когда умеют пробудить истинное деяние подобающим образом. И так во всем. (78)

Те, кто умеет выстроить достойным образом действие и также речь, без сомнения, пробуждают Творца, чтобы Он простер напрямую к ним высшие деяния. А иначе Он не благоволит к ним. Но, в таком случае, ведь все жители мира умеют выстраивать действие и речь – чем же тогда праведники, знающие корень речи и действия, и умеющие направить сердце и желание, важнее других людей, не совсем умеющих это?

Дело в том, что те, кто недостаточно хорошо знает корень действия, зная только лишь его построение и не более, привлекают на себя воздействие в свойстве «об-

---

[536] Писания, Псалмы, 145:18. «Близок Творец ко всем призывающим Его, ко всем, которые призывают Его в истине».

ратная сторона (досл. за плечами)» Творца, ибо молитва их не парит в воздухе, называемом «управление», т.е. управления «паним (лицевой стороны)», а они достойны лишь управления «обратной стороны (за плечами)».

А те, кто знает и направляет сердце и желание, выводят благословления из места мысли, т.е. Хохмы, и они выходят во всех стволах и корнях ступеней прямым путем, как подобает, пока не благословятся высшие и нижние, и высшее святое имя не благословится благодаря им. Счастлива доля их, ведь Творец близок к ним и доступен для них. И когда они призывают Его, Он готов ответить им. А когда они в беде, Он с ними, Он ценит их в этом мире и в будущем мире. Как написано: «Ибо жаждал он Меня, и Я избавлю его, укреплю его, ибо познал он имя Мое»[537]. (81-83)

Нет у Творца радости от всех Его строений, подобной радости от душ правед-

---

537 Писания, Псалмы, 91:14. «Ибо он возлюбил Меня, и Я избавлю его, укреплю его, ибо он узнал имя Мое».

ников, приближающихся к Нему.** (Новый Зоар, 111)

Счастлива доля праведников в этом мире и в мире будущем. И несмотря на то, что они пребывают в другом месте, в другом, высшем мире, заслуга их пребывает в этом мире во всех поколениях. А когда Исраэль совершают возвращение перед Творцом, хотя им и вынесен приговор, Творец призывает праведников, которые предстают перед Ним наверху, и сообщает им, и они отменяют этот приговор, и Творец проявляет к Исраэлю милосердие. Счастливы праведники, о которых написано: «И будет водить тебя Творец всегда»[538]. (68)

Балак

Творец, после наполнения благоуханием и отрадой от праведников, и от всех сокровений их мудрости, раскрывается над ними, и они видят это наслаждение

---

[538] Пророки, Йешаяу, 58:11. «И будет водить тебя Творец всегда, и насыщать в засухи душу твою, и кости твои укрепит, и будешь ты, как сад орошенный и как источник, воды которого не иссякают».

Творца. Тогда все наполняются великой радостью, пока не простирается сияние и свет их. Этим распространением сияния и света радости они приносят плоды и цветение миру, то есть (приносят) души, и эти плоды восходят под крылья Шхины до назначенного времени. (Новый Зоар, 6)

Все исцеления находятся в руках Творца. Но есть такие, которые совершаются через посланника, а есть такие, которые не были доверены посланнику; если они совершаются через посланника, то иногда (болезни) повторяются. Но если это исцеление, совершенное Творцом, то болезнь никогда не повторяется. И потому: «Исцели меня, Творец, и буду я исцелен»[539]. (Новый Зоар, 49)

Мудрость Балака была сильнее мудрости Билама. Мудрость Билама была сиюминутной, мудрость же Балака действовала в любое время. Но ключи всей этой мудрости были в руках Билама, ибо он приводил

---
539 Пророки, Йермияу, 17:14.

ее к завершению устами. Балак умел совершать колдовства, но не умел приводить их к завершению устами. (Новый Зоар, 51)

Злодей Балак был осведомлен обо всех вышестоящих ступенях, о тех, которые образуют связи, с помощью которых совершаются колдовства и чародейства, – обо всех ступенях, находящихся над ними, посредством которых они всячески неволили нижестоящие ступени.

Сказал ему (Балак Биламу): «Во всякое время у нас, – колдунов, чародеев, и гадателей, есть известные ступени и ангелы, которые узнаваемы колдунами и чародеями. Но отныне и далее ты должен созерцать иное место, высшее». (Новый Зоар, 60-61)

Сказал рабби Шимон: «Сколько раз я говорил это, а товарищи не обращают внимания – что Творец располагает свою Шхину лишь в месте, достойном того, чтобы она царила над ним». (426)

Пинхас

Сказано о Пинхасе: «Вот, заключаю Я с ним союз мира»[540] – то есть мир от ангела смерти, который никогда не будет властен над ним, и не будет он предан суду его. Но ведь нельзя сказать, что он не умер? Он умер, однако ясно, что умер он не как все остальные живущие в мире, а продлил дни над всем его поколением, поскольку придерживался этого высшего союза. А когда покидал этот мир, то в высшем устремлении и в подобающем слиянии ушел он от остальных жителей мира. (22)

В час, когда возревновал Пинхас о святом союзе, и вошел посреди всего общества и поднял на копье прелюбодействующих на глазах у всего Исраэля. Когда он увидел пришедшее к нему большим сборищем колено Шимона, отлетела от страха душа Пинхаса. И тогда две души, которые были наги, без исправления, души Надава и Авиу, приблизились к душе Пинхаса и со-

---

540 Тора, Бемидбар, 25:12.

единились с ней вместе. И затем уже вернулась к нему душа его соединенной с ними. Дух, который включил в себя два духа, поддерживающих его. И тогда он удостоился места Надава и Авиу, став коэном, чего не был достоин до этого. (73)

В час, когда человек делает участником своей радости Творца, является Творец в Эденский сад и берет оттуда его отца и мать, являющихся участниками вместе с Ним, и Он ведет их за Собой к этой радости, и все они находятся там, но люди не знают об этом. Однако в несчастье человека только Творец находится с ним, не сообщая отцу и матери его. «В беде моей воззвал я к Творцу, мольба моя – к Господину моему»[541]. (125)

«Всё, в чем предоставится тебе возможность сделать, – своими силами делай»[542]. Как хорошо человеку, пока свеча горит над его головой, пытаться выполнить желание

---
541 Писания, Псалмы, 18:7.
542 Писания, Коэлет, 9:10.

Господина своего. Поскольку свет свечи – это сила, которая пребывает над ним. И об этом сказано: «Да умножится сила Творца»[543] – сила, пребывающая над головой праведников и над всеми, кто занимается постижением желания Господина своего, т.е. Шхины. (134)

Когда Исраэль удостаивались, высший огонь набрасывался, словно огненный лев, пожирать свои жертвы. А если не удостаивались, то набрасывался, словно огненный пес. И также, когда человек умирает, если он удостоился, то опускается образ льва, принять душу его, а если не удостоился, то опускается образ пса, о котором сказал Давид: «Спаси от меча душу мою, от пса – единственную мою!»[544] (218)

Исраэль отличаются умением ловли хорошей, важной и ценной добычи. И они привлекают из-под крыльев Имы ту самую птицу, Малхут, шептанием уст, когда они беспрерывно шепчут ей, одно за дру-

---

543 Тора, Бемидбар, 14:17.
544 Писания, Псалмы, 22:21.

гим, нашептывания, прибегая к многочисленным молитвам.

А птица эта, взволнованная этими шептаниями и голосами, шепчущими ей, хотя и находится под крыльями Шхины, вытягивает голову свою по направлению шепота этого голоса и устремляется к ним, выпорхнув из-под крыльев Имы. Когда Исраэль принимают ее, они неотступно находятся при ней и шепчут ей, соединяя ее связью, чтобы не упорхнула и не улетела она. Тотчас захватывают ее Исраэль этой связью, и птица эта хочет выпорхнуть и улететь от них и не может.

И пока она еще привязана к Исраэлю, они шепчут своими голосами, и она щебечет вместе с ними, взлетая ввысь и опускаясь. И все эти сыновья, находящиеся под крыльями Имы, ХАГАТ НЕХИ Зеир Анпина, когда они слышат щебетанье сестры их, Малхут, и шептание голоса Исраэль, тотчас выходят они из-под крыльев Имы, подлетая к птице, Малхут. И Исраэль захватывают их, объединяясь с ними. И если бы не эта птица, рядом с которой они неотступно находятся с самого начала, никогда не прилетели бы к ним

ХАГАТ НЕХИ, и не смогли бы они объединиться с ними. (780-782)

Матот

Почему слово «женщина (иша אשה)» происходит от слова «огонь (эш אש)»? Потому что она содержит в себе как «суд», так и «милосердие». Слово «женщина (иша אשה)» – это буквы слов «огонь Творца (эш а-шем אש ה')». «Огонь» – это суд, «Творец» – милосердие. (2)

Правая линия – милосердие (хесед), левая – суд (дин). И это свойство «Исраэль» и «остальные народы». «Эденский сад» – в правой, «преисподняя» – в левой. «Этот мир» – в левой, «будущий мир» – в правой. «Исраэль» соответствует милосердию в правой линии, свойство «остальные народы» – суду в левой. Мы изучали, что «у женщины, отведавшей вкус милосердия» – т.е. вышедшей замуж за человека из Исраэль, «милосердие побеждает суд» – она приобретает свойство милосердия. «У женщины, отведавшей вкус суда» – вышедшей замуж за чужеземца (сторона суда), «суд соединяется с судом» – т.е. суд, содержащийся в женщине, соединяется с судом, содержащимся в чужеземце. (4)

«А вы, приверженные Творцу, Создателю вашему, живы все сегодня»[545]. Почему? Потому, что душа (нешама) относящихся к Исраэль приходит от духа Создателя жизни. «Ибо дух предо Мной окутан будет»[546]. «Предо Мной» – перед Шхиной, т.е. получит облачение от Зеир Анпина, Создателя жизни. (5)

«Сказал Я: "Мир милосердием (хесед) будет установлен"»[547]. Хесед (милосердие) – это одна из высших сфирот Царя, высшая сфира из семи нижних сфирот. Ибо Творец назвал душу Исраэля Хеседом (милосердием) при том условии, что будет установлено это милосердие и никогда не прекратится. (6)

---

545 Тора, Дварим, 4:4.

546 Пророки, Йешаяу, 57:16.

547 Писания, Псалмы, 89:3.

Книга Дварим

Веэтханан

В час, когда человек приходит к соединению имени Творца, все небесные воинства выстраиваются рядами, чтобы, исправившись, включиться всем вместе в это единство, чтобы находиться в таинстве Единого и в единстве Единого. Все они получают свои исправления с помощью этого единства, как должно. (62)

В час, когда человек пребывает в молитве, все те слова, которые он произносит своими устами в этой молитве, возносятся наверх, пробивая воздушные пространства и небосводы, пока не достигают того места, к которому приходят, и становятся украшением на голове Царя, делающего из них венец. Но вместе с тем, отмечают товарищи, просьба, с которой обращается человек к Творцу, должна быть горячей мольбой. Откуда это известно? От Моше. Как сказано: «И горячо умолял он Творца»⁵⁴⁸. Это является лучшей молитвой. (9)

Приди и увидь. Все остальные народы мира отдал Творец управляющим, которых Он поставил властвовать над ними. А Исраэль назначил Творец участью и уделом Его, чтобы соединиться при помощи них, как подобает. И дал Он им святую Тору для того, чтобы соединиться Именем Его, и поэтому «слиты вы с Творцом, а не с другим управляющим, как остальные народы». (17)

Приди и увидь. Сказано: «Ведь земля, в которую вступаешь ты, чтобы овладеть ею, она не как земля египетская, из которой вы вышли»⁵⁴⁹, где река (Нил) поднимается и орошает землю. Но здесь: «От дождя небесного пьет она воду»⁵⁵⁰, ибо земля святости всегда пьет небесную воду, и когда Исраэль занимались Торой, она пила, как должно, а тот, кто избегает занятий Торой,

---

548 Тора, Дварим, 3:23.
549 Тора, Дварим, 11:10.
550 Тора, Дварим, 11:11.

тот препятствует распространению блага всему миру. (162)

Экев

Самая сокровенная тайна раскрывается тем, кто познал мудрость Господина их, – умение благословлять за заповеди Торы и за любое удовольствие и наслаждение этого мира так, чтобы притянуть благословения сверху вниз. (8)

Любое наслаждение, испытываемое человеком от Творца, если человек благословляет за него – он поднимает это наслаждение вместе с намерением молитвы в МАН, к Малхут. И благодаря этому поднимаются Зеир Анпин и Малхут в Бину, получая там мохин и келим, наполнение от которых нисходит во все миры. И ради этого наслаждает Творец человека. Таким образом, если человек наслаждается и не благословляет, то он обкрадывает Творца. Как сказано: «Обирает отца своего и мать свою»[551]. «Отца сво-

---

[551] Писания, Притчи, 28:24.

го» означает Зеир Анпин, «мать свою» – Малхут. Ибо души – это порождение Зеир Анпина и Малхут. (Маръот а-Сулам, 1)

Когда поднимаются эти благословения снизу, нет ни одного прохода наверху, и нет ни одного управляющего наверху, который не открыл все эти проходы. И провозглашают, объявляя на всех этих небосводах: «Это приношение царю от такого-то, приславшего его» – это приношение в полноте своей, как и полагается. Какое благословение называется полным? То благословение, на которое отвечают: «Амен». Ибо каждое благословение, на которое отвечают: «Амен» – это благословение, которое производится в надлежащей полноте. (5)

Творец желает тех, кто благословляет Его, Он с нетерпением ждет благословения снизу, ведь это благословение, восходя, несет свет свече, которая не светит, Малхут, и придает ей большие силы подняться наверх для слияния (зивуга) с Зеир Анпином. Как сказано: «Ибо превознесу Я восславляющих Меня»[552] – это те, кто благословляет Творца, «а бесславящие Меня посрамлены будут»[580] – это те, кто не благословляет Творца, отвращая от благословения уста свои. (7)

И цель этих благословений, пробуждение сверху вниз, заключается в следующем. «Благословен» – самый высший скрытый от всего источник, высший Аба ве-Има, называемый Хохма. И здесь необходимо прийти к намерению, чтобы пролился и низошел оттуда свет, и зажег оттуда все свечи, то есть нижние ступени. И Он благословен всегда, ибо воды его не прекращаются никогда. Иными словами, они находятся в непрекращающемся высшем зивуге (соединении), и свет их, направленный нижним, никогда не прекращается. (10)

«Когда поднимаются эти благословения снизу, нет ни одного прохода наверху, и нет ни одного управляющего наверху, который не открыл бы все эти проходы».

---

[552] Пророки, Шмуэль 1, 2:30.

Разделяющие экраны, находящиеся между половинами ступеней и отделяющие КАХАБ от Бины и ТУМ каждой ступени, называются «проходами», потому что без них у нижнего не было бы возможности подняться к высшему, так как любой подъем нижнего к высшему происходит только лишь вследствие того, что Бина и ТУМ высшего упали на ступень нижнего, слившись с ним. Поэтому в то время, когда они возвращаются на свою ступень к высшему, они берут с собой также и нижнего. И так как это падение произошло благодаря экрану, возникшему вследствие соединения Малхут с Биной, а подъем Бины и ЗОН происходит вследствие пробивания этого экрана, т.е. вследствие опускания Малхут из Бины, поэтому считается этот экран «проходом», так как в тот момент, когда он пробит, поднимается нижний к высшему через него. Поэтому, если благословляющий намеревается – во время благословения, т.е. при слове «благословен» – привлечь сорокадвухбуквенное имя, то тогда, образовав проход, раскрываются экраны, и это те проходы, которые находятся на каждой ступени, чтобы нижний мог подняться к высшему, и тогда поднимается это благословение от Бины и ТУМ, находящихся в окончании ступеней, через проходы всех ступеней, пока не достигает Малхут мира Ацилут, ибо все они раскрываются, и это благословение восходит, проходя через них, пока не достигает Малхут мира Ацилут. (Маръот а-Сулам, 12)

Есть три состояния: преклонение, склонение, выпрямление.

а. Преклонение – сгибание колен, а голова прямая. Это означает отсутствие ГАР. Ибо сгибание колен – это отмена келим НЕХИ. А если отсутствуют НЕХИ в келим, то недостает ГАР светов вследствие обратного соотношения, которое существует между светами и келим. Выпрямление головы указывает на желание получить Хохму. Поэтому необходимо сгибание колен, которое мы выполняем при произнесении слова «благословен», означающее Малхут и указывающее на то, что Малхут недостает Хохмы. И по этой причине голова прямая, что указывает на отсутствие в ней Хохмы, а колени согнуты, что указывает на отсутствие там ГАР.

б. **Склонение** – только наклон головы. Указывает на то, что он не нуждается в Хохме, а только в Хеседе, ибо «желает милости (хафец хесед) Он»[553]. И поэтому он наклоняет голову, т.е. келим ГАР. Это правая линия Зеир Анпина, получающая от Аба веИма и не желающая Хохму, а только хасадим. Поэтому склоняются при слове «Ты», (означающем начало выхода) правой линии.

в. **Выпрямление** – когда все три части тела (гуф), ХАБАД ХАГАТ НЕХИ, выпрямлены. Указывает на то, что есть у него Хохма и хасадим вместе, и поэтому голова его прямая, и также колени прямые. И это – средняя линия, Тиферет. Поэтому выпрямляются при слове «Творец (АВАЯ)», означающем среднюю линию, включающую всё. (Марьот а-Сулам, 22)

Праща – это «возглашение Шма». Пять камней в праще – это пять слов: «Слушай,

---
[553] Пророки, Миха, 7:18.

Исраэль, Творец – Всесильный (наш), Творец»[554]. И это – Хесед, Гвура, Тиферет, Нецах, Ход. Соответственно им: «И выбрал Давид пять гладких камней из ручья, и положил их»[555] в пращу – это губы, издающие «возглашение Шма», и это Шхина – и стали эти пять камней одним, и убил он филистимлянина (Голиафа). (27)

Шофтим

«Судей (шофтим) и стражников поставь»[556]. В этой заповеди Он дает указания о судьях и стражниках. Как сказано: «Ибо Творец – судья; одного принижает, а другого возносит»[557].

Этот суд происходит в трех линиях, используемых как одна. При этом правая линия склоняется к милосердию (хеседу) и судит мир в милосердии. А левая линия склоняется к судам и вершит в мире правосудие. А средняя линия согласует меж-

---

554 Тора, Дварим, 6:4.
555 Пророки, Шмуэль 1, 17:40.
556 Тора, Дварим, 16:18.
557 Писания, Псалмы, 75:8.

ду ними и поддерживает свечение их обеих, но «принижает» свечение левой, чтобы не светила иначе, как снизу вверх, и тогда нет в ней судов, и «возносит» свечение правой, чтобы светила сверху вниз, и это свет ГАР. (1-2)

Исраэль – это сухие деревья в Торе, и поскольку они охвачены огнем неученья, то недостойны того, чтобы было явлено им чудо. Но тотчас, когда ты (Моше) нисходишь к ним с Торой, ради тебя нисходят к ним Древо жизни, Зеир Анпин, и заповедь, Малхут, называющаяся свечой Творца; она соединяется с ними, и тогда они полны жизни. А народы мира, идолопоклонники, будут сожжены этой свечой, как сказано: «Не страшись, раб Мой, Яаков, не бойся, Исраэль»[558], ибо Я – с тобой. (10)

Есть два свидетеля у человека: «глаз видящий» и «ухо слышащее». И суд разбирает его провинности и судит его. Кроме того, еще солнце и луна свидетель-

---
[558] Пророки, Йермияу, 46:27.

ствуют о человеке, как сказано: «Трубите в шофар в новомесячье, в новолуние – для праздничного дня нашего»[559]. «В новолуние» – в тот день, когда луна, Малхут, скрывается. Скрывается, поскольку в начале года приходит Сам, чтобы требовать суда над сыновьями ее – над Исраэлем, являющимися сыновьями Малхут, перед Творцом. И Он говорит ему, чтобы привел свидетелей, и тот приводит с собой солнце, и собирается привести луну, но она скрывается, то есть поднимается в то место, о котором сказано: «Не исследуй скрытого от тебя»[560], дабы примирить Творца с сыновьями ее. (14)

Следующая заповедь – установить над собой большой суд, то есть Бину, так как со стороны Хеседа называется Бина большим судом. Ибо большой – это Хесед. Большой в своих судах, в левой линии, и большой в своих достоинствах, в правой. И когда левая линия Бины включена в правую, Хесед, обе они называются большими. Как сказа-

---

[559] Писания, Псалмы, 81:4.

[560] Вавилонский Талмуд, трактат Хагига, лист 13:1.

но в заповеди: «Поставь править над собою царя»⁵⁶¹. «Поставь» – наверху, в Бине, «править» – внизу, в Малхут. Так он должен установить над собой большой суд со стороны Бины, хотя и установил над собой малый суд со стороны Малхут. (21)

Ки Теце

«А мать сидит на птенцах»⁵⁶². Исраэль обращаются к ней в многоголосом щебете молитв, а она не хочет опускаться к ним, т.е. светить сверху вниз. Другими словами, не желает менять состояние катнута, что и означает: «сидит» – светит снизу вверх. Что делают Исраэль: берут вместе с ними мать, т.е. Шхину, и связывают ее с узлом тфилина. И когда они доходят до возглашения «Шма», то призывают Бину с помощью шести слов единства: «Слушай, Исраэль, Творец – Всесильный (наш), Творец един!»⁵⁶³, т.е. с помощью сфирот ХАГАТ НЕХИ Зеир

561 Тора, Дварим, 17:15. «Поставь править над собою царя, которого изберет Творец».
562 Тора, Дварим, 22:6.
563 Тора, Дварим, 6:4.

Анпина в состоянии гадлута. И тогда они опускаются к своей матери, т.е. Шхине, связывая себя с нею этим единством. (142)

Творец не может называться царем до тех пор, пока не будет восседать верхом на своем коне, т.е. Кнесет Исраэль, Малхут. Как в сказанном: «Кобылице в колеснице Фараона уподобил я тебя, возлюбленная моя»[564] – то есть она вся хороша, нет в ней ничего дурного. Творец, не находящийся в месте Своем, не является царем. Но когда возвращается на место Свое, то «будет Творец царем»[565]. И также об Исраэле сказано: «Весь Исраэль – царские сыновья»[566]. А каков отец, таков и сын – т.е. не являются они царскими сыновьями, пока не вернутся в землю Исраэль. (4-5)

Человек, прежде чем он соединится со своей женой, должен поговорить с ней – ведь может статься, что изменилась жена его

---

564 Писания, Песнь песней, 1:9.

565 Пророки, Захария, 14:8.

566 Вавилонский Талмуд, трактат Бава Меция, лист 113:2.

в поле. Это случается с женой, относящейся к стороне Древа познания добра и зла, – с ней случается эта перемена в поле. Но если она со стороны Шхины, то не бывает в ней изменений, как сказано: «Я, АВАЯ, не меняюсь»[567]. «Я» – это Шхина, которая не ведает страха ни перед какой другой стороной, т.е. клипот, как сказано: «Все народы, как ничто, перед Ним»[568]. (7-8)

Спрашивается: «Каков же корень Амалека наверху, в духовном?» Мы же видим, что души Билама и Балака происходят от высшего Амалека, и потому ненавидели Исраэль более всех народов и языков, и поэтому записан Амалек в их именах – «Ам» в Биламе, «алек» в Балаке. И эти Амалеки – это захар и нуква (мужское и женское начало). (110)

---

567 Пророки, Малахи, 3:6.
568 Пророки, Йешаяу, 40:17.

Ваелех

«Направлял Он десницу Моше дланью (рукой) величия Своего, рассек воды перед лицом их»[569]. Счастливы Исраэль, которым благоволит Творец. Поскольку благоволил Он им, то называл их сыновьями праведными, первенцами Своими, братьями. И словно спустился, чтобы обитать вместе с ними. Как сказано: «И построят Мне святилище, и Я буду обитать среди них»[570]. Он желал привести их к состоянию, подобному высшему, и расположил над ними семь облаков величия, и Шхина Его выступает перед ними. Как сказано: «А Творец шел перед ними днем»[571]. (1)

Горе людям, которые не замечают и не интересуются величием своего Господина, и не обращают внимания на высшую святость, чтобы освятиться в

---

569 Пророки, Йешаяу, 63:12. «Направлял Он десницу Моше дланью величия своего, рассек воды пред лицом их, чтобы сделать Себе имя вечное».
570 Тора, Шмот, 25:8.
571 Тора, Шмот, 13:21.

этом мире и быть освященными в мире будущем. (16)

Таким путем человек должен возносить хвалу Господину его. Вначале снизу вверх поднять величие своего Господина, т.е. Малхут, до места, откуда вытекает и выходит глубинный нектар колодца, т.е. до места Бины. А потом притянуть сверху вниз, от нектара потока, т.е. Бины, к каждой ступени ЗАТ, до последней ступени, Малхут, чтобы привлечь ко всем им благословения сверху вниз. Затем нужно построить связь со всеми, связь веры, т.е. связать всё с Бесконечностью. И это человек, почитающий имя Господина своего, чтобы соединить святое имя. И поэтому написано: «Ибо почитающих Меня буду Я чтить»[572], – ибо почитающих Меня в этом мире, буду Я чтить в мире будущем.

---

572 Пророки, Шмуэль 1, 2:30. «Потому (вот) речение Творца Исраэля: "Сказал Я, сказал: Твой дом и дом твоего отца, они будут ходить предо Мной вовеки! А ныне речение Творца: Хула (то) для Меня, ведь Меня почитающих буду чтить, а Мною пренебрегающие чести лишатся"».

«А бесславящие Меня чести лишатся»[27]. Это те, кто не умеет соединить святое имя и построить связь веры, и привлечь благословения в нужное место, и почитать имя своего Господина. А тот, кто не умеет почитать имя своего Господина, лучше бы не был создан. (34-35)

Когда Исраэль внизу заботятся о том, чтобы отвечать «Амен» и правильно настраивать сердце своё, как много врат благословений открыто наверху, как много блага пребывает во всех мирах, как велика радость во всем. А какова награда Исраэлю, которые вызвали всё это? Их награда – в этом мире и в мире будущем. В этом мире, когда их притесняют, и они молятся перед своим Господином, голос возглашает во всех мирах: «Отворите ворота, пусть войдет народ праведный, хранящий верность (эмуни́м)»[573]. Следует читать не «эмуним (верность)», а «аменим (амены)» – т.е. заботящиеся о том, чтобы отвечать «Амен».

---

573 Пророки, Йешаяу, 26:2. «Отворите ворота, пусть войдет народ праведный, хранящий верность».

«Отворите ворота», – как Исраэль открыли себе врата благословений, так сейчас отворите ворота, и молитва их о тех, кто притесняет их, будет принята.

Такова их награда в этом мире. В чем заключается их награда в будущем мире? В том, что человек, ушедший из этого мира, станет заботиться о том, чтобы отвечать «Амен». Что значит «заботиться» (букв. хранить)? Он хранит то благословление, которое произносит благословляющий, и ждет его, чтобы ответить после этого «амен», как подобает. Тогда возносится душа его, возглашая пред ним: «Отворите пред ним врата так же, как он отворял врата каждый день, храня верность (эмуним), т.е. "аменим"».

Что такое «амен»? Источник той реки, которая вытекает, т.е. Бина, называется «амен». И называется он «амен» потому, что написано: «И была я у Него питомицею (амо́н)»[574], – следует читать не «амон» (питомица), а «амен». Питание всех ступеней,

---

574 Писания, Притчи, 8:30. «И была я у Него питомицею, и была радостью каждый день, веселясь пред Ним все время».

та река, которая вытекает и течет, т.е. Бина, называется «амен». Как написано: «От мира и до мира»⁵⁷⁵ – от высшего мира, Бины, до нижнего мира, Малхут. Так же и здесь – «амен и амен». Высший «амен» – это Бина, нижний «амен» – это Малхут. «Амен» означает питание всех. (37-39)

В одном месте сказано «гимн» (шир), в другом – «песнь» (шира́). «Шир» – это захар, т.е. Зеир Анпин, «шира» – это нуква, т.е. Малхут. Все пророки по отношению к Моше – как обезьяна в сравнении с человеком. И они произносили гимн, т.е. «Песнь песней», «псалом, гимн субботнему дню»⁵⁷⁶. А Моше произнес песнь. Разве не должен был Моше произнести гимн, а они – песнь? Но дело в том, что Моше произнес это не для себя, а ради Исраэля.

Из этого достоверно видно, что Моше был на более высокой ступени, чем все они. Моше поднялся снизу вверх, а они опусти-

---

575 Писания, Псалмы, 41:14. «Благословен Творец Исраэля от века и до века. Амен и амен!»
576 Писания, Псалмы, 92:1.

ИЗБРАННЫЕ ОТРЫВКИ ИЗ КНИГИ ЗОАР

лись сверху вниз. Моше поднялся снизу вверх, как мы учим, что в святости поднимают, но не снижают. Моше поднялся снизу вверх, произнеся хвалебную песнь Царицы, прославляющей Царя. И он начал с Малхут, а сам Моше соединился с Царем. И выходит, что песнь его поднялась снизу вверх. А они опускались сверху вниз, произнося гимн, являющийся свойством захара – восхвалением, которым Царь прославляет Царицу, и они соединялись с Царицей. И выходит, что гимн их – сверху вниз, от Зеир Анпина к Малхут. И отсюда мы видим, что Моше в величии своем превосходит всех остальных. (27-28)

Сказал Творец Моше: «Моше, ты хочешь, чтобы изменился мир? Видел ли ты в дни жизни твоей, чтобы солнце служило луне? Видел ли ты в дни жизни твоей, чтобы луна вступила в силу в то время, когда солнце еще не спряталось? Приблизились дни кончины твоей. Позови Йеошуа. Лишь когда уходит солнце, вступает в силу луна. Как же иначе, ведь если ты вступишь на эту землю, то уйдет луна из нее, и не сможет приступить к власти.

Конечно же, настало время власти луны, т.е. Йеошуа, но она ведь не может властвовать, пока ты находишься в мире». (12)

Аазину

В час, когда произнес Моше: «Внимайте (аазину), небеса, и я говорить буду»[577], содрогнулись миры, и раздался голос, изрекший: «Моше, Моше! Из-за тебя сотрясается весь мир?!» Произнес в ответ: «К имени Творца взываю я!»[578] Тотчас замерли все, чтобы внимать словам его. (22)

Раскрывается постигающему, насколько велика любовь Творца к Исраэлю. Ведь, хотя они сами привели к тому, что находятся в изгнании среди народов, все же Шхина не отстраняется от них никогда. Поэтому неправильным будет сказать, что они оставлены и находятся одни в изгнании – ведь, несмотря на всё «это», Шхина (которая называется «это») находится с ними. (216)

---

577 Тора, Дварим, 32:1.
578 Тора, Дварим, 32:3.

Песнь песней

Мудрость, которую человек должен познать, включает следующее.

Он должен познать и глубоко изучить тайну Господина его. И познать себя – кто он, и как сотворен, и откуда он явился, и к чему идет, и как осуществляется исправление тела, и как он должен будет явиться на суд, представ пред Царем всего.

Познать и глубоко изучить тайны душ. Что представляет собой имеющаяся в нем сущность (нефеш), и откуда она является, и для чего она входит в это тело, происходящее от зловонной капли, которое сегодня – здесь, а завтра – в могиле. Глубоко изучить этот мир и знать, в каком мире он находится и зачем существует мир. А затем он должен изучить высшие тайны верхнего мира, чтобы познать Господина его. И все это должен познать человек из тайн Торы. (Новый Зоар, 482-483)

Когда Творец благоволит к человеку, то все его шаги и все пути исправлены до него, и он исправляет все их, каждый как подобает, и путь его будет желанен, даже в делах этого мира.

И если человек посвятит свои разум, желание и сердце святому Царю, чтобы идти путями Его, и он сам сделал это, то Творец благоволит к нему, словно эти пути на самом деле его. (632-633)

«Влеки меня, за Тобой побежим»[579]. Сказано: «И установлю обиталище Мое среди вас»[580].

Творец поместил свою Шхину (обитель) в среде Исраэля, чтобы она пребывала над ними, словно мать над птенцами своими, защищая их со всех сторон. И все время, пока святая мать восседает над Исраэлем, Творец является, чтобы обитать среди них, потому что Творец не оставляет своей Шхины никогда, и вся Его любовь наверху – к ней.

Поэтому дал ее Творец в залог Исраэлю, чтобы знали они, что не забудет и не оставит Он их никогда из-за этого залога, нахо-

---

579 Писания, Песнь песней, 1:4.
580 Тора, Ваикра, 26:11.

дящегося у них. И Шхина говорит Творцу: «Была я залогом у нижних, буду залогом у Тебя, чтобы не забывал Ты о сыновьях моих и поднял их под стать Себе, а я и сыновья мои "за Тобой побежим"». (Новый Зоар, 217-218)

Счастливы все те, кто занимается Торой, чтобы познать мудрость Господина их, и они знают и изучают высшие тайны. Потому что, когда покидает он этот мир и приходит к раскаянию, остаются за ним только те нарушения, которые может искупить только смерть, и с помощью этой смерти отводят от него все суды в мире. Но мало того, открывают ему тринадцать врат тайн чистого Афарсемона, от которых зависит высшая мудрость (хохма).

А кроме того, Творец еще отмечает его одеянием Малхут, в котором запечатлены все формы, и Творец радуется вместе с ним в Эденском саду, и дает ему в наследие два мира – этот мир и мир будущий. (Новый Зоар, 480-481)

И сказал Всесильный: «Сделаем человека по образу и подобию нашему»[581].

Когда Творец создал высший мир, Зеир Анпин, и нижний мир, Малхут, оба они были одной и той же формы, один был подобен другому. Когда пожелал Творец сотворить человека внизу, Он пожелал создать его в виде высших миров, чтобы по форме своей он был подобен двум мирам.

И все высшие и нижние тайны заключены в человеке. Строение черепа головы (рош), расположенной над телом – соответствует строению высшего мира в исправлениях, происходящих в его рош. Тело (гуф) соответствует высшему гуф, ступени которого расположены в виде органов под этим рош, т.е. ступени ХАГАТ. Бедра и голени, НЕХИ, все они размещены на нижних ступенях, где и полагается им быть согласно высшему подобию. Все эти формы, высшие и нижние, запечатлел Творец в человеке, чтобы был человек совершенен во всем. (Новый Зоар, 630-631)

---

581 Тора, Берешит, 1:26.

«Скажи мне»[582]. Душа говорит Творцу: «Поведай мне тайны высшей мудрости, как «пасёшь ты» и управляешь высшим миром, научи меня тайнам этой мудрости, которую я не знала и не изучала до сих пор. Чтобы не испытывать мне чувство стыда, находясь среди высших ступеней, на которые восхожу я. Ведь не интересовалась я ими до сих пор.

«Если ты не знаешь, прекраснейшая из женщин»[583], – отвечает Творец душе, – «если ты уже пришла, но не интересовалась мудростью прежде, чем пришла сюда, и не знаешь тайн высшего мира, "то ступай"[528], ты не достойна войти сюда без этого знания. "То ступай по следам стада" – пройди еще одно кругообращение в мире, и познаешь, следуя по пятам стада животных, называ-

---

582 Писания, Песнь песней, 1:7. «Скажи мне, возлюбленный души моей, где пасешь ты, где делаешь привал со стадом твоим в полдень? Зачем мне (скитаться) под покрывалом возле стад товарищей твоих?»

583 Писания, Песнь песней, 1:8. «Если ты не знаешь, прекраснейшая из женщин, то ступай по следам овечьим, и паси твоих ягнят у пастушьих жилищ».

емых людьми, которые попирают своими ногами и не ставят ни во что тех, кто знает высшие тайны Господина своего, и среди них познавай, как изучать и постигать!» – т.е. учись у них. (Новый Зоар, 485-486)

Песнь песней – это самая высокая хвала Царю, которому принадлежат мир и согласие, т.е. Бине. Поскольку это место, требующее радости, в котором нет злости и осуждения, потому что будущий мир, Бина, – весь радость, и он радует всех. И поэтому он посылает радость и веселье всем ступеням.

Так же, как пробуждение радости нужно вызвать наверху из этого мира, так же надо пробудить веселье и радость из мира луны, Малхут, в высшем мире, Бине. И поэтому все миры установлены в едином подобии, и пробуждение поднимается лишь снизу вверх. (Новый Зоар, 87-88)

Обрадовался рабби Шимон и произнес: «Вначале, прежде чем были сказаны и раскрылись эти слова Песни песней, я плакал и печалился. А сейчас, когда раскрылись эти слова, я рад и говорю – счастлива доля моя, ибо удостоился я тех ступеней, на которых раскрываются эти высшие слова наверху. (Новый Зоар, 515)

Сказал Элияу рабби Шимону: «Счастлива доля твоя, ведь тайны Гоподина твоего светят пред тобой как свет солнца, поэтому все слова, выходящие из уст твоих, запечатлены наверху, и я рад, что услышал их из твоих уст. Счастлив ты в этом мире, счастлив ты в мире будущем. Тайна этих слов хранилась у святого Царя и не раскрывалась всем высшим воинствам. И тем, кто смог раскрыть ее в данном случае, был ты. Счастлив удел твой в этом мире и в мире будущем!» (Новый Зоар, 496)

Обладающий глазами собирает огненные угли и весь огонь, и они входят в чертог, называемый Звуль, – чертог, в котором выстраиваются все восхваления, чтобы подняться наверх. Это чертог, в котором есть тысяча шесть ступеней, восходящих к самому высшему восхвалению. И внутри всех находится одна самая внутренняя ступень, где происходит выявление любви, содержащейся в этом восхвалении, – выявление самой нижней точки. И когда выясняется она из всех, то возносится наверх в песни. И называется она «Песнь песней», и поднимается выше всех восхвалений, и выявляется из всех из них. (Новый Зоар, 90)

◆ ИЗБРАННЫЕ ОТРЫВКИ ИЗ КНИГИ ЗОАР ◆

Международная академия каббалы
www.kabacademy.com

Международная академия каббалы (МАК) основана в 2001 году профессором Михаэлем Лайтманом. Основная цель организации – изучение и раскрытие законов мироздания.

Без знания этих законов невозможно полноценное решение как глобальных проблем общества, так и личных проблем каждого человека. Филиалы академии открыты в 52 странах мира.

Принципы методики – обучение в общении и открытая информация. Разделы сайта: «Интерактивные уроки», «Форум», «События». Все материалы находятся в открытом доступе. По окончании обучения студенты получают диплом и возможность участия в конгрессах, проводимых академией в разных странах мира.

Блог Михаэля Лайтмана
www.laitman.ru

От автора:

«В последнее время я обнаружил, что люди все больше осознают движение цивилизации к саморазрушению. Но одновременно обнаруживается невозможность предотвратить этот процесс. Общий кризис во всех областях деятельности человека не оставляет надежды на доброе будущее. Каббала говорит, что это состояние человечества – самое прекрасное, потому что из него рождается новая цивилизация, которая будет основана уже на совершенно ином мышлении и восприятии реальности».

ПРИЛОЖЕНИЕ

Интернет-магазин
www.kbooks.ru

Содержание книг, дисков аудио и видео, затрагивает абсолютно все аспекты человеческой жизни: семья и воспитание, финансовый кризис и экология, жизнь и смерть, любовь и счастье.

Вы можете разместить заказ на сайте или позвонить по телефонам:

Россия, СНГ, Азия
www.kbooks.ru
8800 1002145 (звонки по России бесплатно)
+7 (495) 649–6210

Израиль, Европа
www.kbooks.co.il/ru
+972 (3) 921–7172;
+972 (545) 606–810

Америка, Канада
www.kabbalahbooks.info
+1 (646) 435–0121

Аннотации к книгам

СБОРНИК ТРУДОВ БААЛЬ СУЛАМА

Йегуда Ашлаг широко известен мировой общественности под именем Бааль Сулам, которое получил после написания своего комментария на «Книгу Зоар» под названием «Сулам» (лестница – ивр.).

Книга содержит адаптированные для широкой аудитории статьи, впервые публикуемые на русском языке. Оригинальные источники, в большинстве своем рукописи Йегуды Ашлага, оставшиеся нам в наследие, были старательно и скрупулезно переведены, отредактированы и подготовлены к печати научными работниками Международной академии каббалы под руководством профессора Михаэля Лайтмана.

Публикуемые материалы содержат глубокий и захватывающий анализ путей решения различных общественно-политических проблем, являющихся особенно актуальными в наше время, когда все человечество погружается в глобальный кризис, требующий своего радикального решения.

КАББАЛА ДЛЯ НАЧИНАЮЩИХ. ТОМ 1, 2

Новое учебное пособие включает следующие разделы: «История развития каббалы», «Каббала и религия», «Сравнительный анализ каббалы и философии», «Каббала как интегральная наука» и «Каббалистическая антропология». Книга снабжена чертежами, справочной информацией, ссылками на аудио- и видеоматериалы и печатные классические каббалистические источники.

ПРИЛОЖЕНИЕ

УЧЕНИЕ ДЕСЯТИ СФИРОТ

«Учение Десяти Сфирот» – фундаментальный труд, соединяющий в себе глубочайшие знания двух великих каббалистов – АРИ (XVI в.) и Бааль Сулама (XX в.). Это основной учебник науки каббала, раскрывающий полную картину мироздания.

Вы встретите в книге полный перевод оригинального текста первой части «Учения Десяти Сфирот», включая приводимые Бааль Суламом определения каббалистических терминов. Во второй части книги «Внутреннее созерцание» автор дает глубокий и всесторонний анализ изучаемого в каббале материала.

ОТКРЫВАЕМ ЗОАР (серия книг)

Человек – это целый мир сил и свойств, мир желаний, полный мудрости и милосердия. Книга «Зоар» – это карта, без которой человек заблудится в этом многогранном, бесконечном мире.

Новая серия книг под общим названием «Открываем Зоар» выходит для того, чтобы помочь пользоваться этой картой, оставленной нам великими каббалистами прошлого.

Да будет свет
ИЗБРАННЫЕ ОТРЫВКИ ИЗ КНИГИ ЗОАР

Перевод: Г. Каплан, М. Палатник,
О. Ицексон, П. Календарев
Редактирование и корректура:
П. Календарев, А. Ицексон

Благодарность Э. Винер, И. Лупашко
за помощь в работе над книгой.

Подписано в печать 10.07.2012. Усл. печ. л. 34.
Тираж 2000 экз. Заказ № 1276.

Отпечатано с готовых файлов заказчика
в ОАО «Рыбинский Дом печати»
152901, г. Рыбинск, ул. Чкалова, 8.

www.ingramcontent.com/pod-product-compliance
Lightning Source LLC
Chambersburg PA
CBHW060358130526
R18281900001BB/R182819PG44589CBX00001BB/1